nordmärk.: Prignitz, Ruppin, Uckermark
mmärk.:   Havelland, Barnim, Zauche, Teltow, Fläming, Lebus, Oderbr.

RECLAM-BIBLIOTHEK

Fünf »Vorbedingungen« nennt Theodor Fontane für »Reisen in der Mark«: Erstens Liebe zu Land und Leuten; zweitens eine »feinere Art« von Natur- und Landschaftssinn; drittens Kenntnis der Geschichte dieses Landstrichs; viertens keine großen Erwartungen an den Komfort solcher Touren; fünftens: »Fülle deinen Beutel mit Geld«. Fontane sagt bei dieser Gelegenheit nichts über notwendige Sprachkenntnis – als gebürtigem Märker war ihm das kein Problem, aber dem Weithergereisten kann die Verständigung in diesen Gegenden sehr wohl eins werden.

Das Brandenburgische ist im Norden und in seiner Mitte vom Niederdeutschen geprägt; die Niederlausitz (mit slawischem Einschlag) gehört dem mitteldeutschen Sprachraum an. Über allem liegt das Berliner Idiom, das seit dem vorigen Jahrhundert Artikulation, Wortschatz und Ausdrucksweise der Mark unüberhörbar beeinflußt.

Die Mannigfaltigkeit und Bildkraft dieses Wortschatzes weist auf seine Wurzeln im landwirtschaftlich-dörflich geprägten Leben, und dem aufmerksamen Ohr entgeht nicht, wie auch das Großstadt-Berlinische diese Herkunft verrät: Die »Bolle« meint wörtlich genommen eine »Zwiebel«, die »kesse Bolle« des Berliners das Großstadtkind mit seiner flinken Zunge und seinem Behauptungswillen.

Joachim Wiese ist seit 1960 Mitarbeiter am »Brandenburg-Berlinischen Wörterbuch«, seit 1979 leitet er die Arbeitsstelle dieses Unternehmens der Sächsischen Akademie der Wissenschaften zu Leipzig.

Einleitung

Der Brandenburg-Berlinische Sprachraum

Prägend für die Herausbildung der Mundarten im brandenburgischen Sprachraum sind Siedlungsbewegungen im 12. und 13. Jahrhundert und der damit verbundene Landesausbau gewesen. Sie haben zu einer Zweiteilung im Brandenburgischen geführt. Das Nordmärkische mit der Prignitz, der Uckermark und mit Ruppin und das Mittelmärkische mit dem Havelland, der Zauche, dem Fläming, dem Teltow, dem Barnim, mit Lebus und dem Norden von Beeskow-Storkow bilden das niederdeutsche Sprachgebiet. Die Niederlausitz gehört dem ostmitteldeutschen Sprachraum an. Gemeinsame Kennzeichen des niederdeutschen Dialektgebietes sind der Erhalt der alten Verschlußlaute *p, t, k* gegenüber hochdeutsch *pf (f), z (s)* und *ch*. Man sagt *Peerd* ›Pferd‹, *lopen* ›laufen‹, *Dorp, Dörp* ›Dorf‹, *Tied* ›Zeit‹, *Wåter, Woater* ›Wasser‹, *groot* ›groß‹ sowie *ik* ›ich‹, *måken, moaken* ›machen‹ und *Eeke* ›Eiche‹. Außerdem sind in beiden niederdeutschen Sprachräumen die alten Langvokale *ī, ū* und *ǖ* gegenüber hochdeutsch *ei, au* und *eu* erhalten. Es gelten *Ies* ›Eis‹, *mien* ›mein‹, *Huus* ›Haus‹, *Luus* ›Laus‹, *düer* ›teuer‹ und *Füer* ›Feuer‹. Neben diesen Übereinstimmungen gibt es zwischen dem Nord- und Mittelmärkischen kennzeichnende Unterschiede. Im Nordmärkischen schwindet das auslautende *-e*, so daß sich gegenüberstehen nordmärk. *Gäns, Jäns, Müüs, Lüüd* und mmärk. *Jänse, Müse, Lüde*. Die wichtigsten Abweichungen zwischen dem Nord- und Mittelmärkischen haben ihren Grund in dem Anteil der Niederländer, die seit dem 12. Jahrhundert an der Besiedlung der Mittelmark beteiligt gewesen sind. Sie brachten Sprachmerkmale mit, die bestimmend für das Mittelmärkische wurden. Für niederdeutsche Langvokale kennt das Mittelmärkische Diphthonge gegenüber Monophthongen im Nordmärkischen. Als mmärk. und nordmärk. Gegensatzpaare seien genannt: *Woater : Wåter* ›Wasser‹, *moaken : måken* ›machen‹, *Bluome, Blueme : Bloom* ›Blume‹, *Kuo, Kue : Koh* ›Kuh‹, *jrüen : jröön* ›grün‹, *lïéf : leef* ›lieb‹ und *Priëster : Preester* ›Priester, Pfarrer‹. Ein weiteres Merkmal des Mittelmärkischen ist der Ausfall der alten Konsonanten -w- und -g- zwischen Vokalen. Beispiele sind *Aand* ›Abend‹, *Schnaal* ›Schnabel‹, *Vaal* ›Vogel‹, *klaan* ›klagen‹ und *Flee* ›Fliege‹. Eine mmärk. Leitform ist auch die Lautform *Schnei* gegenüber *Schnee* im Nordmärkischen und der Niederlausitz. In einigen Fällen bestehen Verbindungen des Mittelmärkischen mit der angrenzenden Niederlausitz. Dazu zählt der Wandel von niederdeutsch *nd* zu *ng* in *hingen* ›hinten‹, der bis in die südliche Uckermark und die südwestliche Niederlausitz reicht, das nördliche Havelland aber ausspart. Auch er beruht auf niederländischer Grundlage, ist aber außerdem mitteldeutschem Einfluß zu verdanken. Schließlich sei noch auf die Entrundung in einem Wort wie *bese* ›böse‹ verwiesen, die aus dem Süden in die Mittelmark reicht und vor allem für den Fläming, die südliche Zauche und Lebus kennzeichnend ist. In beträchtlichem Umfang wurde niederländisches Wortgut übernommen. Das Wörterbuch versucht, besonders diesen Anteil sorgfältig zu dokumentieren. Niederländische Siedlerwörter wie *Erpel* ›Enterich‹ und *Stulle* ›Brotscheibe, Schnitte‹ haben sogar in den »Duden« Eingang gefunden.

Gegenüber dem niederdeutschen Sprachgebiet in Brandenburg hat die Niederlausitz die Lautverschiebung von *p, t* und *k* durchgeführt, hat aber *f* statt hochdeutsch *pf*. Man spricht *Fanne, Fund, heeßen* ›heißen‹, *ich* und *weech* ›weich‹. In bestimmten Fällen bewahrt die Niederlausitz alte Verschlußlaute, wie in *Appel* ›Apfel‹ und *plüen, plien* ›pflügen‹. Erhalten blieben die niederdeutschen Monophthonge *ē* und *ō*, wo das Hochdeutsche *ei* und *au* kennt, z. B. in *Been, breet, Boom, kofen* und *lofen*. Im Gegensatz zum südlich angrenzenden Obersächsischen vermag der Niederlausitzer die Laute *b/p, d/t* und *g/k* deutlich in der Aussprache zu unterscheiden. Kennzeichnend für die Niederlausitz ist die Entrundung der kurzen und langen *ö*-und *ü*-Laute sowie des *eu*. Beispiele seien *hibsch* ›hübsch‹, *Biecher* ›Bücher‹, *Lecher* ›Löcher‹, *scheen* ›schön‹ und *Scheine* ›Scheune‹. Diese Lauterscheinung ist aber in der Gegenwart rückläufig. Sprachlich steht die Niederlausitz in deutlichen Beziehungen zum ehemaligen schlesischen Sprachraum. Der Grund dafür sind alte Beziehungen zur böhmischen Krone und die konfessionellen Bindungen zu Prag als katholischem Bischofssitz und zum Kloster Osseg, da auch nach der Reformation die katholische Kirche noch viele Anhänger in der Niederlausitz hatte. Sprachliche Merkmale dieser Verbindung sind anlautend *p* und *t* anstelle von *b* und *d* in *Pauer, Putter, Pusch* und *Tamm, tichten, tauern*. Gekennzeichnet ist die Mundart der Niederlausitz außerdem durch zahlreiche slawische Restformen, vornehmlich aus dem Niedersorbischen. Im Bereich der Grammatik sind zu nennen: fehlender Artikel (*foahre noach Schmiede*), Unsicherheit im Gebrauch des anlautenden *h* (*eezen* ›heizen‹, *Eistall* ›Heustall‹) und das Reflexivpronomen in einem Satz wie *die Katze leeft sich*, wenn eine Katze läufig ist. Zahlreich sind Wortentlehnungen und Reliktwörter aus dem Niedersorbischen, für die auf den Wörterbuchteil verwiesen sei.

Diese kurz skizzierten alten Dialektverhältnisse haben vor allem im niederdeutschen Gebiet durch den Einfluß des Berlinischen einen nachhaltigen Umbruch erfahren. Im Mittelalter wurde auch in Berlin eine von der niederdeutschen Umgebung geprägte Sprache gesprochen. Seit Beginn des 16. Jahrhunderts jedoch vollzog sich im Berlinischen ein Jahrhunderte währender Wandel vor allem unter dem Einfluß des mitteldeutschen Südens, wobei Leipzig als Kultur- und Handelsmetropole eine entscheidende Rolle spielte. Wesentlich war auch, daß mit den Hohenzollern 1412 ein fränkisches Fürstengeschlecht aus dem oberdeutschen Sprachraum in die Mark Brandenburg und nach Berlin kam. Prägend wurden außerdem die Hugenotteneinwanderungen im 17. Jahrhundert sowie Einflüsse aus dem Jiddischen und Rotwelschen. Bis zum 19. Jahrhundert entwickelte sich in Berlin eine städtische Umgangssprache. Manches Niederdeutsche wurde beibehalten wie *ik* und *det* ›das‹. Als allzu provinziell empfundene Formen wurden ersetzt. Anstelle von niederdeutsch *köpen* und *lopen* traten *kofen* und *lofen*, man sagt *Ferd, Flaume, mein, Eis*, blieb aber bei *Been, Fleesch, Boom* und *ooch*, weil man das in Obersachsen auch so sprach. Den Einheitskasus niederdeutsch *mi* ›mir, mich‹ ersetzte man durch *mir*. Diese Berliner Umgangssprache erlangte in der Umgebung zunehmend sprachliche Geltung. In den Städten der Mittelmark bevorzugte man seit der Mitte des 19. Jahrhunderts in den Mittelschichten im täglichen Umgang mehr und mehr das Berlinische. Von den Städten aus griff das Berlinische auf die Landmundarten über. In der unmittelbaren Umgebung Berlins erfolgte dieser Umbruch seit den 70er Jahren des vorigen Jahrhunderts. Für die Gegenwart ist festzustellen, daß das Berlinische im alltäglichen Sprachgebrauch zur vorherrschenden Sprachform geworden ist. Vor allem in der Mittelmark wurden die alten niederdeutschen Dialekte verdrängt, aber auch im Nordmärkischen spricht die mittlere und jüngere Generation eine auf dem Berlinischen fußende Umgangssprache. Nur die ältere Generation beherrscht noch die Mundart.

Zur Auswahl der Stichwörter

Das vorliegende Wörterbuch soll einen Einblick in den mundartlichen Wortschatz geben und für das Berlinische kennzeichnende Wörter dokumentieren. Der Auswahl des dargestellten Wortschatzes liegen die Bände I–III des »Brandenburg-Berlinischen Wörterbuchs« und die Sammlungen der Arbeitsstelle »Brandenburg-Berlinisches Wörterbuch« an der Sächsischen Akademie der Wissenschaften zu Leipzig zugrunde. Bei der Auswahl der Stichwörter wurden vor allem solche Wörter berücksichtigt, die mundartliche Geltung besitzen oder besaßen. Dabei kam es dem Verfasser auch darauf an, dem Leser die vielfältige Herkunft der Dialektwörter aus älteren Sprachstufen wie dem Mittelniederdeutschen, Mittelhochdeutschen, dem Mittelniederländischen oder dem Slawischen deutlich zu machen. Besondere Beachtung fanden Wörter, die der Hugenotteneinwanderung im 17. Jahrhundert zu danken sind oder – vor allem bezogen auf das Berlinische – dem Jiddischen oder Rotwelschen entstammen. Literatursprachlich belegte Wörter fanden dann Aufnahme, wenn sie in den Mundarten oder im Berlinischen besondere Bedeutung entwickelt haben (vgl. *ab, nach, um; bügeln, bürsten; naß, sacht; Eierkuchen, Knolle*), wenn sie in bezug auf Lautformen oder Genusvarianten eine besondere Prägung erfahren haben (vgl. *Bach, Brosche, Handvoll*) oder in volkskundlicher Hinsicht von Interesse sind (vgl. *Drachen*). Unter den gleichen Gesichtspunkten wurden auch Fremdwörter berücksichtigt (vgl. *parterre, politisch, simulieren*). Ebenso finden sich aus den genannten Gründen vereinzelt Namen als Stichwörter (vgl. *Minna, Otto, Oskar* und als Ortsnamen *Motzen*).

Stichwortansatz

Mundartwörter ohne literatursprachliche Entsprechung erscheinen als Stichwörter in der Mundartform (vgl. *amodig, bähen, buten, eisch*). Stehen im Ansatz zwei Mundartformen nebeneinander, so haben beide Formen verbreitet Geltung (vgl. *Aust Oost, dibbern debbern*). Besondere Ansatzprobleme ergeben sich dort, wo Mundartwörter sowohl im niederdeutschen als auch im mitteldeutschen Sprachraum heimisch sind. Dialektwörter mit einer literatursprachlichen Entsprechung können in diesen Fällen unter einer der Schriftsprache entsprechenden Ordnungsform in Versalienansatz behandelt werden. Dem in Versalien gesetzten Wort folgt im Halbfettdruck eine mittelmärkische Mundartform (vgl. BÜSSEN **büeten**, EBEN **eäne**). Der Versalienansatz ermöglicht, Zusammengehöriges aus dem Nieder- und Mitteldeutschen an einer Stelle zu behandeln (vgl. nd. *utheeten*, md. *ausheeßen* unter AUSHEISSEN und nd. *Dråk, Droake*, nlaus. *Trache* unter DRACHEN). Um alphabetisch oder etymologisch Zusammengehöriges nicht an unterschiedlichen Stellen behandeln zu müssen, stehen gelegentlich verhochdeutschte Formen in Versalien in Klammern. Beispiele sind (ABENDIG) **ǻndig**, (GELB-CHEN) **Jäl(i)chen**, (KNÖCHSEL) **Knöäksel**. Von verbreiteten Mundartformen wird vielfach auf das in Versalien gesetzte Ordnungslemma verwiesen, um dem Leser das Auffinden der Stichwörter zu ermöglichen, unter denen die Mundartform behandelt worden ist (vgl. die Verweise *Äper → Erdbirne, Bööäne* und *Bœn → Bühne, böten* und *büten → büßen*).

Schreibung

Auf eine phonetische Lautschrift wird verzichtet. Die Mundartwörter werden weithin unter Verwendung hochsprachlicher Schriftzeichen wiedergegeben.

Als Sonderzeichen werden benutzt: å für den langen, im Lautwert zwischen *a* und *o* liegenden Vokal (vgl. *åbelings, ståken*), œ für den offenen, langen ö-Laut (vgl. *Dœtel, stœkern*) und *sch* für den stimmhaften Reibelaut wie in *Journal* und *Garage* (vgl. *Grusche, Schabenz*). Die mittelmärkischen Diphthonge und ihre Umlaute werden durch *oa* (*öä*), *uo, ue* (*üe*), *eä, äe* und *ië* wiedergegeben, wobei *ië* einen Diphthong kennzeichnet, der aus einem langen *ī* und einem kurzen, abgeschwächten *e* besteht (vgl. *Jriëwe* unter GRIEBE). Bei Mundartansätzen wird in offener Silbe die Länge des Vokals nicht bezeichnet. In geschlossener Silbe wird sie durch einen Längenstrich verdeutlicht (vgl. *Knōp, strūf*). Lediglich das lange *ie* wird durch *ie* wiedergegeben (vgl. *kiebig, Kiene*), außer wo in der bisherigen Mundartliteratur eine andere Schreibung durchweg üblich geworden ist (vgl. *Kromize, Maline*). Besondere Betonungen werden mit einem Akzentzeichen versehen (vgl. *abtrimó, meschánt*).

Aufbau der Wortartikel

Bei Substantiven wird das grammatische Geschlecht, bei anderen Wörtern die Wortart gekennzeichnet. Es folgen Bedeutungsangaben, wobei bei mehreren Bedeutungen der Wortartikel durch Ziffern gegliedert ist. Nach den Bedeutungsangaben können Verbreitungshinweise allgemeiner Art (allg., verstr.) oder Hinweise auf Sprachlandschaften stehen, die angeben, aus welchem Sprachraum die genannte Bedeutung in den

Sammlungen des Brandenburg-Berlinischen Wörterbuchs belegt ist. Verbreitungshinweise fehlen nach Bedeutungsangaben, wenn sich aus den Lautformen die Verbreitung eines Wortes ergibt (vgl. *Ganter, Göpsche*) oder wenn eine Bedeutung weit verbreitet ist (vgl. *Kaleika*). Gelegentlich steht ein Verbreitungshinweis vor Bedeutungsangaben, wenn das Wort in den genannten Bedeutungen im angegebenen Verbreitungsgebiet gebräuchlich ist (vgl. *alant, bannig*).

Dem Bedeutungteil folgen Hinweise über Lautformen und gegebenenfalls Genusvarianten, wenn möglich, verbunden mit Verbreitungsangaben. Gelegentlich sind Lautformen auch einem Bedeutungteil angeschlossen, wenn die Lautformen sich nur auf eine bestimmte Bedeutung beziehen (vgl. als Beispiele die Wortartikel *Eierkuchen* und *Muraue*).

Hinweise auf die Etymologie oder sprachgeschichtliche Herkunft eines Wortes stehen am Ende eines Wortartikels.

Erschlossene Formen sind mit * gekennzeichnet.

Verweise

Verweise machen aufmerksam auf Stichwörter, unter denen eine Mundartform behandelt ist (*åndig → abendig, Kopse → Kapitze*), auf Ableitungen (*äppeln → veräppeln*), auf Sinngleiche (*Abseite → Oken, Wieste*), auf wortbildungsmäßig Verwandtes (*schräg-à-vis → vis-à-schräg*) und auf etymologisch Verwandtes (*Moos → Mäuse*).

Abkürzungen

Abl.	Ableitung(en)	Interj.	Interjektion
abwert.	abwertend	iron.	ironisch
Adj.	Adjektiv	Jh.	Jahrhundert(s)
adj.	adjektivisch	jidd.	jiddisch
Adv.	Adverb	jmd.	jemand
adv.	adverbial	jmdm.	jemandem
ahd.	althochdeutsch	jmdn.	jemanden
allg.	allgemein	kinderspr.	kindersprachlich
ält.	älter	Komp.	Komparativ
altengl.	altenglisch	Konj.	Konjunktion
asächs.	altsächsisch	Kr.	Kreis
Attr.	Attribut	lat.	lateinisch
attr.	attributiv	Lautf.	Lautform(en)
berl.	berlinisch	Litspr.	Literatursprache
bes.	besonders	litspr.	literatursprachlich
bildl.	bildlich	m.	Maskulinum
dass.	dasselbe	md.	mitteldeutsch
dgl.	dergleichen	mhd.	mittelhochdeutsch
d. h.	das heißt	mlat.	mittellateinisch
Dim.	Diminutiv	Mmark	Mittelmark
dt.	deutsch	mmärk.	mittelmärkisch
ebd.	ebenda	mnd.	mittelniederdeutsch
ehem.	ehemalige (-er, -es)	mndl.	mittelniederländisch
eigtl.	eigentlich	mundartl.	mundartlich
engl.	englisch	n.	Neutrum
erw.	erweitert	nd.	niederdeutsch
etw.	etwas	ndl.	niederländisch
etym.	etymologisch	nhd.	neuhochdeutsch
f.	Femininum, feminin	Nlaus.	Niederlausitz
Folg.	Folgendes	nlaus.	niederlausitzisch
frühnhd.	frühneuhochdeutsch	nördl.	nördlich
frz.	französisch	nordmärk.	nordmärkisch
ges.	gesamt	nsorb.	niedersorbisch
got.	gotisch	Oderbr.	Oderbruch
Havelld.	Havelland	osächs.	obersächsisch

osorb.	obersorbisch	südl.	südlich
östl.	östlich	südöstl.	südöstlich
Part.	Partizip	südndl.	südniederländisch
part.	partizipial	Sup.	Superlativ
Perf.	Perfekt	trans.	transitiv
Pers.-Pron.	Personalpronomen	tschech.	tschechisch
Pl.	Plural	übertr.	übertragen
poln.	polnisch	Uckerm.	Uckermark
pomor.	pomoranisch	uckerm.	uckermärkisch
präd.	prädikativ	umg.	umgangssprachlich
Präp.	Präposition	u.ö.	und öfter
Prät.	Präteritum	urspr.	ursprünglich
Prign.	Prignitz	Vb.	Verb
prign.	prignitzisch	veralt.	veraltet
Pron.	Pronomen	verbr.	verbreitet
redensartl.	redensartlich	Verbdg.	Verbindung(en)
refl.	reflexiv	vereinz.	vereinzelt
rotw.	rotwelsch	verstr.	verstreut
russ.	russisch	vgl.	vergleiche
scherzh.	scherzhaft	Vor.	Voriges
Schimpfw.	Schimpfwort	vorw.	vorwiegend
schülerspr.	schülersprachlich	vulgärlat.	vulgärlateinisch
Sg.	Singular	westl.	westlich
slaw.	slawisch	Westprign.	Westprignitz
sorb.	sorbisch	zeitl.	zeitlich
-spr.	-sprache, -sprachlich	zig.	zigeunerisch
sth.	stimmhaft	Zus(s).	Zusammen-
stl.	stimmlos		setzung(en)
subst.	substantivisch		

A

AAR **Oar** f. ›Habicht‹ Oderbr.;
Aarn ›Fischadler‹ Uckerm.;
Volksglaube: *wenn der Kuckuck*
nich mehr schrijet, wird er zum Aar
Barnim. – Etym. zu mnd. *arn(e),*
aren ›Adler‹.

AAS **Oas** n. **1** ›verwesender Tier-
leichnam‹ allg., außer Nlaus.
und Fläming. **2** Schimpfw.: *di*
werr ik helpen, du Ås Prign.; *dät*
verfluchte Oas Teltow; berl.: *det is*
'n falschet Aas, d. h. ein hinterhältiger Mensch; mißtrauisch-
abweisend: *dir Aas kenn ik;* auch
anerkennend: *du bist 'n Aas (uf*
de Jeije), d. h. ein Könner; *det*
kleene Aas, von einem Kinde;
keen Aas ›niemand‹.

Aasack Oaßack, m. ›Krähe‹
Barnim; umgedeutet *Aashacke*
Zauche. Übertr. *Aassack* ›lieder-
lich gekleidete Frau‹ Havelld. –
Zu *Aas* mit slaw. Suffix *-ak.*

aasacken åsacken, Vb. **1** ›ungeschickt, sorglos, nachlässig mit
etwas umgehen, etwas ver-
schwenden‹ Uckerm.; *mit seiner*
Gesundheit aasacken Berlin.
2 ›sich eilig, ungestüm bewegen‹ Uckerm.

aasig Adj. **1** ›faulig, übel rie-
chend‹ *he het 'n åsigen Jeschmack*
in 't Muul Uckerm. **2** ›verschwenderisch‹ *se is to åsig*
Prign. **3** ›groß, sehr viel‹

ik heff åsigen Hunger Uckerm.;
det kost't 'n aasijes Jeld Berlin;
ick hab aasije Zahnschmerzen
ebd.

AB **af 1** Präp. wie litspr. **2** Adv. wie
litspr.; in spezieller Verbindung
mit Verben: *ik bin janz ab,* d. h.
abgearbeitet, ermattet, Berlin;
dät Näjen is se af ›das Nähen hat
sie verlernt‹ Uckerm.; *du weetst*
van Tuten un Blåsen nix af ›du
hast keine Ahnung‹ Prign.
3 Adj. ›losgelöst, abgetrennt‹
affet Brot ›Brot, dessen Kruste
sich gelöst hat‹ Lebus; *' ne abbe*
Ecke Berlin; auch mit *-ig: een*
abbijer Knopp Potsdam.

Abee (endbetont) m., n. ›Außenabort‹. Verhüllend für *Abort*
oder → *Abtritt.*

åbelings Adv. ›abends‹ veralt.
Uckerm. – Etym. zu mnd.
ävelinc ›heute abend‹.

(ABENDIG) **åndig** Adv. ›abend-
lich, dunkel‹ *dät weerd all so*
åndig Teltow. Dazu *åndijes*
›abends‹ ebd.

Äber → Erdbirne.

ABLAGE **Aflå** f. ›flache Ufer-
stelle, an der Holz abgeladen
und zu Flößen verbunden
wurde‹ Teltow; *Aflåg* Uckerm.

Abmache f. ›Zutaten zu Speisen,
um sie schmackhaft zu machen‹
Nlaus. → *abmachen* 4.

ABMACHEN **afmoaken** Vb. 1 ›etwas entfernen‹ *Bärn afmåken* ›Birnen ernten‹ Uckerm. 2 ›eine Haftstrafe absitzen‹ *he harr sin Stråf afmåkt* Uckerm. 3 ›zum Abschluß bringen‹ *dat is een Afmåken* ›das wird gleich miterledigt‹ Prign. 4 ›Speisen anrichten, zubereiten‹ *afmoaken* südl. Mmark; *abmachen* Nlaus. 5 Refl. ›sich etwas abgewöhnen, aus dem Sinn schlagen‹ *mach dir det ja ab!* Berlin.

ABNEHMEN **afnähmen** Vb., außer in litspr. Bedeutung auch ›abfotografieren‹ allg.

ABRAUM **Abruum** m. ›Flachsabfall beim Schwingeln‹ Fläming.

ABSEITE **Afsiede** f. 1 ›Verschlag, Anbau an der Hinterseite eines Hauses oder einer Scheune‹ nord- und mmärk. 2 ›Raum zwischen Dachschräge und Dachboden‹ nord- und mmärk. → *Oken, Wiest(e)*.

abtrimó Interj. ›fort, weg‹ berl.; verniederdeutscht *aftrimo!* nord- und mmärk.

ABTRITT **Aftritt** m. ›Außenabort‹ allg. – Lautf.: *Aftritt* nord- und mmärk.; *Abtritt* Nlaus. → *Abee*.

Achel f. ›feine Haarspitze der Kornähre, vor allem der Gerste‹ Nordmark, Barnim, Havelld., Zauche; *Hachel* Fläming, Teltow, Lebus, Nlaus. – Etym. zu ahd. *aha* ›Ähre‹.

Acheline f. ›Essen‹ berl. – Etym. zu jidd. *achila* ›Essen, Speise‹.

acheln Vb. ›gierig, hastig essen‹ berl., schon im 19. Jh. auch mundartl. – Etym. zu jidd. *achlen* ›essen‹.

achtkantig Adv. ›mit Nachdruck‹ in der Redensart *der wirft (schmeißt) mir achtkantig raus* Berlin.

ackern Vb. 1 ›Land bestellen, pflügen‹. 2 Berl. ›sich abmühen, schuften‹ *da ha'm wa schön jeackert.*

Adebar m. ›Storch‹ mundartl. vorw. Prign., Uckerm. – Lautf.: *Åd(e)bår, Otbodder, Otborrer, Ålbeer.*

Adel Åle, m., f. 1 ›Nagelgeschwür, Panaritium‹. 2 ›flüssiger Stalldünger, Jauche‹. – Veralt. nordmärk. – Etym. zu mnd. *adel* ›Nagelgeschwür‹.

aderkauen Vb. ›wiederkäuen‹. – Lautf.: *åder-, årerkauen, -ku(g)en* resthaft nord- und mmärk.; *äder-, älkauen* Fläming; *äderkauen* Teltow; *äderkuen, -käuen* Lebus. – Etym. zu mnd. *ad(d)erkouwen, ed(d)erkouwen;* die Formen mit Umlaut im ersten Wortbestandteil auf dem Fläming sind vielleicht ndl. Herkunft.

ädern Vb. ›wiederkäuen‹ Nlaus., verstr. mmärk.

Afietzke f. ›Ameise‹ südöstl. Nlaus. – Lautf.: *Åfitzke, Åmfietzke, Uafietzke, Uamfietzke, Apitzke;* Dim. *Afietzchen.* Wohl Mischform aus *Ameise* und → *Fietzke*.

Ahnismus m. ›Ahnung‹ *ik hab so 'n Ahnimus, dettet schiefjeht* Berlin. – Etym. zu lat. *animus* ›Seele, Geist, Gefühl‹ in Anlehnung an *ahnen*.

Akazie f., wie litspr.; Ausdruck großen Unwillens: *det is ja, um uff de heechsten Akazien zu klettern* Berlin.

Aktive f. ›Fabrikzigarette‹ im Gegensatz zur selbstgedrehten: *haste 'ne Aktive?* Berlin.

Akustik f. ›Geruch, Gestank‹ *is ja 'ne dolle Akustik hier* Berlin.

alant, auch *alants,* Adv., Konj. nord- und mmärk. **1** ›sogleich, sofort‹ *kumm mål alant rå* (›herüber‹) Havelld. **2** ›während‹. – Aus *allhand.*

alert (endbetont) Adj. **1** ›munter, froh beschwingt, frisch‹ *he is so alart* Uckerm. **2** ›tätig, rührig‹ *doa woa ich alat* Nlaus. – Etym. zu frz. *alerte* ›munter, wachsam, flink‹.

Alfanz m. ›einfältiger, alberner Mensch‹, auch ›Wichtigtuer‹ Berlin. Dazu *Alfanzerei* f. ›Albernheit, Dummheit, Narrenposse‹ ebd.; *alfanzig,* Adj. ›albern‹ ebd. – Etym. zu mhd. *alevanz* ›hergelaufener Schalk‹, auch ›Possen‹.

alksen Vb. ›ungeschickt, grob anfassen‹, auch ›blind drauflosschlagen‹ *se hat 'n mit de Fäuste in 't Jesichte jealkst* Berlin.

all Adv. ›schon‹ nord- und mmärk., vereinz. Nlaus.; *hüüt is dat all binåh nich mihr wohr* Uckerm.; *'s is all gut* Nlaus.; uckerm. auch *aller: et lüchtet aller* ›es wetterleuchtet schon‹.

allebott Adv. **1** ›allemal, immer, jederzeit‹ nord- und mmärk. **2** ›heutigentags, jetzt‹ Teltow. –

Aus *all* und nd. *Bott* n. ›Gebot, Angebot‹.

Älte f. ›Lebensalter‹ *die beeden sin von eene Älte; nach de Älte,* wenn Kinder sich dem Alter nach in Reihe stellen. – Lautf.: *Öllde, Älde;* nordmärk. *Öll'.* → *Jünge.*

Amel *Oamel,* auch *Oamer, Oame* f. ›Rußflocke, glühende Asche‹ resthaft in der Mittel- und Uckerm. – Ndl. Herkunft und zu westfälisch-rheinisch-limburgisch *Amer* zu stellen.

amodig Adj. ›lau, angenehm‹ *dat is so amodig* (vom Wetter) Uckerm.; *amoig* Havelld.

ampeln Vb. ›mit Begier nach etwas greifen‹ vor allem von Kindern, vorw. nordmärk. – Etym. zu mnd. *ampeln* ›Hände und Füße eifrig bewegen‹, ›nach etwas trachten‹.

amtlich Adj., berl. in der Wendung *det is amtlich* ›das ist gewiß‹.

amvor Adv. ›hervor‹ Fläming. Dazu *amvorgestern* ›vorgestern‹, *amvorpolken* ›hervorklauben‹.

Anberg m. ›Anhöhe, Hügel‹ allg. – Lautf.: *Amberch, Ambarch, Anbarg, Anberrich.*

Anblick m. ›böser, behexender Blick‹ Nlaus.

Anderbühlenkind → *Bühlenkind.*

åndig → *abendig.*

Angewend → *Anwand.*

Angstmeier m. ›Angsthase, Feigling‹ Berlin.

Angströhre f. ›Zylinderhut‹ Berlin und allg. umg.

Angsttüte f. ›Zylinderhut‹ Berlin.

anlabben Vb. ›derb anfahren, ausschelten‹ Berlin und Umgebung. – Zu → *Labbe* ›Mund‹.

anlachen Vb. 1 Wie litspr. 2 Refl. ›Bekanntschaft suchen, ein Verhältnis anbahnen‹ *der hat sich eene anjelacht* Berlin.

anmodieren Vb. ›sich auffällig kleiden‹ *kiek mål, wo se sich anmodiert hät* Uckerm., ähnlich Havelld.; auch *anmudieren* Nlaus.

anschlägig Adj. ›klug‹; auch *anschlä(gi)sch*: *'n anschläächscher Bengel; 'n anschleescher Kopp.*

anstatts Präp. ›an Stelle von, statt‹ *anstatts Jemiese jibt 's Jurke* Berlin.

ANSTOSS Anstoot f., wie litspr.; auch ›Krankheit‹ Teltow; *Anstoß* ›Krankheit, Unglück, Störung‹ Berlin. Dazu *anstötig* ›anfällig für Krankheiten‹ Teltow.

ANWACHS Anwaß n. ›Auswuchs am Baum‹ Uckerm.

Anwand f. ›Feldrand, auf dem beim Pflügen gewendet und der zuletzt umgepflügt wird‹. – Lautf.: *Åne-, Oanewend,* seltener *Anne-, Onnewend* Havelld.; *Anwand, Anne-, Onnewand* südl. und südöst. Nlaus.; *Ångewend, Åjewend* verstr. Zauche. – Etym. zu mnd. *an(e)wand* ›Grenze eines Feldes, Rain‹, *an(e)wande* ›Pflugwendestelle‹; mhd. *anwande, anwant* ›Pflugwendestelle‹.

Äper → *Erdbirne.*

APPARTEMENT Partemang m. ›Außenabort‹ nord- und mmärk.; auch *Potter-, Pottre-, Padermang;* verkürzt *Apart.* – Etym. zu frz. *appartement.*

äppeln Vb. ›albernes Zeug reden, zum Narren halten‹ *die ham mächtig jeäppelt* Berlin. → *veräppeln.* – Etym. zu jidd. *ewil* ›Narr, Tor‹.

Apporten Pl. ›Nachrichten‹, auch mit Bezug auf üble Gerüchte und Verleumdungen, Uckerm. Dazu *Apportendräger* m., *Apportendrägersch* f. ›Zuträger(in) von Nachrichten, Klatschmaul‹ Uckerm., Prign.

Aprelje f. ›schräg aufsteigende Anfahrt auf eine Anhöhe‹, vor allem ›Auffahrt zum Deich; Bahn-, Grabenübergang‹ verbr. in der Prignitzer Elbniederung, an der Oder und mittleren Spree. – Lautf.: *Aprelch, Aprellie, Aprelge,* vereinz. *Prääch.* – Etym. zu frz. *apareil* ›Anfahrt, Auffahrt‹.

Arfel → *Armvoll.*

Armenkasse f., in der Wendung *es jibt wat aus de Armenkasse* ›es gibt Prügel‹ Berlin.

Armvoll f., m. ›Menge, die man im Arm tragen kann‹ *hoalt moal 'n Arfel Knack* (›Reisig‹) *ut 'n Holtschuppen* Fläming. – Lautf.: *Armvull, -voll* nord- und mmärk.; *Arfel* vorw. Nlaus.

Artisse f. ›Eidechse‹ mmärk., ausgenommen den südl. Barnim und das Oderbr. – Lautf.: *A(r)tisse* (Betonung auf der 2. Silbe), *A(r)tische, A(r)tüsche, A(r)tusche, Ertisse.* – Mit ndl.

Siedlern aus den südl. Niederlanden in die Mark gelangt.

Asch m. ›irdener, glasierter Napf,
Tonschüssel‹ Nlaus. – Etym. zu
Esche, urspr. ein Holzgefäß.

äschern Vb. 1 ›sich am Aschermittwoch mit Ruten schlagen‹,
wobei die Jungen und Mädchen
durch das Dorf zogen und sich
und die Langschläfer aus den
Betten trieben; mit der *Ascher-
rute* wurde in der Schulklasse
am Aschermittwoch *geaschert*,
d. h., Lehrer und Schüler schlu-
gen sich gegenseitig mit Birken-
ruten (Havelld.); Kinder be-
suchten, mit der *Ascher-*, auch
Äscherrute bewaffnet, Nachbarn
und Paten und sammelten
Gaben in Form von Backwerk
(vorw. Fläming, Zauche).
2 ›sich abmühen, abhetzen,
beeilen‹ verstr. Nlaus., südl.
Mmark; vereinz. *äscher nich so*
Uckerm.; auch *abäschern* allg.;
nd. *afäschern.*

ästimieren Vb. 1 ›schätzen, wür-
digen, achten‹ *die Kinger
ästemieren jo hüte dät Späältüüg
joanich mihr* Teltow. 2 ›beach-
ten‹ *hei ästimiert dät gårnich*
Prign. – Etym. zu frz. *estimer*
›hochschätzen, hochachten‹.

Atze f., selten m., berl. ›Bruder‹
wat macht 'n deine Atze?; auch
›Freund, Freundin‹ *du kannst ja
deine Atze mal mitbringen*; jünger
›Schwester‹. – Kurzform des
Vornamens *Arthur.*

AUFWAHREN **upwoaren** Vb.
1 ›jmdn. bedienen‹ nord- und
mmärk.; ›jmdn. pflegen‹ *se het*

mi upwåhrt, as ik krank west bin
Uckerm. Dazu *Upwåhrer* Pl.
›Personen, die an der Hoch-
zeitstafel bedienen‹; *Up-
wåhrung* f. ›Pflege, Bedienung‹.
2 ›aufheben, aufbewahren‹:
*d' letzt' Garw' würd utputzt un
upwåhrt to d' Erntedankfeier*
Uckerm. – Lautf.: *upwoaren*
mmärk.; *upwåhren* nordmärk.

(AUFZUND) **upzund** Adv. ›jetzt,
heute, gegenwärtig‹ nord- und
mmärk.; *ufzunder* 19. Jh. Berlin.

AUGENSPIEGEL **Ogenspegel** n.
›Beispiel‹ *dår kann he en Ogen-
spegel an nähmen* Prign. – Lautf.:
Ogenspeel Uckerm.; *Auenspääl*
Teltow; *Auenspell* Fläming.

AUGENVERBLENDEN **Ogenver-
blennen** n. ›Täuschung, Be-
trug‹ Prign.; auch *Ogenverblend-
nis* f. Uckerm., *Oonverblendnis*
Teltow.

AUGENWASSER **Ogenwoater** n.
→ *Osterwasser,* das heilsam für
die Augen sein soll. – Lautf.:
Ogenwoater mmärk.; *Ogenwåter*
nordmärk.

AUSHEISSEN **utheeten** Vb.
1 ›ausschimpfen, schelten‹ *utheeten* südl. und östl. Mittelmark; *ausheeßen* Nlaus. 2 *ausheeßen* ›jmdn. verspotten,
auslachen‹ verstr. Nlaus. 3 ›erklären‹ *ha hot mersch ausjeheeßen*
Nlaus.; schülerspr. ›vorsagen‹.

Aust Oost, m., in Anlehnung an
Ernte auch f.; vor allem ›Getrei-
deernte‹, in Verbdg. mit Adj.
und in Zuss. auch für andere
Ernten, z. B. *schwatter Aust*
›Tabakernte‹ Uckerm., gleich-

bedeutend *Tabakaust*. – Lautf.:
Aust nordmärk. und in der
westl. und nordöstl. Mmark;
Oost Barnim, Teltow, östl.
Mmark. – Das aus dem Ndl.
stammende Wort gehört zu
mlat. *augustus*, vulgärlat. *agu-
stus*; die monophthongische
Form *Oost* entspricht südndl.
oest.

Austköste f. ›Erntefest‹ nord- und
mmärk.

ausverschämt Adj. ›unverschämt,
frech‹ Berlin; *utverschämt, utver-
schamt* nord- und mmärk.

auswendig Adv. **1** wie litspr.
2 ›äußerlich‹ *det schad't nischt,
det is auswendig* Berlin. **3** ›draußen‹ *mach die Tür von auswendig
zu* Berlin.

B

¹**Baba** Babe, f. ›Kinderwiege, Kin-
derbett‹ allg.; *nu macht ma, det a
inne Baba kommt* Berlin. Dazu
baba machen ›schlafen‹ *haste
baba jemacht?* Berlin; *måk schön
baba baba* Uckerm.; auch *gåh ba-
ban* ›geh schlafen‹ Uckerm.

²**Baba** Babe, f. **1** ›Großmutter‹
Nlaus., veralt. Berlin, Teltow;
vereinz. *Babe* ›altes Weib‹
Nlaus. **2** ›Hebamme‹ Nlaus.;
meist als Dim. *Babka* Nlaus. –
Etym. zu sorb. *baba* ›Hebamme,
Großmutter, alte Frau‹, Dim.
babka.

Babbel f. ›Mund‹ *nu halte endlich
deine Babbel* Berlin. – Etym. zu
ndl. *babbel* ›Mund‹.

babbeln Vb. ›schwatzen, unnütz
reden‹ *he babbelt egålweg to*
Prign.; *nu babbel nich so ville*
Berlin; auch ›viel, unnütz sprechen‹ Oderbr.; ›undeutlich, mit
vollem Mund reden‹ Barnim,
Berlin. – Lautf.: *papeln*

vereinz. Nlaus., *pappeln* vereinz.
Havelld. – Etym. zu gleichbedeutendem mnd., ndl. *babbelen*,
frz. *babiller*.

¹**Babe,** seltener *Bäbe* f. ›Napfkuchen‹ Nlaus. – Etym. zu sorb.
baba ›Napfkuchen‹.

²**Babe** f.: *eine Babe Flachs* ›ein
Bund Flachs, wie man es zum
Riffeln und Schwingen auf-
nimmt‹ veralt. Nlaus. – Etym.
wohl zu ²*Baba*, da die aufgestell-
ten Flachsbunde mit einer alten
Frau verglichen wurden.

båben s. *bane*.

BACH **Bäke** f. **1** Wie litspr.;
mundartl. *Bääk, Bäck* nordmärk.; *Bäke, Bääke, Bäcke* vorw.
Havelld., Teltow; alter Brauer-
spruch: *hiermit werd bekanntje-
mockt un anjeditt, det keener inne
Bäke schitt, morjen werd jebraut
Zauche.* **2** *Bääk* ›künstlich ge-
schaffene Ausbuchtung am
Bach zum Wäschewaschen und

als Tränkplatz‹, auch ›Löschteich im oder am Dorf‹ Uckerm. **3** Kinderspr. *'n Bach machen* ›urinieren, harnen‹ allg. – Das f. Genus ist ndl. Herkunft.

bachern Vb. ›wild umherlaufen‹ *ji hemm ju wedder richtig heet bachert*, wenn Kinder beim Spielen ins Schwitzen kommen, Uckerm.; auch ›schnell, eifrig arbeiten‹ Havelld.

Bachulke, auch *Pachulke* m. ›grober, ungeschlachter, auch ungeschickter Mensch‹; als Schimpfw. *det is villeicht 'n Bachulke* Barnim; *hau ab, du Bachulke* Nlaus. – Slaw. Herkunft, vgl. pomor. *pachółk,* sorb. *pachoł(k),* poln. *pachołek,* tschech. *pacholek* ›Bursche‹.

Bachuner m., urspr. ›Schwein, dicker Mensch‹ veralt. berl.; allg. für einen großen, derbgebauten Burschen. – Etym. zu nsorb. *bachunar* ›der Bakonier, Bakonierschwein, Schwein aus dem Bakonywald in Ungarn‹.

Bachus m. ›beleibte Person, Fettwanst‹, auch ›schweres Arbeitspferd‹; mit Bezug auf fette Schweine: *die sin wie die Bachusse* Nlaus.

Bäcke m. ›Bäcker‹ verstr. – Etym. zu mhd. *becke.*

Backels n. ›Backwaren, Gebäck‹ *to Wiehnachten kriegen de Kinner Backels* Prign. → *Bäcksel.* – Etym. zu mnd. *backels(e)* ›Menge, die man zu einer Zeit im Ofen abbackt‹.

BACKOCHSE Backoß m., in der Redewendung *ik schweet as 'n Backoss(en)* Prign.; auch für einen großen, derbgebauten Burschen (Mmark, Nlaus.). – Vielleicht umgedeutet aus → *Bachus.*

Backpåle f. ›Gerät zum Einschieben und Herausholen der Brote aus dem Backofen‹ Fläming. – Etym. zu ndl. *bakpaal* in gleicher Bedeutung. → ¹*Påle.*

Bäcksel n., m. ›das mit einem Male im Ofen Gebackene‹ Teltow, Fläming. → *Backels.*

Bäckster m., f. ›Frau, die selbst das Brot zu Haus bäckt‹ Teltow; auch *Bäcksterne* f. ebd. – Das Suffix ist ndl. Herkunft.

Backutschke f., meist im Pl. *Backutschken,* auch *Backuschken, Backutschen* ›gedörrte Birnen oder Pflaumen‹, auch allg. ›Backobst‹ Nlaus. – Etym. zu nsorb. *pjakula* ›Backbirne, -pflaume‹.

Bademutter f. ›Hebamme‹ vorw. Nlaus.

Baggans m. ›uneheliches Kind‹ *sie hat sich einen Baggans ufjehuckt* Nlaus. – Etym. zu nsorb. *bakany* ›garstig, schmutzig, häßlich‹.

bähen bäen, Vb. ›(durch Dampf) wärmen‹, auch ›rösten‹, ›sich stark erwärmen‹, ›Dämpfe inhalieren‹, ›feuchtwarme Umschläge machen‹ Nlaus., angrenzende Mmark. – Etym. zu mnd. *bē(g)en,* mhd. *bœhen.*

Bäk(e) → *Bach.*

båken Vb. 1 ›klopfen‹, insbesondere die Flachsstengel, um die
holzigen Teile zu lösen, allg.
2 ›schlagen‹ allg. – Lautf.: *båken*
nordmärk., nlaus.; *boaken*
mmärk. – Etym. zu gleichbedeutendem mnd. *boken.*

Båks Boaks, m. ›großer, ungeschlachter Bursche‹ vorw.
Uckerm., Barnim, sonst verstr.;
*der Boaks ritt met 'n Oarsch wedder
um, wat he mette Hänge upstellt*
Fläming.

Ballo m. ›junger Hammel‹ Gegend um Senftenberg. – Etym.
zu nsorb. *balo* in gleicher Bedeutung.

balstürig Adj. ›widersetzlich‹
veralt. nordmärk.; *balstierig* Zauche. – Etym. zu mnd. *balstürich*
›unbändig, unlenksam, aufsässig‹.

Bammsche f. ›übervolle Kaffee-
tasse‹ Havelld. – Nach dem
Dorf Bamme bei Rathenow,
dessen Bewohner als grob-
schlächtig galten; dazu *er hat
einen bammschen Geschmack*
Rathenow.

bane Adv., selten Präp. 1 Als Adv.
›oben‹. Lautf.: *bane, boane båne*
mmärk.; *bå(b)m* nordmärk.;
im Komp. *båber, båwer;* im Sup.
båberst, baan(d)erst mmärk.;
nordmärk. auch *bœberst, bœbelst,
bœmelst.* – *he sitt bœmelst in d'
Schaul,* d. h. hat den 1. Platz in
der Schule, Prign.; vom Hüh-
nerstall heißt es: *båne det Reck,
üngene de Dreck* Teltow. 2 Als
Präp. ›oben, oberhalb‹ *båben d'
Kirchtormspitz is keen Krüüz nich,*

dor is 'n Starn Uckerm.; *de Klock
hängt båm 't Schapp* (›Schrank‹)
Prign. – Etym. zu mnd. *boven*
aus asächs. *bi oban.*

Bänert m. ›kleiner, runder Bügel-
korb‹, gewöhnlich mit drei
Füßen, zum Kartoffelauflesen
benutzt, Gegend um Finsterwalde. – Etym. zu mndl. *paender,
paner* aus lat. *panarium* ›Brot-
behälter, Brotkorb‹.

bannig Adj., vorw. nordmärk.,
verstr. mmärk., berl. 1 ›tüchtig,
stark, groß‹ *ik heff 'n bannijen
Schreck krägen* Prign.; *dat is 'n
bannijer Kärl* Fläming. 2 ›sehr‹
he nimmt det Muul bannig vull
Prign.; *der jibt bannig an* Havelld. – Etym. zu mnd. *bannich* ›im
Bann befindlich‹.

Banse f., **Bansen** m. ›Scheunenfach seitlich der Tenne zur
Unterbringung von Getreidegarben‹ vorw. Nlaus., sonst verstr. Dazu *bansen* Vb. ›Getreide in
den Bansen schichten‹.

Bärme f. ›Hefe‹, vor allem
›Bierhefe‹ nord- und mmärk.
mit Ausnahme der Prign.;
redensartl. *det is Bärme* ›das
taugt nichts‹ Berlin. – Etym.
zu mnd. *berme* ›Bierhefe‹.
→ *Gest.*

Bäsböm → *Wiesebaum.*

Baschine f. 1 ›Blaubeere‹ vorw.
Beeskow-Storkow und angrenzende Mmark und Nlaus.
2 ›Brombeere‹, Verbreitung wie
oben. – Lautf.: *Baschine,
Bascheine, Buschine, Buscheine.*
Slaw. Herkunft, doch unsicher,
ob zu nsorb. *bazyna* ›Holunder-

beere‹ oder zu einer slaw. Wurzel *bag-›Sumpf‹.

Bäsinge f., selten m. ›Beere‹, vorw. ›Blaubeere‹, aber auch für die Walderdbeere und Preiselbeere, vor allem in der Uckerm. und im Barnim; in der Prign. nur für die Erd-, Johannis- und Stachelbeere. – Lautf.: *Bäsing(e)*, im Pl. auch *Bäsinger*; vereinz. *Bäsie* zu ndl. *bes, bezie*; daneben auf dem Fläming *Bäsike* zu mnd. *beseke* und auf dem Teltow *Bärschken, Böärschken(e)*.

Batz m. ›Kopf‹ *krichst gleich wat vor 'n Batz!* Berlin; auch mundartl.

Batzaue f. ›Flöte aus Weidenrinde‹ vorw. Nlaus. und in angrenzenden Gebieten. – Lautf.: neben *Batzaue* auch *Batzaua, Barzaue, Barzaua, Berzaue, Berzaua, Patzaue, Petzaue*; verkürzt *Patze, Parze*; als Dim. *Parzauka*. – Etym. zu gleichbedeutendem nsorb. *barcawa*, Dim. *barcawka*.

bebömölen refl. Vb. ›aus Furcht oder Angst in übertriebener Weise reagieren‹ Berlin und Umgebung: *wersch dei woll beboomöälen* Teltow; *nu beboomöle dir man nich* Berlin. – Wohl zu *Baumöl* ›Olivenöl‹; in der urspr. Bedeutung ›harnen‹.

bedibbern, auch *bedebbern* Vb. 1 ›beschwatzen, zu überreden suchen‹ vor allem in betrügerischer Absicht. 2 ›übervorteilen, betrügen‹. 3 *bedibbert*, meist *bedeppert, beteppert* ›ratlos, ver-

dutzt‹ *janz beteppert steht er da*. 4 *bedeppert* ›etwas einfältig, dumm‹ Berlin.

begäng präd. Adj., nordmärk. 1 ›üblich, gebräuchlich‹ *dat is hier nich begäng*. 2 *begäng sien* ›vorhanden sein, existieren‹ Uckerm.; ›auf dem Posten sein‹ Prign. – Etym. zu mnd. *begange, begenge* ›gangbar, landesüblich‹.

begriesmulen Vb. ›fehlschlagen‹, auch ›Unannehmlichkeiten zur Folge haben‹ vorw. nordmärk.

Beier m. ›Eber‹ vorw. Uckerm., Mmark, Nlaus. – Lautf.: *Beier* mmärk., nlaus.; *Beer, Bär* vorw. uckerm.; *Bier* uckerm., verstr. mmärk. – Etym. zu mnd. *bêr*; die Lautf. *Beier* ist ndl. Herkunft.

BEKAUFEN bekofen refl. Vb. ›etwas zum eigenen Nachteil erwerben‹ *mit det Kleed ha 'k mir bekooft* Berlin.

bekobern refl. Vb. 1 ›erholen, gesunden‹ *de bekoberte sich* Uckerm. 2 ›etwas durchsprechen, bereden‹ *det missen wa uns erst ma bekobern* Berlin. – Etym. zu mnd. *bekoveren* ›gewinnen, bekommen‹; *sik bekoveren* ›sich erholen‹.

belemmern Vb. 1 ›zu Schaden kommen, sich in eine unangenehme Lage bringen‹. 2 ›jmdn. um etwas bringen, betrügen‹. 3 ›(sich) unnötigerweise aufregen‹ *nu belemmer dir ma nich* Berlin. – Etym. zu mnd. *belemmeren* ›hindern, hemmen, beschädigen‹.

belemmert Part. Prät. zum Vor.
1 ›kleinlaut, niedergeschlagen‹
belemmert sitzen sie da Berlin.
2 ›schlecht, wertlos, nichtig‹.
3 ›überempfindlich‹ *die hat sich
aba mächtig belemmert* Berlin.
4 ›dumm‹ *du bist belemmert* Brandenburg.
Bemme → *Pamme.*
benamsen Vb. ›benennen‹ Berlin.
benaut part. Adj. ›verlegen, ängstlich‹ Prign., Uckerm., veralt.
berl. – Etym. zu mnd. *benouwen*
›in Verlegenheit bringen, ängstigen‹.
benümen Vb. ›mit Namen nennen, benennen‹. – Lautf.:
benüemen, beniëmen mmärk.; *beniemen* nlaus. – Etym. zu gleichbedeutendem mnd. *benōmen,*
mhd. *benüemen.*
berebbeln Vb. ›bezahlen‹
allg. – Lautf.: neben *berebbeln*
auch *berabbeln, beribbeln, berubbeln.* – Etym. zu jidd. *ribbis*
›Zins‹.
bescheuert part. Adj. ›geistig
beschränkt, dumm‹ *der is ja bescheuert* umg.
besengt part. Adj. ›geistig beschränkt, dumm‹ *du bist besengt*
umg.
Bimbaue, auch *Bimbauer* f. ›Kinderschaukel‹ Nlaus. – Etym. zu
nsorb. *bimbaś* ›schwingen‹.
bimmen Vb. ›lügen‹ Berlin.
binnen Adv. ›innen, innerhalb‹
nordmärk.; Abzählreim: *eins,
zwei, drei / doar binnen liegt ein
Ei / Kåter süppt ut / und du büst
rut* Uckerm. → *buten.*

Blåm m. ›Bloßstellung, Schande‹
nord- und mmärk. – Etym.
zu frz. *blâme* ›Tadel, Vorwurf,
öffentlicher Verweis‹.
Bleistift m., berl. ›Beispiel‹ *an den
nimm dir 'n Bleistift.*
Blemme → ²*Plempe.*
Blimme → ²*Plempe.*
Bloße → *Bluße.*
Blumme f. ›Kinderschaukel‹
mmärk.
blummen Vb. ›schaukeln‹ *we
blumm' uns hiete* Fläming.
Bluße f. ›Blüte, Knospe‹ allg.; *die
Beeme honn so vill Blußen* Nlaus.;
redensartl. *in de Bloßen rägnen*
›verderben‹, weil der Regen
die Blüten beschädigt, Lebus;
mit Anlehnung an *Bluse* als
Kleidungsstück: *det kann dir in
de Blusen rejnen,* d. h. mißlingen,
schlecht bekommen, Berlin. –
Lautf.: *Blueße, Bluoße, Bluße*
mmärk.; *Bloß(e)* Uckerm.;
Blausch Prign. – Ndl. Herkunft
zu mndl. *bloesem* in gleicher
Bedeutung.
Blutblase f. ›rote Mütze der
Bahnsteigaufsicht‹ Berlin.
Böäne → *Bühne.*
Bobbel f. 1 ›Traube der Johannis-
und Weinbeere‹, auch ›Beere,
Fruchtkügelchen‹ z. B. des
Holunders oder der Linde,
mmärk. Lautf.: *Bobbel, Bobbele,
Bowwel.* 2 *Bobbeln* Pl., Dim. *Bobbelchens* ›Exkremente von Schaf
und Ziege‹ Nlaus. – Etym. zu
nsorb. *bobel, bobela* ›Frucht des
Lorbeerbaums‹, auch für diesen selbst, außerdem ›Schaf-,
Ziegen-, Hasenmist‹; *bobula*

›Beeren der Kartoffel‹, ›Schaf-, Ziegen-, Hasenmist‹.

BOCKMIST Buckmeß m. ›Unsinn, Fehler‹ *hä möckt luter Buckmeß* Uckerm.; *mach bloß keen Bockmist* Berlin.

Bockpfeifer m. ›Dudelsackpfeifer‹ veralt. Nlaus.

bœdeln Vb. ›schnell reiten, fahren, rennen‹ Uckerm. Dazu *Bœdeljåhrn* Pl. ›Kinderzeit‹ ebd. – Etym. zu mnd. *bödeln* ›bütteln, jmdn. dem Büttel übergeben, vor Gericht fordern‹; übertr. nach dem Vorgehen des Büttels.

Bōfke m. **1** ›ungehobelter Mensch, Strolch‹ Berlin und Umgebung; mundartl. *Boofke, Buffke* für den Berliner. **2** Übertr. für einen Schnaps: *Danzjer Boofke* Berlin: – Etym. zu mnd. *bôve* ›gewalttätiger Bube‹.

boll Adj. ›locker, hohl‹ allg.; *das Eis is boll,* wenn nach dem Gefrieren der Wasserspiegel sinkt, Nlaus.; Abzählreim: *helle bolle Boahne* (Bohne) / *de Voß, de frett den Hoahne* Havelld.; oft in der Verbdg. *holl un boll* ›hohl und leer‹ *der Boom klingt holl un boll* Fläming; *min Mågen is holl un boll* Uckerm.; *dät Land is holl un boll,* d.h. aufgewühlt, locker, Teltow. – Etym. zu mnd. *bol* ›hohl, unterhöhlt‹.

Bolle f. **1** ›Zwiebel‹ nord- und mmärk., verstr. nlaus.; *kofen Se Bollen, so ville Se wollen* Berlin. **2** ›Samenkapsel des Flachses‹ mmärk., Prign. **3** Übertr. ›Loch im Strumpf‹ allg.; abweisend:

leck ma doch de Bollen Berlin. **4** ›Kind‹, bes. mit Bezug auf Berliner Kinder: *'ne kesse Bolle.* – Verkürzt aus mhd. *zwibolle, zibolle,* mnd. *sipolle* ›Zwiebel‹.

bömig Adj. ›stumpf‹, von den Zähnen nach dem Genuß herben Obstes oder saurer Speisen: *de Tähn sinn mi bömig* Uckerm. – Ndl. Siedlerwort zu mndl. *boomig*; eigtl. ›sich aufbäumend‹.

Bœn → *Bühne.*

Bœnhase m. **1** ›Katze‹; eigtl. ›Dachhase‹. **2** ›unzünftiger Handwerker, Pfuscher‹. – Etym. zu mnd. *bönhase* ›Handwerker, der ohne Meisterrecht heimlich sein Handwerk betreibt‹. Das erste Wortglied ist identisch mit litspr. *Bühne.*

Bonje f. ›Kopf‹ meist scherzh. (allg. mit Ausnahme der Westprign.): *mi brummt heute de Bonje; du krist eene an 'ne Bonje; kahle Bonje* ›Glatze‹. – Etym. zu nsorb. *banja* ›bauchiges Gefäß, Krug, Kanne‹, auch ›Kürbis‹; von Berlin aus in die Mark verbreitet.

bören Vb. ›heben‹ nord- und mmärk.; *böör di man keen Bruch* ›zieh dir beim Heben keinen Bruch zu‹ Uckerm.; *de böört geern eenen* ›der trinkt gern einen Schnaps‹ Prign. – Etym. zu mnd. *bören* in gleicher Bedeutung.

Börge f. ›Traggestell‹ bes. für Dung, Steine u. dgl. – Lautf.: *Börj* nordmärk.; *Börge, Börje* nördl. Mmark; *Berge, Berje* südl.

Mmark, Nlaus. – Ndl. Siedlerwort zu ndl. *berrie, burrie.*

Born(e) m. 1 ›Quelle‹ vorw.
Nlaus., vereinz. nord- und
mmärk. 2 ›offener Schöpf- oder
Ziehbrunnen auf dem Hof und
auf der Weide‹ Prign., Mmark,
Nlaus.

böten → *büßen.*

Botte(n) f. (m.) ›Schuh‹ allg.; *di
olle Botte is scheef jelopen* Teltow;
*ick kann mein' een' Botten nich fin-
den* Berlin; zur Ehefrau: *Olle, heb
de Botten, es komm' Klamotten*
Berlin. – Etym. zu frz. *botte.*

Bouteille f. ›Flasche‹ vorw.
Uckerm. – Lautf.: *Putelj', Potelj'*
Uckerm.; *Butelje* vereinz. Teltow,
Havelld., Nlaus.; *Putelje* ält.
berl. – Etym. zu frz. *bouteille,* von
den Hugenotten im 17. Jh. in
die Mark gebracht.

Bowel, auch *Pofel* m. ›minderwer-
tige Ware, Schund‹ berl.; *wat
koofst 'n ooch so 'n Bowel.* – Herkunft unklar.

bråken Vb. ›Flachs brechen‹
nord- und mmärk.; *in 'n Herst
würr bi Fieråmdtiet Flaß bråkt*
Prign. – Etym. zu mnd. *braken* in
gleicher Bedeutung.

brämen Vb. 1 ›reagieren‹ *der
brämt nich,* d. h. fürchtet sich
nicht, Fläming; ›tut ganz ver-
stockt‹ angrenzende Nlaus.
2 ›begreifen, verstehen‹ ebd. –
Das Wort kommt aus dem
Osächs.

Bramme f. ›Große Viehbremse‹
Havelld., Zauche; *Bromme*
Havelld.; *Brämme* Fläming; mit
Länge *Brame, Bräme* Nlaus.

Brange → *Wrange.*

brangen → *wrangen.*

Brasen → *Wrasen.*

brasseln (mit sth. -*s*-) Vb. ›unverständlich vor sich hin reden‹
mmärk.; *hä brasselt sich wat unter
de Näs' hen* Havelld.; gelegentlich ›mit vollem Mund reden‹
ebd.

Brast m., f. 1 ›große Menge, sehr
viel‹ *bringe mir ma nich jleich so 'n
Brast* Berlin; *'ne ornliche Prast*
Lebus. 2 *in Bras(t)* ›in Wut‹ *der is
aber in Braß* Berlin; *de hät mi in
Braß bröcht* Uckerm.; *in Brast
kommen* ›aufbegehren‹ Prign.

Bratels *Bråbels,* Pl. ›Ragout aus
Herz, Lunge, Nieren, Kopf-
fleisch u. a.‹, beliebtes Früh-
stücksgericht am Hochzeitstag,
Prign.; *Bråtsels* Uckerm. – Etym.
zu mnd. *brädelse* ›Gebratenes‹.

bra(t)schen, auch *pra(t)schen,* Vb.
1 ›poltern‹ *dät braatscht*
Uckerm. 2 ›schreien, laut weinen‹. 3 ›viel und laut reden‹.
4 ›prahlen, großtun‹. – Etym.
zu mnd. *bräschen* ›krachen,
dröhnen, lärmen, schreien,
brüllen‹.

¹BRATWURST Broatworscht f.
›leicht geräucherte Dauerwurst
aus gehacktem oder mit dem
Fleischwolf zerkleinertem
Schweinefleisch, Schlack-
wurst‹. – Lautf.: *Broatwo(r)scht*
mmärk.; *Bråtwo(r)scht, Bråtwost*
nordmärk. – Der 1. Wortbestandteil zu mhd. *bråt* n., *bråte*
m. ›Fleisch, Weichteile am Kör-
per‹, das als 2. Wortteil auch in
Wildbret enthalten ist.

²BRATWURST **Bratwurscht** f. (zu *braten* Vb.), wie litspr. (allg.).

Bräutiger m. ›Bräutigam‹ Nlaus. – Lautf.: *Bräutger, Breitjer.*

bregenklüterig Adj. ›benommen, wirr, verrückt‹ allg.; *där olle Mann is schon janz breäjenklieterig* Fläming. – Lautf.: *bregenklüterig, bräjenklüterig, brejenklieterig.* – Aus *Bregen* ›Kopf‹ und nd. *klüterig* ›klumpig‹.

Bremse f. ›Ohrfeige‹ berl.; *nu krichste gleich 'ne Bremse.*

brezeln Vb. ›eine Ohrfeige verabreichen‹ *den ha 'k aba eene jebrezelt* Berlin; *eene prezeln* Nlaus. – Eine Abl. zu in Schwaben und der Schweiz belegten *brätschen, prätschen* ›schlagen‹.

Briez(e) m. (f.) ›Bruder‹ berl.; ält. *Britz, mein Briez*; jünger *Brieze* f. ›Bruder, Freund‹ *det sage ick meine Brieze.*

Briezkeule f. ›Bruder‹ berl.; ält. *Britzkeule, Briezkeile.*

brock präd. Adj. ›hinfällig, gebrechlich‹ Oderbr., ehem. Neumark. – Etym. zu ndl. *brok* ›brüchig‹.

brockfällig Adj. 1 ›hinfällig, gebrechlich‹ Lebus; ›baufällig‹ Uckerm. 2 *brockfällig Düütsch* ›gebrochenes Deutsch‹ Uckerm. – Etym. zu mnd. *brokvellig* ›zerbrechlich, baufällig‹.

Brodeize f. ›Warze‹ Nlaus. – Lautf.: *Brodeize, Bradeize*; Dim. *Brodeizka*; vereinz. *Brodeikska, Rodeikska, Brodeitka*; verkürzt *Brodka, Brodke.* – Etym. zu nsorb. *brodajca* ›Warze, Brustwarze‹, Dim. *brodajcka.*

Brosch(e) m., n. (f.), Schmuckstück wie litspr.; neben *Brosche* f. mundartl. *Brosch* m.; *nich moal upm Sunndach häste din Brosch vööjemockt* Teltow; *ein echtes Brosch* Berlin; mit Bezug auf eine überschlanke Frau: *wo der Brosch is, is vorne* Berlin.

brœsig Adj. 1 ›rotwangig, frisch‹ *hä süht orntlich brœsig ut* Uckerm.; auch ›fieberglühend, krank‹ *häi süht so brœsig ut* Prign.; ›krankhaft aufgedunsen‹ nordmärk., Havelld. 2 *bräsig* ›überspannt, übernervös und unruhig‹ Oderbr., Barnim; ›geziert, stolz‹ *nu mach ma nich so 'n Bresigen* Berlin.

Bruchaue f. 1 ›Preßwurst im Schweinemagen‹ Nlaus. 2 ›Kaffeekrug, der auf das Feld mitgenommen wurde‹; benannt nach der Form, ebd. – Lautf.: *Bruchaue, Bruchaua*, veralt. *Bruchawe.* – Etym. zu nsorb. *bruchawa* ›Schweinemagen, Magenwurst‹.

Bruck(e) m. (f.) ›Viehbremse‹ Nlaus. – Etym. zu nsorb. *bruk* in gleicher Bedeutung.

brüden Vb. 1 ›jmdn. täuschen, auch necken, foppen‹ nord- und mmärk. 2 ›jmdn. quälen, jmdm. zusetzen‹ ebd. – Etym. zu mnd. *brüden*, eigtl. ›zur Braut nehmen‹, auch ›necken, foppen‹.

brüdern Vb. ›lustig leben‹ veralt. Nlaus., Oderbr., Berlin.

Brümmel m. 1 ›männliches Zuchtrind‹ Nlaus. 2 Übertr. ›großer, derbgebauter Bursche‹, ›dicke Nase‹, ›großer Kopf‹ ebd. – Lautf.: *Brümmel, Brimmel, Bremmel.*

Brüsche f. ›durch Schlag oder Stoß verursachte Beule‹ vorw. am Kopf (allg.); redensartl.: *de löppt sich Brüschen,* wenn jmd. sich um etwas besonders bemüht, Uckerm.; *man rennt sich sieben Brüschen ab* ›man arbeitet ohne Erfolg‹ Potsdam u. ö. – Lautf.: *Brüsche, Briesche;* verstr. *Brüsche, Briesche, Brusche;* vereinz. verhochdeutscht *Brausche.*

Buback m. 1 Bezeichnung für ein gespenstisches Fabelwesen, einen Kinderschreck, Nlaus., veralt. Teltow. 2 ›drohend schwarze Gewitterwolke‹ Nlaus. – Lautf.: *Buback, Bubock, Boback, Bobeck, Bubbach.* – Etym. zu nsorb. *bubak* ›Popanz, schwarzer Mann‹.

bubanzen Vb. ›leichtfertig, verschwenderisch, liederlich mit etwas umgehen‹ Teltow. – Etym. zu nsorb. *bubańcowaś* ›mit der Reuse Fische fangen‹. → *verbubanzen.*

¹Bucht(e) f. 1 ›umzäuntes Gelände für Vieh‹. 2 ›Verschlag in Ställen‹, z. B. für Schweine oder Kälber. 3 Abwert. ›enger, kleiner Wohnraum‹ *det is vielleicht 'ne Buchte* Berlin; ›schlechte Wohnung‹ *du hast awwer ne Buchte* Fläming.

²Bucht(e) f. 1 ›Getreidereste auf dem Stoppelfeld‹ verstr. allg.; *ihr mißt noch Buchte machen* ›ihr müßt noch Kurzstroh

schneiden‹ Nlaus. 2 ›schlechtes Strohlager‹ veralt. Nlaus. 3 ›Pack, Gesindel‹ *dat is verleicht 'ne Bucht* Nlaus. – Etym. zu mhd. *bācht* ›Unrat, Kehricht, Kot‹.

buchten Vb. ›etwas unordentlich durcheinanderwerfen‹, ›ein Strohlager zusammen-, ein Bett aufwühlen‹ Nlaus., verstr. Teltow, Barnim. – Zum Vor.

Bückel m. ›geräucherter Hering, Bückling‹ verstr.

Bucker m. 1 ›große Murmel aus Glas, neuerdings auch aus Stahl‹ allg.; redensartl.: *'n ruhjen Bucker schie'm* ›eine wenig anstrengende Tätigkeit verrichten‹ Berlin. 2 Scherzh. ›Kopf‹ Berlin.

buckern Vb. ›mit Murmeln spielen‹ mmärk., Berlin. – Zum Vor.

Buddel f. (m.) ›Flasche‹ nordmärk., berl., verstr. mmärk.; als m. vorw. in der Prign. – Lautf.: vorw. *Buddel,* verstr. *Buttel.* – Aus frz. *bouteille.*

Budike f. 1 Veralt. ›Lebensmittelladen‹, oft mit einer Garküche verbunden, berl. 2 ›Bierlokal‹, oft abwert. (allg.). – Aus frz. *boutique.*

Budiker m. 1 Veralt. ›Kleinkaufmann, Besitzer eines Ladens mit Garküche und Ausschank‹ berl.; jünger ›Kioskinhaber‹ Brandenburg. 2 ›Gastwirt‹ allg.

bügeln Vb. 1 ›mit einem Bügeleisen plätten‹ allg.; redensartl. von einem Menschen mit

O-Beinen: *dem ham se de Beene œwer de Tunne jebüjelt* Zauche. **2** ›zechen, trinken‹, oft *een'n büjeln* ›einen Schnaps trinken‹. – Lautf.: *bügeln, büjeln, biejeln.*

Bühle Büele, f. ›Kleinkind‹ *det is 'ne kesse Biele* Berlin; meist als Dim. *Büeleken* n., in gleicher Bedeutung, auch ›Geschwisterkind‹. – Lautf.: *Büele, Büle, Büeleken* mmärk.; *Biele* östl. Mmark, veralt. berl.; *Böhlken* nordmärk. – Etym. zu mnd. *böle, böleken*; identisch mit litspr. *Buhle.*

Bühlenkind n. ›Geschwisterkind‹; meist *Büelekenkinder* Pl., dass., auch ›Vettern und Basen 2. und höheren Grades‹ mmärk.; *Böhlkenkind* nordmärk. – Dazu *Anderbülekenkinner* Pl. ›Vettern und Basen, auch 2. und höheren Grades‹, ›Geschwisterkinder‹, ›Stiefkinder‹, ›außereheliche Kinder‹. Lautf.: *Annerbülekenkinner* mmärk.; *Anner-, Ännerbö(l)kenkinner* nordmärk.

BÜHNE **Böäne** m. **1** ›oberer Raum eines Gebäudes unter dem Dach‹; redensartl., wenn etwas Außergewöhnliches berichtet wird oder sich zugetragen hat: *so wat krüppt nich up den bœbelsten Bœhn* Prign. **2** ›Bretterbelag des Dachbodens‹ verstr. nord- und mmärk. **3** ›Zimmerdecke‹ Prign., Uckerm. **4** Übertr. ›Gaumen‹ *he hett keen Bœhn in 'n Mund,* d. h., er hat einen Wolfsrachen,

Uckerm. – Lautf.: *Böäne* mmärk.; *Bähne* Fläming, Barnim; *Bœhn* nordmärk.

Bulette f. ›gebratener, flacher Fleischkloß aus Hackfleisch‹ berl.; redensartl.: *laß doch det Kind die Bulette!,* d. h., laß ihm seinen Willen oder Glauben; *ran an die Buletten!* ›angepackt, mitgemacht!‹; *der jeht ran wie Hektor an die Buletten.* – Etym. zu frz. *boulette.*

Bülow m. ›Pirol‹, entstanden aus der Deutung des Pirolrufs; verbr. *Schult (Schulze) von Bülow, Vogel Bülow*; weniger verbr. *Köster Bülow, Peter Bülow, Våder Bülow,* in Anlehnung an den Adelsnamen *Baron (Fürst, Graf, König) von Bülow, Herr von Bülow, Junker Bülow.*

Bumbaue f. ›Rohrkolben‹ Nlaus. – Lautf.: *Bumbaue, Bumpaue, Bompaue, Pumpaue.*

Bums m. **1** ›schlagartiges, dumpfes Geräusch‹, z. B. bei einem Fall, daher *uff keen' Bums* ›auf keinen Fall‹ berl. **2** ›Gaststätte, vor allem Tanzgaststätte minderer Güte‹. **3** ›Tanzvergnügen‹ *jehste uf 'n Bums?* Berlin.

Bumskeule f. ›Rohrkolben‹, meist im Pl. gebraucht. – Lautf.: *Bumskaulen* Nlaus., *Bumskeilen* Nlaus., verstr. östl. Mmark; *Bumskülen* mmärk., verstr. nordmärk.; *Bumskielen* Zauche, Fläming, verstr. östl. Mmark. – Das 1. Wortglied zum Vor., weil die Kinder sich damit schlagen. → *Klopfkeule, Schmackedutsche.*

Bumskolben m., dass., verstr. im ges. Gebiet.

büne Adj. ›wasserundurchlässig, dicht‹, von Holzgefäßen. – Lautf. und Verbreitung: *büne, büene* vereinz. mmärk.; *biëne* Fläming, westl. Nlaus.; *biene* Nlaus., vereinz. östl. Mmark, Fläming. – Das Wort ist ndl. Herkunft und gehört zu mndl. *boenen* ›blankreiben, färben, beflecken‹; etym. identisch mit litspr. *bohnen, bohnern.*

bürsten Vb. **1** ›mit einer Bürste reinigen‹. **2** ›geschlechtlich verkehren‹; doppelsinnig: *in der Jugend jut jebürschtet, is im Alter halb jekämmt* Berlin. **3** ›schnell laufen‹ mmärk., nlaus., Berlin. **4** ›(Alkohol) trinken‹ *da ha'm wa orntlich een'n jebürschtet* Berlin. – Lautf.: *bürschten* mmärk., berl.; *börschten* mmärk.; *bö(r)sten* nordmärk.; *berschten* Nlaus., östl. Mmark.

Busch m. **1** ›Strauch‹ allg. **2** ›Reisig‹ vorw. Prign., Havelld.; *smiet mål dän Busch in 'n Backåm* Prign. **3a** ›Laub- und Mischwald‹ allg. **b** ›Nadelwald‹ vorw. Uckerm., Ruppin.

Busse (mit sth. -s-) f. ›Kinderwiege‹ nord- und mmärk. – Ein lautmalendes Wort.

bussen Vb. (mit sth. -s-) ›Kinder ein- oder auf dem Arm wiegen‹ nord- und mmärk.

BÜSSEN **büeten** Vb. **1** ›sühnen, entgelten‹, nur selten. **2** ›durch eine Zauberformel heilen, bannen, besprechen‹ allg.; *an 'n*

Mond biëten ›bei abnehmendem Mond besprechen‹ Lebus; *an 't Böten müßte j löben, wenn 't helpen sall* Uckerm. **3** ›Feuer entzünden, heizen‹ nord- und mmärk. – Lautf.: *büeten, büten* mmärk.; *biëten* Lebus, Zauche; *bieten* Zauche, Fläming, Lebus; *böten* nordmärk.; *büßen*, seltener *bießen* Nlaus.

buten Adv., Adj., Präp.; nord- und mmärk. **I** Adv. **1a** ›draußen, im Freien‹ *buten is 't hüüt wärmer as in d' Stuw* Prign. **b** ›außerhalb, auswärts‹; redensartl. *dät is buten so wië värre Döre* ›es geht anderwärts genauso zu wie daheim‹ Teltow. **2** ›außen, äußerlich‹ *van buten un binnen ankieken* ›genau prüfen‹ Uckerm.; von einem Faulenzer: *dänn ståhn de Hänn' no buten* Ruppin. **II** Präp. ›außerhalb‹ *se arbeit't buten 't Huus* Uckerm. **III** Adj., nur als Sup. **1** ›außen befindlich‹ *de buterste Siet* Uckerm. **2** ›am weitesten entfernt‹ *de bütelste Grenze* Havelld. – Etym. zu mnd. *büten,* asächs. *bi-ütan, bütan.* → *binnen.*

büten → *büßen.*

Büxe Buxe, f. ›Hose‹; redensartl.: *kümp Tiet, kümp Råt – kåmen Jungens, kåmen ook Büxen* Prign.; *wecker düt Johr heiråt't, mütt 't änner Johr Büxen flicken* ebd. – Lautf.: *Buxe* mmärk., nlaus., berl.; *Büx* nordmärk., verstr. mmärk. – Etym. zu mnd. *büxe, buxe,* eigtl. ›Bockhose‹.

C

Chor n., m. **1** ›Kirchenempore‹
di sitten uppet Chor Teltow.
2 ›Singschar‹ *sie is bei 'n Chor*
Berlin. **3** Auch für *Korps* ›durch
Beruf oder anderweitig verbun-
dener Personenkreis‹ *sie is bei 's
Chor* (eine Tänzerin) Berlin;
›Schar ungezogener Kinder‹
Teltow, westl. Nlaus.

Christ m., in der Verbdg. *heeler
(heelger) Christ.* **1** ›Christuskind‹.
2 ›verkleidete Person, die in der
Vorweihnachtszeit, vereinz.
auch am Weihnachtsabend,
Geschenke verteilt‹ veralt.
3 ›Gesamtheit der Weihnachts-
geschenke‹ *min heele Christ* Fläming; *den heilige Christ verteelen*
Nlaus.; *de Böme den heeljen Christ
jäwen*, d. h. sie mit Stroh
Sumwinden, damit sie reich
tragen sollten, Teltow.
4 *Heele Christ* ›Heiligabend‹
nördl. Nlaus., Fläming.

Couleur f. **1** ›Farbe‹; schmutzig-
graublonde Haare haben *Kulör
de Borstwisch* Berlin; redensartl.
*dieselbe Kulör in Jrien, bloß 'n
Schein dunkler* ›dasselbe, nur etwas schlechter‹ ebd. **2** ›Sorte,
Art‹ *dat is een van sin Kalör* urspr. ›das ist einer von seinem
Regiment‹, dann auch ›von
seinem Charakter‹ Uckerm.;
abwert. *allens eene Kulör* ›sie tau-
gen alle nicht‹ Berlin. – Dazu
kalören Vb. **1** ›färben‹. **2** ›die
gleiche Farbe haben‹. **3** ›die
passenden Farben zusammen-
stellen‹. – Etym. zu frz. *couleur.*

D

Daffke, nur berl. in festen Wendungen: *ick heeße doch nich
Daffke* ›ich bin doch nicht
dumm‹; *aus Daffke* ›aus Trotz,
Eigensinn‹. Etym. zu jidd.
davko ›gewiß, sicher, durch-
aus‹.

dågen Vb. ›laut schelten,
schreien‹ Uckerm., Ruppin. –
Vielleicht zu mnd. *doven*
›toben‹ mit Wandel von *v* zu *g*
unter ndl. Einfluß.

Dägen m. ›Gedeihen‹ Uckerm.,
Prign.; auch *Dääg* f. vereinz.
Prign.; *dei hei sin Dääj nich.* –
Etym. zu mnd. *dege* m. ›Gedei-
hen, Glück‹.

dägern Adv. ›sehr‹ Uckerm.,
Prign.; *hei hei sick dägern ver-
küllt* Prign. – Etym. zu mnd.

deger(e) ›völlig, gänzlich, ganz und gar‹.
dăgt Adj. (Uckerm., Prign., Havelld.). 1 ›groß‹ *'n däägten Schreck* Uckerm.; ›stark, dick‹ *een däägten Paal* ebd.; ›kräftig‹ *'n paar däägte Jungs* Havelld. 2 ›sehr‹. – Wohl zu mnd. *döget* f. ›Tauglichkeit, Tüchtigkeit‹.
Dåk m. ›Nebel‹. – Lautf.: *Dåk* nordmärk.; *Doak* mmärk. – Etym. zu mnd. *dāk* in gleicher Bedeutung. → *Dolk.*
dål Adv. ›nieder‹ nord- und mmärk.; *von baben dal* ›von oben herab‹ Lebus; *Kopp dål* ›gesenkten Hauptes‹ Prign. – Etym. zu mnd. *dale* in gleicher Bedeutung.
dålen Vb. ›umherirren, ziel- und gedankenlos umherlaufen‹ mmärk.; *twalen* Prign., Uckerm. – Etym. zu südndl. *dolen* und mnd. *dwalen.*
Dalles m. ›Geldmangel, -not‹; scherzh. Rat: *Sie müssen mal mit Koks (›Geld‹) jurjeln, det is jut for'n Dalles* Berlin. – Etym. zu jidd. *bedallus* ›in Armut‹.
dalli Adv. ›schleunig, fix, schnell‹ (allg.): *nu man ümmer dalli* Prign.; *mach ma 'n bißchen dalli* Nlaus., Berlin. – Etym. zu slaw. *dalej* ›weiter‹, wohl seit Ende des 19. Jh. aus dem Polnischen von Berlin aus verbreitet.
dalschen Vb. 1 ›ungeschickt, tölpelhaft umhertrampeln‹ mmärk.; *da dalscht mia doch eena uff 't Been* Berlin. 2 ›Unsinn reden‹ Odergebiet.

Dämel m. 1 ›Kopf‹ meist scherzh. 2 ›Dummkopf‹. – Lautf.: vorw. *Dämel,* daneben *Dœmel* nordmärk.; *Döämel* mmärk.; *Demel* Berlin.
dammeln Vb. 1 ›geistesabwesend umherschlendern‹. 2 ›tatenlos herumsitzen, faulenzen‹ Berlin. 3 ›Unsinn reden‹ veralt. Nlaus. 4 ›sich albern benehmen‹ veralt. Berlin, Nlaus., Fläming.
Dämse f. ›stickige, drückende Luft‹ Berlin u. ö. – Wohl aus dem Osächs.
Dassel m. (auch mit sth. -*s*-) ›Kopf‹ meist scherzh., Berlin, verstr. nordmärk., vereinz. mmärk. und nlaus.
davor Pronominaladv. ›dafür‹ berl., nlaus. und umg.; abweisend: *wat kofe ik mir davor?* Berlin; *ik kann doch nischt davor* Nlaus.
deffen Vb. ›schlagen, prügeln‹ Oderbr., Teltow.
Demel → *Dämel.*
Demelee n. ›Lärm, Streit, Radau‹ Nlaus.; *mache nich solch Demolee.* – Etym. zu frz. *démêlé* ›Streit, Zank‹.
Demse → *Dämse.*
Denak m. ›Preßwurst im Schweinemagen‹ östl. Nlaus., Beeskow-Storkow. – Lautf.: *Denak, Tenak, Dendak, Tentak.* – Etym. zu nsorb. *deno* ›Wanst, Magen des Rindes‹.
deppen Vb. ›ducken, demütigen‹ vorw. berl.
Destille f. ›Bierlokal‹ vorw. berl., verstr. mmärk. und nlaus., meist

abwert. – Verkürzt aus *Destilla-
tion.* → *Durststille.*

Dez m. ›Kopf‹ meist abwert. –
Lautf.: *Deez* vorw. berl.; *Dœz*
nordmärk.; *Dööz* mmärk.; *Dääz*
nlaus., mmärk.

dibbern debbern, Vb. ›(viel) reden‹ vorw. berl., sonst verstr. –
Etym. zu jidd. *dabbern, dibbern*
›reden, sprechen‹.

Diemen m., **Dieme** f. ›Heu-,
Strohmiete auf dem Feld‹ verstr.

Dienstbolzen m. ›Dienstmäd-
chen‹ vorw. berl.

Ding-Ei n., ein Patengeschenk,
bestehend aus buntgefärbten
Eiern, Brezeln, einer Semmel
oder einem Pfefferkuchen,
eventuell auch einem Kleidungsstück, das die Patenkin-
der sich bis zum 10. oder
12. Lebensjahr am ersten Oster-
feiertag bei den Paten abhol-
ten, Nlaus. – Wohl zu *dingen*
›eine Gabe aussetzen, fest-
legen‹.

Discher → *Tischer.*

diskurieren Vb. 1 ›eifrig über
etwas reden‹ *dischkerieren* östl.
Mmark; *diskureren* Uckerm.
2 *düschkerieren* ›nachdenken‹
Teltow. – Etym. zu frz. *discourir*
›ausführlich reden, schwatzen‹.

dōf → *taub.*

Dœg m. ›Tauglichkeit, Brauchbarkeit‹ in der Wendung *dat het
keen Dœj* ›das taugt nicht‹
Uckerm., Prign. – Etym. zu
mnd. *döge* f. ›Tauglichkeit,
Brauchbarkeit‹.

Dohle f. ›Hut‹ abwert., vorw.
berl., verstr. mmärk.

Dolk m. ›Nebel‹ mmärk. → *Dåk.*

doll → *toll.*

Dopp m. 1 ›Schale, Hülse‹, insbesondere ›Eierschale‹ *de
Küken sin noch in 'n Dopp*
Uckerm. 2 ›kleines Holzklötz-
chen, das beim Lottospiel auf
eine gezogene Nummer gesetzt
wird‹. – Etym. zu mnd. *dop,*
Bezeichnung für etwas Rundes,
Hohles, insbesondere ›Eierschale‹.

dörch → *durch.*

Dornitz → *Turnips.*

Dösel m. 1 ›Dummkopf‹ vorw.
berl. 2 ›Kopf‹ verstr. nord- und
mmärk.

dœsig Adj. 1 ›schläfrig, benommen‹ *mi is noch so dœsig* Prign.
2 ›dumm‹ ebd.; *däsig* Oderbr.
→ *düsig.*

Dœtel m. ›Dummkopf‹. – Lautf.:
Dœtel Uckerm.; *Dätel* östl.
Mmark.

Dœz → *Dez.*

DRACHEN **Droake** f., ein Hausgeist, der als feurige Erscheinung oder als Naturerschei-
nung auftritt, daher *de Dråk
treckt,* wenn der Nebel zieht
(Prign.) oder wenn in der Ernte
ein Wirbelwind auftritt (Havelld.); er kann Menschen und
Vieh behexen, bringt aber auch
Reichtum; als guter Hausgeist
liegt er versteckt auf dem Boden, z. B. als Kalb oder schwarzer Hund, und wird mit Hirse
oder dicken Erbsen gefüttert. –
Lautf.: *Droake* mmärk.; *Dråk*

nordmärk.; *Drachen, Trache*
Nlaus.

Draht m. 1 Wie litspr.; berl. *du
hast woll nich alle Fümfe uf
Draht?*, d. h. nicht alle fünf
Sinne beisammen. 2 ›Geld‹
berl.

Drāsch m. 1 ›Arbeit, Mühe, Um-
stände‹ *ich ha' schon meinen
Dråsch* Nlaus. 2 ›lärmende
Geschäftigkeit, Trubel, Wirr-
warr‹. – Lautf.: *Draasch, Dråsch*
Nlaus.; *Droasch* Fläming; *Troasch*
Teltow.

drāschen Vb. ›sich abmühen,
abhetzen‹ Nlaus. – Lautf.:
dråschen, droaschen.

Drauschke f. ›Brautjungfer‹
Nlaus. – Etym. zu nsorb. *druška*
in gleicher Bedeutung.

Dreesch → *Driesch.*

DREIZEHN Drittehn Pl. ›die Zeit
zwischen dem 24. Dezember
und 6. Januar‹ verbr. Teltow,
verstr. Fläming, Zauche, Havelld. Es galten zahlreiche Verbote
für bestimmte Tätigkeiten in
dieser Zeit, wie Dungfahren,
Wäsche waschen, Erbsen oder
Bohnen essen. → *Zwölften.* –
Lautf.: *Drittehn, Drüttehn,
Druttehn; Darre-, Dürretehn,* entstellt *Dorotheen.* – Das Wort
stammt in dieser Bedeutung
aus dem Ndl.

dremmeln Vb. 1 ›stoßen, schieben, drängen‹. 2 ›zwängen,
pressen‹. 3 ›wiederholt antrei-
ben, jmdm. zusetzen‹.

Drēsch(e) m. (f.) 1 ›heftiger Re-
genguß‹. – Lautf.: *Dreesch,
Draasch, Driesch* Berlin; *Drüüsch,*

Dröösch Uckerm.; *Dreesche,
Treesche* Nlaus. 2 Übertr. *Dreesche*
›Schwätzerin, Klatschmaul‹
Lebus. – Etym. zum Folg.

drēschen Vb. 1 ›prasselnd, in
Strömen regnen‹ Berlin,
Uckerm., Mmark, Nlaus.
2 ›prasselnd sprühen‹ *Feier-
funken treeschen* Nlaus. 3 Übertr.
›viel reden, schwätzen‹
Uckerm., Teltow. – Lautf.: *dree-
schen* Berlin, Mmark; *drüüschen*
Uckerm., angrenzende östl.
Mmark, Teltow; *drieschen* verstr.
Mmark, vereinz. Uckerm.; *dröö-
schen* verstr. Mmark; *treeschen*
Nlaus., angrenzender Fläming
und östl. Mmark. – Etym. zu
got. *driusan,* asächs. *driosan*
›fallen‹.

DRESSIEREN tressieren Vb.
›quälen, belästigen, jmdm. zusetzen‹ Fläming, Teltow, veralt.
Berlin.

Driesch m. ›mit einer Grasnarbe
überzogener, brachliegen-
der, ungepflügter Acker, Öd-
land‹. – Lautf.: *Driesch* vereinz.
Barnim, Oderbr.; *Dreesch*
nord- und mmärk.; *Dreisch* Westprign. – Etym. zu mnd. *drēsch,
drisch* ›ruhender Acker, unbe-
bautes Land‹.

dröge drö(je), Adj. 1 ›trocken‹
a ›ohne Feuchtigkeit‹ *treck di 'n
dröjet Hemd an* Uckerm. **b** ›nie-
derschlagsarm‹ *wi hebben jo ok
tu n' lange dröje Tiet hat* Uckerm.
2 ›aus-, eingetrocknet‹ *det Rad
wird drö* Havelld.; *de Boom is
drööch* Uckerm.; *de Schrippe is
man dröje* Berlin. Übertr. auf

Lebewesen ›mager, dürr, hager‹ *det Farken is mi to drööch* Uckerm. **3** Erw. ›ohne weitere Zutaten‹ *drööch Geld* ›bares Geld‹; *drööch Grog* ›Rum‹; *drööch ståhn* ›vor dem Kalben keine Milch mehr geben‹. – Lautf.: *dröj(e)* nordmärk., Barnim; *drö(e)* Havelld., Zauche, Barnim; *dreue, dreie* Teltow; *dre(h)e, drä(h)e, dreje, dräje* Fläming, Beeskow-Storkow, Lebus; *tre(h)e, trä(h)e, treje, träje* Nlaus. – Etym. zu mnd. *dröge* ›trocken, ausgetrocknet‹.

drȫschen → *drȇschen*.

Droschke f. ›Mietkutsche‹. Nach 1815 aus russisch *drožki* in das Berl. entlehnt und von Berlin aus weiter verbreitet.

Droschkist m. ›Droschkenkutscher‹ ält. berl.; jünger ›Taxifahrer‹.

Droschkong n. (endbetont), wie *Droschke*. Berl. seit 1879 und bis Ende der 20er Jahre bezeugt.

Drösel m. ›Dummkopf‹ *'n richtijer Drösel* Teltow; *dat bejript de Drösel nich* Havelld.

dröten Vb. **1** ›unschlüssig und untätig herumstehen oder -sitzen‹ iron. *drööt man noch 'ne Wiel'!* Uckerm. **2** ›langatmig, umständlich erzählen‹ *her dreet so lange* Schwedt.

Drucht(e) f. ›Schar‹ *ne ganze Drucht Schoape* Lebus; *'ne Druchte Jänse* Teltow. – Etym. zu mnd. *drucht* f. ›Kriegsmannschaft, Schar‹.

Drücker m. ›Türklinke‹ bildl. *an 'n Drücker kommen* ›Einfluß be-

kommen, etwas zu sagen haben‹ Berlin; *uff 'n letzen Drücker* ›in letzter Minute‹ (aus der Zeit, als Nachtwächter den spät Heimkommenden die Haustür mittels *Drücker* öffneten) Berlin.

Drūs m. ›Halbschlaf‹ Uckerm., Prign.

drusen Vb. ›schlummern, im Halbschlaf liegen‹ nordmärk. – Zur Etym. vgl. altengl. *drūsian* ›ermatten, stagnieren‹.

drusseln Vb. (mit sth. -s-) ›sich im Halbschlaf befinden‹ nord- und mmärk., berl.; mit alter Länge *druseln* vereinz. Uckerm., Teltow; auch *druscheln* Teltow, Fläming. – Etym. zu *drusen*.

Dubas m. ›kleiner Knüppel‹ vereinz. Havelld., Barnim. – Slaw. Herkunft, vgl. nsorb. *dubašk, dubjašk* ›kleine Eiche‹.

dubberig Adj. ›schwül, stickig‹ Nlaus.; vereinz. *duwwrig*.

dufte Adj. ›gut, großartig, schön‹ vorw. berl.; *det is 'n dufter Junge; 'n duften Hut hat der; 'ne dufte Jejend*. – Etym. zu jidd. *tow* ›gut‹.

dull → *toll*.

Dummsdorf fiktiver Ortsname in der Wendung *aus Dummsdorf sein* ›dumm sein‹ Berlin.

dūn Adj. **1** ›gedunsen, voll, dick‹ *die Kue is dune* Teltow; *in Nudelkoken* (›Kartoffelpuffer‹) *ät ik mi dune* Uckerm.; *der Raue* (Roggen) *is dune*, wenn die Ähren voller dicker Körner sitzen, Barnim. **2** ›betrunken‹; redensartl.: *duun Lü* (Leute) *un nüchtern Kälwer fall'n sik nix taunicht* (zunichte) Prign.; *duun dat gifft sik, äwer düsig* (›dumm‹) *dat blifft* ebd. – Etym. zu mnd. *dūn(e)* ›aufgeschwollen, dick; betrunken‹.

dunen Vb. ›berauschen, betrunken machen‹ ein schwerer Wein *duunt janz schön* Berlin.

dunker Adj. ›dunkel, wenig hell‹ Fläming, westl. Nlaus., südl. Teltow, Beeskow-Storkow, Lebus; subst. *der hat sich in Dunker verlofen* Nlaus. – Die Wortform ist ndl. Herkunft.

dunkern Vb. 1 ›dunkeln, dämmern‹ (am Abend); *et fängt an te dunkerne* Nlaus. 2 ›das Licht versperren‹ *du* (tu) *mich doch nich dunkern* Nlaus.

duråbel Adj. ›dauerhaft, fest‹ vorw. nordmärk. – Etym. zu frz. *durable.*

DURCH **dörch 1** Präp. wie litspr. **2** Präd. Adj.: *durch sein* ›wund sein‹ *mein Hacken is janz derch* Berlin; ›durchnäßt sein‹ *ik bin dörch bet up 't Fell* Uckerm.; ›geschafft, überstanden (haben)‹ *der hätet dörch* Teltow; zeitl. ›vorbei sein‹ *is dreien dörch* ebd.; *durch und durch* ›vollständig, gänzlich‹ *man is derch un derch jeschwitzt* Teltow. **3** Attr. ›durchgereift, durchgezogen‹ *ein durcher Käse* Nlaus.; *'n durcher Hering* Berlin.

(DÜRSTERN) **dörschtern** Vb. ›starken Durst haben‹ *mei dörschtert* Teltow; *mir durschtert* Berlin, Nlaus.

Durststille f. ›Bierlokal‹ Berlin. In Anlehnung an → *Destille.*

duse Adj. ›sachte, sanft, gemächlich, leise‹ *dat Mäken danzt awwer duse* Fläming; *it klung scheen duse,* d. h. sanft, weich, ebd. – Zu frz. *doux, douce* ›süß, sanft, mild‹. → *dusemang.*

Dusel m. 1 ›Schlag gegen den Kopf‹. 2 ›Taumel, Schwindel, geistige Benommenheit‹. 3 ›Dummkopf‹. → *Dussel.* 4 ›unverdientes Glück‹ *hat der aba 'n Dusel* Berlin.

duseln, auch *düseln,* Vb. 1 ›taumeln, torkeln, trudeln‹. 2 ›sich im Halbschlaf befinden‹.

dusemang Adv. ›sanft, langsam‹ *de is dusemang* (bei der Arbeit) Prign.; *immer dusemang* Berlin. – Zu frz. *doucement* ›langsam, leise, sanft‹. → *duse.*

düsig Adj. 1 ›schwindlig, benommen‹ *mi is ganz düsig in 'n Kopp* Uckerm. 2 ›dumm‹; redensartl.: *duun* (›betrunken‹) *dat gifft sik, äwer düsig dat blifft* Prign. → *dœsig.*

Dussel m. (vorw. mit sth. *-s-*) 1 ›Schwindel, geistige Benommenheit‹. 2 ›Kopf‹ *mi dut de Dussel weh* Lebus. 3 ›Dummkopf‹ oft als Schimpfw.: *oller Dussel.*

dusselig, auch *dußlig,* Adj. 1 ›schwindlig, benommen‹, auch ›fahrig, nervös‹ (Nlaus.). 2 ›geistig beschränkt, dumm‹ *där is 'n bisken dusselig* Fläming.

Dutt, auch *Dutten,* m. 1 Urspr. ›Haufen, Klumpen‹, daher *in 'n Dutt scheten* ›vor Schreck zusammenfahren‹ nordmärk.; *in*

'n Dutten gåhn ›mißlingen, fehlschlagen‹ Prign. **2** ›Haarkno-
ten‹ allg. **3** ›Kopf‹ *ihr habt Grips
in 'n Dutt* Berlin. **4** ›kleiner
Mensch, Knirps‹ *euer kleener
Dutt is so kiesätig* (›mäklig‹)
Lebus.

Dutz m. **1** ›Dummkopf‹.
2 Scherzh. ›Kopf‹. – *s*-Bildung
zum Vor.

dwars, auch *twars,* Adv. ›quer‹
Prign., Uckerm: *twas kieken*
›schielen‹. – Etym. zu gleichbedeutend mnd. *dwers,* identisch
mit litspr. *quer.*

dwatsch, auch *twatsch,* Adj. ›sehr
dumm, beschränkt‹, auch ›tölpelhaft‹ Prign., Uckerm.

Dwele → *Zwehle.*

dwer → *quer.*

E

EBEN eäne Adj., Adv. **1** ›ebenmäßig, glatt‹ *wi will 'n mål dän
Hügel äämt måken* Prign.; *äben
vull* ›gestrichen voll‹ Uckerm.
2 ›ansehnlich, groß‹ *'n äben
Kluut Botter* Uckerm. **3** ›sorgfältig, genau‹ *säi is to äämt* Prign.;
ik kann nich mehr eäne kieken
Havelld. **4** Vergleichend ›gerade noch‹ *dänn kieken d' Hoor
noch äämt rut* (so tief sitzt er in
Schulden) Prign. **5** ›gerade, in
diesem Augenblick‹ *eäne isser
wechjelopen* Teltow. **6** Als Partikel
zustimmend, einräumend: *jehn
wa eemt nach Hause* umg. –
Lautf.: *eäne* mmärk.; *äben(t),
äämt* nordmärk.; *eben(t), eem(t)*
Berlin und umg.

echt Adj. **1** ›unverfälscht‹ *Hoch
odder Platt / dröj odder natt / Beer
odder Wien / groff odder fien / echt
mutt et sin* Prign.; iron. *echt
Talmi* ›unecht, falsch‹ Berlin.
2 ›in Ordnung‹ *der is echt,* d. h.

charakterlich zuverlässig, Berlin; iron. auch gegenteilig: *det is
echt* ›das sieht ihm ähnlich‹ Berlin. **3** Verstärkend ›tatsächlich‹
det is wirklich echt jut Berlin.

egal Adj. **1** ›gleichwertig, gleichartig‹ *de Deeler* (›Anteile‹) *sin all
ejål uttellt* Uckerm. **2** ›gleichgültig‹ *mei is allens enejal* Teltow;
abweisend mit Bezug auf 1: *ach
wat ejal! Ejal sin 'n Paar Strümpe!*
Berlin. **3** ›gleichmäßig‹ *dat is
schön egål plöögt* Uckerm.
4 ›ständig, immer‹, in dieser
Bedeutung verbr. mit Betonung
auf der 1. Silbe: *det rejnet ejal*
Berlin; *se ha 'm enjal was zu
kickern* (›kichern‹) Nlaus.; *däi*
→ *mundwerkt egål to* Prign. –
Lautf.: mit Betonung auf der
2. Silbe *ejål* vorw. Uckerm., Ruppin, verstr. mmärk.; *ejal* Berlin
und Umgebung, Nlaus.; *egål*
Prign., gelegentlich mmärk.,
nlaus.; in Anlehnung an *een*

›ein‹ *eenjal, eengal* verbr.
mmärk., berl., nlaus.; verhochdeutscht *einjal, eingal* ält. berl.,
gelegentlich mmärk.

(EGALISCH) **ejalsch** Adj.
1 ›gleichartig‹ *die Mächen hud-
den zwee ejalsche Kleeder* Nlaus.
2 ›gleichmäßig‹ *enjalsch plöön*
(pflügen) Teltow.

eh(e)gestern Adv. ›vorgestern‹
verstr. östl. Mmark; *ehejistern*
Uckerm; auch *ehrjistern*
Uckerm., verstr. Prign., Mmark.

Eherzeit f. ›frühere Zeit, Vergan-
genheit‹ *wie 's in de Eherzeit
jewääst is* Nlaus.; nd. vereinz.
Ehertiet.

ehrbar Adj. 1 Wie litspr.
2 ›schmuck, adrett‹ *ein erweres
Weibchen* Nlaus.

Ei n. 1 Wie litspr.; bei unangeneh-
mer Überraschung: *det is een Ei!*
Berlin. 2 *Eier* ›Mark(-stücke,
-scheine)‹ Berlin.

Eichelkabsch, auch *Eichkabsch* m.
›Eichelhäher‹ Nlaus. – Lautf.:
*Eechelkabsch, Eechelkaabsch, Eechel-,
Eichelkääbsch, Eichelgrääbsch;
Eechkabsch, Eechkääbsch.* – Das
Grundwort zu osächs. *Gabicht,
Gabsch,* das etym. wohl zu
Habicht gehört.

Eierbatz m. ›Rührei‹ verstr. nord-
und mmärk.

EIERKUCHEN Eierkueke m.
1 Fladengebäck wie litspr. –
Lautf: *Eierkueke, Eierkuoke*
mmärk.; *Eierkoken* nordmärk.
2 *Eierkuche, -kuchen* ›Rührei‹
Nlaus.

EIGEN eejen Adj. 1 ›selbst
gehörend, zugehörig‹ *ik hebbe*

min eejen Bäcker jeheirat't, d. h.,
ich backe selbst, Zauche; *er ist
mit sein eegen Fett bedrippt* ›er hat
es selbst verschuldet‹ Havelld.
2 ›peinlich genau, ordnungs-
liebend‹ *dat Meäken is sehre eejen*
Fläming. 3 ›überempfindlich,
übelnehmerisch‹ *de is sonn bäten
eegen* Uckerm. 4 ›von besonde-
rer Art‹ *dat is sonn eegen Sach*
Uckerm.

EINBRENNE Inbrenne f. ›Mehl-
schwitze‹ *an 'n Kohl mutt all ne
Inbrenne dran sinn* Teltow.

(EINKERRIG) **eenkerrig** präd.
Adj., Adv. ›halb offen, angelehnt‹ von Türen, Fenstern, nur
in der Westprign. belegt: neben
eenkerrig auch *eenkärig,* in Anlehnung an *Kerbe* auch *eenkerwig,*
unter Einfluß von *Kern* auch
eenkernig. – Eigtl. *an Kerre,* das
ist *an Kehre.* Das Wort ist ndl.
Herkunft. Zu vergleichen ist
westflämisch *akérre.* Die Präp.
an wurde abgeschwächt und ge-
riet unter den Einfluß von *een*
›ein‹. Hinzugefügt wurde das
Suffix *-ig.*

EINSCHLAG Inschlach m.
1 ›Rat, Vorschlag‹ Teltow.
2 ›Wesensart, Eigenschaft‹ *se hat
sunn ännern Inschlach* Uckerm.
3 ›Querfäden eines Gewebes‹
Prign., Teltow.

EINZIG eenzig Adj. 1 ›nur ein-
mal vorhanden‹ *keen eenßiger*
›niemand‹ Teltow; auch *ein-
zicht* Berlin; umg. oft im Sup.:
keen eenzigster Havelld. 2 Verstärkend ›nur‹ *eenzig wejen dir*
Berlin.

39   **Ente**

(EINZLIG) **eenzlich** Adj. 1 ›einzeln‹ *då steiht ne eenzlicht Dann* Prign.; ›alleinstehend‹ *ne eenzlich Fru* Uckerm. 2 ›einzig‹ *keen eenßlijer* Telow.

eisch Adj. ›hinterhältig, böse, tückisch‹ nord- und mmärk.; *der Schwarter* (ein Pferd) *is 'n eischen Krücken* Uckerm. – Etym. zu mnd. *eisch* ›häßlich, garstig; Furcht, Grauen erregend‹.

(EISEN) **iesen** Vb. 1 ›zu Kühlzwecken Eis schlagen‹. 2 ›zu Eis gefrieren‹, bei Glatteis: *dät iest* Uckerm. 3 *eisen* ›schnell laufen, eilen‹ Berlin.

eklig Adj., berl. auch *ekligt*. 1 ›Ekel empfindend, übel‹ *mir is janz eklig* Berlin. 2 ›garstig‹ *eklijes Wetter* Berlin. 3 ›unangenehm‹ *det kann eklig wer'n* Berlin. 4 ›zum Ekelgefühl neigend‹ *ik bin sehre eklig* Berlin. 5 ›sehr‹: *det eß ik eklig jerne* Berlin; *et kost't äklig ville* Havelld. – Lautf.: *eklig* Berlin, Nlaus.; *äklig* nord- und mmärk.

Ella, auch *Elle* f. ›Braut, Freundin, Schwester‹ jünger berl. → *Schwelle.*

Ellbüdel m. ›Ellbogen‹ Teltow, Ruppin.

Eller f. ›Erle‹ verstr. nord- und mmärk.; *Ellder* südöstl. Nlaus. – Urspr. Form entsprechend ahd. *elira* neben schon ahd. bezeugtem *erila*, nhd. *Erle.*

Else f., dass., allg., mit Ausnahme der südwestl. und östl. Nlaus. – Etym. zu mndl. *else*, ein Wort der ndl. Siedler des 12. Jh.

Elsterauge, -oge, n, ›Hühnerauge‹ vorw. mmärk.; *ik hewwe an 'n Tei 'n Elsteraue* Fläming. – Ndl. Herkunft.

Em (f.), Abkürzung für M (ark), berl.; *ßehn Em(s)*; auch *Emchen*, Pl.

Embüdel m. 1 ›schlaksiger, unbeholfener, junger Mann‹ *wat löppt denn dor för 'n Embüdel rum?* Prign.; *Embiedel*, abwert. für einen Mann, Berlin; jünger ›Beifahrer‹ Berlin. 2 ›Freund‹ Berlin.

Emmerich m., abwert. ›Mann, Kerl‹ *kiek den Emmerich* Berlin.

Emton m., Bezeichnung für eine erwähnte oder bereits bekannte männliche Person (Berlin): *ik kenne doch meinen Emton!*

Enke f. 1 ›Pfropfreis‹ vorw. östl. Mmark. 2 ›Pflanzensteckling, Ableger‹ nord- und mmärk. – Etym. zu *enken.*

enken Vb. 1 ›veredeln, pfropfen‹. 2 ›einen Pflanzensteckling abnehmen und einsetzen‹. – Lautf.: *enken* verstr. nord- und mmärk.; *anken* an der Oder. – Etym. aus ndl. *enten* umgeformt, das zu frz. *enter*, lat. *imputare* gehört.

Ente f. 1 Wasservogel wie litspr.; redensartl.: *Enten bringen keene Renten, doch wenn se jeraten, jibt's 'nen juten Braten* Teltow; *' ne Ent is 'n slechtes Vågel, för eenen is bet vääl un för twee reekt 't nich* Prign.; *vör de Ent un de Goos* (Gans) *müßt 'n Hoot afnähmen, süs harst keen week Ferrerbett* Prign. 2 ›Mark‹ *vier Enten* Ber-

lin. **3** kalte Ente ›Weißbier mit
Schaumwein‹ Berlin.

entweder Konj. wie litspr.; berl.
ent oder weder ›entweder oder‹
also wat is nu? Ent oder weder?

entzwei Adv. wie litspr. Auch attr.:
entzwee-e Stiebeln Berlin; *entzweie
Tasse* Nlaus. Dazu *anzwee(r)ig* ält.
berl.; *anßweedig* Teltow; *inzwei-
dige Stiebeln* Havelld.

erbällen derbällen, refl. Vb. ›verstauchen‹ Nlaus.; *der hat sich den
Fuß erbällt; dan Daumen derbällen.*

ERBSE Erfte f., mundartl. wie
litspr.; berl. *die Uhr jeht ja nach
kalte Erbsen,* d. h. falsch; unwil-
lige Antwort auf die Frage *wie
spät is et? – dreiviertel uff kalte
Erbsen* ebd.

ERDAPFEL Erdappel m. **1** ›Kartoffel‹; seit der 2. Hälfte des
18. Jh., in der der Kartoffelan-
bau in der Mark zunehmend an
Bedeutung gewann, in schrift-
lichen Quellen bezeugt. Mundartl. vor allem auf dem Fläming
und in der südwestl. Nlaus.;
meist *Erdäppel* Pl. **2** ›Kürbis‹ vereinz. Teltow, östl. Mmark,
Nlaus.

Erdbiene f. ›Hummel‹ verstr.
Nlaus.

ERDBIRNE Äper *Äber* f. ›Kartoffel‹ südl. Nlaus.; meist als Pl.
aufgefaßt: *Ardbern, Artpern,
Apern,* häufig *Äpern;* das *-n* als
vermeintliches Pl.-Kennzeichen
wird weggelassen und sekundär
ein Sg. *Aper, Äber* gebildet.

Erdfel → *Erdtüffel.*

Erdschocke f. ›Kartoffel‹ südl.
Zauche, südwestl. Nlaus., sonst

vereinz. Vielleicht umgedeutet
aus *Artischocke* oder verkürzt aus
Erdartischocke.

Erdtüffel f. ›Kartoffel‹ Havelld.,
Fläming, Teltow, vereinz. östl.
Mmark, in ält. Quellen auch im
Nordmärk. und in der Nlaus.
bezeugt. – Die Lautf. sind aus
dem Zusammentreffen von
→ *Erdapfel* und *Kartüffel, Kartoffel* entstanden: vorw. *Erdtüffel,*
daneben *Ertüffel, Artüffel, Artef-
fel, Erdtoffel, Ertoffel,* verkürzt
Ärdfel, Erdfül. → *Erfel.*

Erfel f. ›Kartoffel‹ Zauche, Fläming, Havelld.; *krumme Fåhrde*
(›Furche‹) *gibt die grötste Ärfeln*
Zauche. – Aus → *Erdtüffel* verkürzt und als eigenes Wort empfunden.

Erpel m. ›Enterich‹ allg.; redens-
artl. *it ward wat ward, dachte der
Erpel, un sprung up de Hinne*
Fläming. – Lautf: neben verbr.
Erpel auch *Arpel* vorw. nördl.
Uckerm., Fläming. – Urspr. ndl.
Siedlerwort zu ält. *erpel;* als
Fachausdruck der Jägersprache
großräumig verbr.

erpeln Vb. **1** ›wacklig gehen‹
Berlin. **2** In Anlehnung an *erben*
auch ›etwas als Erbteil erhalten‹
ebd.

Ertisse → *Artisse.*

ESSIG Etzing m. **1** Würzflüssig-
keit wie litspr. (allg.). Lautf.:
Etzing, Etzig mmärk.; verkürzt
Etsch nordmärk. neben *Essig.*
2 In fester Wendung *et is Essig*
›es ist schlecht, unangenehm,
aus, vorbei‹ berl. u. ö. In dieser
Bedeutung unter Einfluß von

jidd. *hesek* ›Schaden, Verlust,
Nachteil‹.

ete öte, Adj., Adv. In positivem
Sinn ›zierlich, fein‹ *een Mäken
ööt un sööt* Uckerm. Abwert.
›zimperlich, geziert, prüde‹ *ete
tun* Oderbr.; *hab dir man nich
so ete* Berlin. – Zur Etym. vgl.
Folg.

etepetete Adj., Adv. **1** ›betont
feinfühlig, zimperlich, geziert‹
etepatete, eteputete ält. berl.; *sei
bloß nich so etepetete* Berlin.
2 ›sich gehen lassend, langsam‹
Berlin; *etepötete* Havelld. – Etym.
umstritten; möglich wären eine
Herleitung aus nd. *öte* zu asächs.
ōthi ›leicht‹ unter Anlehnung
an frz. *peut-être* ›vielleicht‹, eine
Zusammenbildung von nd. *öte*
und frz. *petit* ›klein, gering,
kleinlich‹ oder eine Verdoppe-
lung des nd. *öte.*

Etzing → *Essig.*

etzliche, unbestimmtes Zahlwort,
Indefinitpron. ›einige, ein paar‹
nord- und mmärk., berl.; *dät is
all etzliche Johr'n her* Prign.

EULE Ule f. **1** Vogel wie litspr.;
Ausruf der Enttäuschung, wenn
etwas fehlschlug: *dor het n' Uul
säten!* Prign.; redensartl.: *ik
komm mi vör as d' Uul mang
Krähn,* wenn sich jmd. in einer
Gesellschaft nicht wohlfühlt,
ebd.; *wat den een'n sin Uul is, is
den ännern sin Nachtijall* ebd.; in
fester Verbdg. *Ulen un Oapen*
›kritzelige, schlechte Schrift-
züge‹ östl. Mmark; auch ält.
berl. *Ulen un Apen schreiben* ›un-
leserlich schreiben‹. **2** Abwert.
›(häßliche) Frau‹ *olle Eule* Berlin. **3** ›Bruder‹ jünger berl.
4 ›Kopf‹ jünger berl. **5** ›Diesel-
triebwagen‹ berl. und umg.
6 Abgekürzt für *Eulenspiegel,*
eine satirische Zeitschrift: *haste
die neue Eule schon?* Berlin. –
Lautf.: *Uul* nordmärk.; *Ule*
mmärk., veralt. berl.; *Üle* Teltow;
entrundet *Ile* Fläming, östl.
Mmark; *Eile* ält. berl., nlaus.

ewig Adj. **1** ›sehr lange‹ *det dauert
ja ewig* Berlin. **2** ›fortwährend,
dauernd‹ *die stöhnt ook ewig* Teltow. **3** Verstärkend ›unendlich‹
wu bleibt er denn so ewig lange?
Nlaus.; ›wirklich, tatsächlich‹
det is ewig schade Berlin.

extern Vb. **1** ›mutwillig quälen,
ängstigen‹ Nlaus., Berlin.
2 ›sich mühen, plagen‹ veralt.
Nlaus.

F

facken Vb. ›Fangen spielen‹ z. B. mit Murmeln oder einem Ball: *Kugel, Ball facken* Fläming, angrenzende Nlaus.; verniederdeutscht *packen: du mußt met de Kulen* (›Murmeln‹) *packen* Fläming.

Fåhre f. 1 ›Ackerfurche‹; redensartl.: *mit dänn is ook keen gråd Foor to plöjen* ›mit dem arbeitet es sich schlecht zusammen‹ Prign.; *up 'ne krumme Foahre wachst ok 'ne lange Oahre* Zauche; Aberglauben: *wenn een junger Kerl 'ne krumme Foahre macht, denn kriet 'e o ne krumme Frau* Nlaus. 2 ›Grenzfurche zwischen zwei Äckern‹ ält. Sprache; *'ne will Fåhr'* ›schmaler Grenzstreifen zwischen zwei Äckern‹ Prign. 3 ›Querbeet beim Pflügen, Pflugwende‹ verstr. nord- und mmärk. – Lautf.: *Fåhr'* nordmärk.; *Foahre* mmärk., verstr. nlaus.; *Fåhre* nlaus., verstr. mmärk.; *Fuahre* um Eisenhüttenstadt, Guben; *Fahre* verstr. mmärk., nlaus. – Etym. zu mnd. *vore, vare* ›Acker-, Grenzfurche; Ackergrenze‹.

fåhren Vb. ›pflügen‹ nur vereinz.; *den Kamm fåhren* ›die erste Furche ziehen‹ Nlaus.

Fahrstuhl m., wie litspr.; übertr. berl. *feuchter Fahrstuhl* ›Schnupfennase‹; ält. Liedvers: *meine Schwester, die Therese / hat 'n Fahrstuhl in de Nese.*

Falle f. 1 ›Fangvorrichtung‹, auch ›Hinterhalt‹ *det is 'ne Falle, falle nich rin* Berlin. 2 ›Bett‹ *in de Falle jehen (kriechen)* ›schlafen gehen‹ Berlin u. ö.

Familieneis n. ›Vanilleeis‹ Berlin.

Fape f. ›kleine Flöte aus Weidenrinde‹ Havelld.; *Fåp'* Prign.; vereinz. *Farpe*. → *Fiepe*.

FASS Fatt n. 1 Behälter wie litspr. (allg.); redensartl. berl. *'n Faß uffmachen* ›ausgelassen feiern‹, auch ›einen Streit anfangen‹; redensartl. *det schlägt dem Faß die Krone ins Jesicht; det schlägt dem Faß det Ei aus* ›das ist unerhört‹. 2 ›Fachmann, Könner‹ *der is 'n Faß* Berlin.

Fatz(en) m. 1 ›Fetzen‹; *saure Fatzen* ›Gericht aus Rinderpansen‹ Nlaus. 2 ›kleine, unbedeutende Menge‹ vorw. *keen Fatz(en)* ›nichts‹.

Fatzke m. 1 ›arroganter, dummer Wichtigtuer‹ Berlin; verstärkt *Appel-, Hannefatzke.* 2 Verstr. ›energie- und willenloser, Verantwortung scheuender Mensch‹. – Herkunft umstritten; vielleicht zu ält. *fatzen* ›necken, höhnen‹.

(FAULPFEIFER) Fuulpieper m. 1 ›Wiedehopf‹ Prign.; nach dem Geruch. 2 ›Wiesenpieper‹ Ruppin. 3 ›Kaulquappe‹, weil sie in fauligem Wasser sitzt, Prign.

Fauster m. ›Fausthandschuh‹ Nlaus., Berlin.

fauzen Vb. ›schlagen, prügeln‹ Lebus, Teltow, Berlin; ›ohrfeigen‹ Uckerm.; ›sich balgen‹ Prign.; ›Flachs klopfen‹ Fläming.

feckern Vb. ›tippelnd gehen‹ Teltow; ›planlos, eilig hin und her gehen‹ Havelld. Dazu *herumfeckern* ›ziel-, planlos herumlaufen‹ Berlin und Umgebung.

federn Vb. 1 ›(sich) sputen, beeilen‹ südl. und mittlere Nlaus.; *nu messen wir uns aber federn.* 2 ›gut vonstatten gehen‹ *die Arbeit muß federn.* – Entstanden aus *fördern.*

Feger m. 1 ›Handbesen, -feger‹. 2 Personenbezeichnung: *det is 'n juter Fejer,* wenn ein Tänzer die Ecken des Saales austanzt, Berlin; ›vitales, leichtlebiges Mädchen‹ Berlin; *sönn Fäjer* Prign.

Feime f. ›Rübenmiete‹ Nlaus.; vereinz. ›Garbenstand‹. – Zu vergleichen ist mhd. *vimme* ›Haufen‹.

Feister m. ›Iltis‹ vorw. östl. Nlaus.; gelegentlich für den Marder. – Etym. zu → *Fiester,* nach dem Geruch; vgl. auch *Stänkermart.*

feniensch Adj. 1 ›arglistig, hinterhältig‹ Berlin; *fenienschen grienen* ›schadenfroh lachen‹ Uckerm. 2 ›böse, wütend‹ *de is füünsch* Prign.; jmdn. *füünsch anjlubschen* Havelld. 3 ›hoch-

näsig, eitel‹ *däi is so füünsch* Prign. – Lautf.: *füünsch* Prign., Uckerm., Havelld.; *feniensch* Berlin, vereinz. Uckerm. – Etym. zu mnd. *veninsch* ›giftig, boshaft‹, zu frz. *venin,* lat. *venenum* ›Gift‹.

fenken Vb. ›zünden‹ '*s hot noch nich jefenkt* Nlaus. Dazu *anfenken* ›anzünden‹ ebd.; *Fenkhelzchen* n. ›Streichholz‹ ebd. – Etym. zu mhd. *venken* ›entzünden‹.

Fenn(e) n., m., f. ›Moor, Sumpf‹, auch für teilweise verlandete Teiche und Seen sowie für Niederungen in Acker und Wiese. Es handelt sich um ein Wort der ndl. Siedler des 12. Jh.; südndl. Herkunft ist *Fenn* n., vorw. östl. Mmark, verstr. Havelld., im Süden der Prign. und Ruppins und in der Uckerm.; nordndl. Herkunft ist *Fenne* f. vereinz. in der östl. Mmark und auf dem Teltow; *Fäne* verstr. Nlaus., Oderbr.; *Fään'* Prign.; *Fenn* m., verstr. östl. Mmark, vereinz. Barnim, Beeskow-Storkow; vielleicht unter Einfluß vom *Sumpf* m. – Zugrunde liegen mndl. *ven, venne, vene.*

fenstern Vb. ›nachhaltig ausschelten, die Meinung sagen, auf grobe Art die Tür weisen‹ Nlaus. – Urspr. zu → *föstern* und an *Fenster* angelehnt.

ferzeln → *fürzeln.*

Fetzen m. 1 Wie litspr. 2 Berl. ›Lump, Kerl‹ '*n jemeiner Fetzen.*

feuern Vb. 1 ›heizen‹ Teltow, Nlaus. 2 ›schleudernd werfen‹ Berlin. 3 *eene feuern* ›einen

Schlag versetzen‹ Berlin.
4 ›Feuer geben‹ *können Se mir
eene feuern?* Berlin.

fibbeln Vb. ›nach etw. Verlangen
haben‹ Berlin. Dazu *fibbelig* Adj.
›gieprig‹ ebd.

Ficke f. ›Tasche‹ in der Kleidung,
Nlaus., Teltow, Fläming, Berlin;
*stäek dee man 'n poar Kastannjen
in de Ficke* Fläming. – Etym. zu
mnd. *vicke* ›Tasche; Geld-,
Kleidertasche‹.

Fickenmesser m. ›Taschenmes-
ser‹. – Lautf.: *Fickemesser, Ficke-
metter* Fläming; *Fickemäte* angrenzender Teltow.

fiecheln Vb. 1 ›fächeln‹ Uckerm.
2 ›(heuchlerisch) schmeicheln‹
ebd.

Fiepe f. ›kleine Pfeife oder Flöte
aus Weidenrinde‹. – Lautf.:
Fiepe östl. Nlaus., östl. Mmark,
Uckerm.; *Fep(e)* Havelld., verstr.
in der angrenzenden Prign.,
Uckerm. und in Ruppin.
→ *Fape.*

Fiepken → *Wiepe.*

fiesen fießen, Vb. ›einen leisen
Darmwind fahren lassen‹ allg. –
Etym. zu gleichbedeutendem
mnd. *vīsten.*

Fies(t) m. 1 ›leiser Darmwind‹
allg. 2 ›schmächtiger Junge‹ *dos
is man bloß so 'n Fiest* Nlaus.;
›Lehrling‹ Berlin.

Fiester m., wie *Fiest* 1, verstr. im
ges. Gebiet.

Fietzke f. ›Ameise‹ östl. Nlaus. –
Herkunft umstritten. → *Afietzke.*

filzen Vb. 1 ›schlafen‹ Berlin.
2 ›ausschimpfen, schelten‹
Nlaus., Oderbr.

Fimmel m. ›kleine Verrücktheit,
Tick‹ *du hast ja 'n Fimmel* Berlin;
de hät 'n lütten Fimmel Prign.

fingerieren Vb. ›mit den Fingern
herumhantieren‹; auch
›basteln, geschickt hantieren‹
he kann goot fingereren Uckerm.;
›auf einem Musikinstrument
greifen‹, z. B. auf der Orgel,
Nlaus.

fingern Vb. 1 ›tastend suchen,
greifen‹; speziell ›Klavier spielen‹ veralt. Nlaus.; *fingern,
fungern* ›Murmel spielen‹ Nlaus.
2 Übertr. ›etw. zustande, in
Ordnung bringen‹ *wir wern det
Ding schon fingern* Berlin;
dei Sake het hei fien gefingert
Zauche.

Finke f. ›Gefängnis‹ *där sitt schon
wedder inne Finke* Fläming; im
Kinderspiel ›Ort, wo der Ge-
haschte eingesperrt wird‹
Havelld., Zauche.

Finzel m. 1 ›kleiner Fetzen,
Schnipsel‹; Dim. *Fünselken* Tel-
tow. 2 In der Nlaus. ›Grütz-
wurstfüllung‹ *Wurstdärme mit
Finsel stoppen*; auch ›Grützwurst‹
Pellknullen met Finsel.

finzelig Adj. ›mühsam, knifflig‹
Nlaus., Havelld.

fipperig Adj. 1 ›(zu) klein, eng‹
vorw. von Kleidung, Berlin, östl.
Mmark, Uckerm. 2 ›dünn,
schmächtig‹ Uckerm., Berlin.

Fisch m., wie litspr.; übertr. *kleene
Fische* ›Kleinigkeiten, leicht zu
lösende Aufgaben; gering-
fügige Straftaten‹ Berlin; *faule
Fische* ›leere Behauptungen,
Ausreden‹ Berlin, Nlaus.

¹**fisselig** Adj. 1 ›fahrig, nervös‹.
2 ›zart, schmächtig‹ *dät Mäken is
ok to fißlig* Uckerm. 3 ›mühsam,
knifflig‹ von einer Arbeit.

²**fisselig** Adj. 1 ›faserig, fusselig‹
meist in der Wendung *sich das
Maul fisselig reden.* 2 ›unordentlich, schlampig‹ *sie war schmud-
delig und manchmal direkt fisselig*
Frankfurt.

³**fisselig** Adj. 1 ›feucht‹ von der
Luft, Berlin. 2 Übertr. ›betrunken‹ ebd. – Zum Folg.

fisseln Vb. ›fein regnen oder
schneien‹ verstr. nord- und
mmärk.

Fitschenpfeil(e) Fitschepfeil(e),
m. (f.) ›zum Flitzbogen gehö-
render Pfeil‹, auch ›Flitzbogen;
Pfeil und Bogen‹ Nlaus.

Fitzel m. ›kleiner Fetzen‹ Berlin.

Flad(r)use f. 1 ›bebänderte Frau-
enhaube‹ Teltow, Oderbr., Berlin, verstr. nordmärk.; ›unnöti-
ger Aufputz‹ *kiek ma, wat die for
Fladusen an 'n Hut hat* Berlin;
›altmodisches Kleid‹ *die treecht
'ne Flandrusche* Berlin; schließlich *oll' Fladruus'* ›nachlässig
gekleidete und frisierte Frau‹
Prign. 2 *Fladusen* Pl. ›Flausen,
Unsinn‹ *mach bloß keene Fladusen!* Berlin; *häi hät so væl Fleidu-
sen lån* (geladen) Prign. –
Lautf.: *Flad(r)use, Fladrusche,*
vereinz. *Flandrusche, Fleduse.* –
Etym. vielleicht zu frz. *flatteuse*
Adj. ›schmeichelnd, verschö-
nernd‹.

FLÄMISCH fläämsch Adj. 1
›groß, kräftig, ungeschlacht‹ *'n
fleemscher Kerl* Berlin. 2 ›kraft-

voll, derb‹ *'n fleemscher Hieb* Berlin. 3 ›grob, flegelhaft, flapsig‹.
4 Adv. ›unwahrscheinlich‹ *det
kommt ma fleemsch vor* Berlin. –
Lautf.: *fläämsch* vorw. mmärk.,
verstr. nordmärk.; *flæmsch* vorw.
nordmärk., vereinz. mmärk.;
fleemsch berl. – Etym. zu *Flame.*
→ *unflämisch.*

FLAPPE Flabbe, auch *Flebbe* f.
›(großer) Mund‹, abwert.; auch
›weinerlich, trotzig verzogener
Mund‹ *er zieht ne Flabbe* Berlin;
de treckt sin Flabb' scheef Uckerm.;
der zieht 'ne Flebbe Nlaus. – Etym.
zu mnd. *flabbe, flebbe* ›Mund,
Maul‹.

flastern Vb. ›eine Ohrfeige verabreichen‹ *dir wer ik gleich eene
flastern!* Berlin.

Flätschen m., Flätsche, f. ›meist
flaches, größeres Stück, Fetzen,
Klumpen, Fleck‹ allg.; *snie mål
'n Flaatschen af* (vom Kuchen)
Prign.; *ne Flaatsche Kuchen*
Nlaus.; *die hän* (haben) *' ne jrote
Floatsche affemäht* Teltow.

Fleck m., meist *Flecke* Pl. ›zum
Verzehr bestimmte Innereien‹,
besonders ›Pansen‹ als Gericht:
Fleck muß üba Nacht kochen
Berlin; *saure Flecke* Nlaus. –
Rückentlehnung aus poln. *flaki*
ist unsicher, eher zu mhd. *vlec*
m. ›Stück zerschnittenen Ein-
geweides‹, mnd. *vlek* m. ›Stück
Fleisch‹.

flecken Vb. ›gut vonstatten gehen, flutschen‹ *die Arbeit fleckt
nich* Nlaus.; *dät Nähen fleckt nich*
Uckerm.

Fleppisch → *Pleppisch.*

Flieder m. 1 Wie litspr. 2 ›Holunder‹ allg. – Lautf.: *Fleder, Flerer, Flejer* nordmärk.; *Fliëder* mmärk.; *Flieder* nlaus., berl.; *Flieler, Fliller* südwestl. Zauche.

Flippisch → *Pleppisch.*

Flöteraue f. ›Flöte aus Weidenrinde‹ Nlaus.–Lautf.: *Fleteraue, Fledraue, Flöterauer,* verkürzt *Flötera.* – Zur Bildung vgl. → *Batzaue.*

Fobe f. ›Tasche in der Kleidung‹ östl. und südl. Mmark, Nlaus., Berlin.

foben Vb. ›hineinstopfen‹ *aba Junge, du mußt dir nich soville in de Tasche foben* Berlin.

(FORTS) foorts *fuurts* Adv. ›sofort, sogleich‹ nord- und mmärk.

fösch, in der Prign. und Nlaus. *foos* Adj. 1 ›faulig, mürbe, nicht mehr saftig‹ von Früchten. 2 ›morsch, trockenfaul‹ *wenn dät Holt to lang licht, wärd't foosch* Uckerm.; *dat Strauh is all foosch* Fläming. 3 ›kraftlos, schlapp‹. – Ndl. Siedlerwort, vgl. ndl. *voos* ›mürbe, schwammig, faul, morsch‹.

föstern Vb. ›vertreiben, bestrafen, zurechtweisen‹ Teltow; *feestern* Oderbr.; *fäustern* ›mit Fäusten vertreiben‹ veralt. Uckerm.; übertr. ›heftig wehen‹ *hüüt fäustert de Wind* Uckerm. → *fenstern.*

FREUNDSCHAFT Fründschaft f. 1 Wie litspr. 2 ›Verwandtschaft‹ veralt. im ges. Gebiet; *de Fründschaft is all so wietlüftig,* bei sehr entfernter Verwandtschaft, Uckerm.

Fressalien Pl. ›Eßwaren, Nahrungsmittel‹ Berlin.

frikassieren Vb. ›übel zurichten, verprügeln‹ Berlin. Eigtl. ›zu Frikassee verarbeiten‹.

Frude f. ›Verstand‹ Oderbr., Fläming, Teltow, Nlaus.; meist in der Wendung *der hat keene Frude.* – Etym. zu mhd. *vrüete, vruot* f. ›Verständigkeit, Weisheit‹.

fruden Vb. ›verstehen, begreifen‹ verbr. wie *Frude; wenn de den nich anranzen dust, denn frutt er nich* Nlaus.; *dat frutt der nich* Fläming; *Äsèl, lihre* (›lerne‹) *frueden!* Teltow; auch ›bemerken‹ *keener hat gefrutt, dat et gebrennt hat* Fläming; ›erraten, erahnen‹ *se kann dät äwer nich fronen* Uckerm. – Lautf.: *fruden,* auf dem Teltow auch *frueden;* uckerm. *fronen* (s. o.) ist aus mnd. *vröden* ›klug, verständig sein, einsehen, merken‹ entstanden.

Fuck m. ›Schlag, Stoß‹ Uckerm.

Fuffi m. ›Fünfzigmarkschein‹ Berlin. → *Hunni.*

(FÜRZELN) ferzeln Vb. ›wiederholt gelaufen kommen‹ Nlaus., Teltow.

Füting f., m. ›kleines Kind‹ Havelld.

Futschen m., meist im Pl. ›Filzpantoffel‹, auch ›Füßling am Strumpf, Socke‹ *sich up de Futschen mäken* ›sich verdrücken‹ Uckerm.

Futterluke f. ›Mund‹ berl.; vereinz. mundartl. *holl din Foderluk* Uckerm.

G

gådlich Adj. 1 ›schicklich, passend‹ *wi kamen bi gådliche Tied an* Prign.; ›eben, gleichmäßig‹ *gådlich Tüffeln* (›Kartoffeln‹) ebd. 2 ›ziemlich, verhältnismäßig‹ in verschiedenen Bezügen: *'n gäädlich Farken* ›ein halbwüchsiges Ferkel‹ Uckerm.; *'ne gäädlich Neeg* ›ein ziemlich großer Flüssigkeitsrest‹ ebd.; *en gäädlich Enn af* ›ziemlich entfernt‹ ebd. – Lautf.: *gådlich, jådlich* Prign., Uckerm.; *gäädlich, jäädlich* Uckerm; *gättlich, jälich* Oderbr. – Etym. zu mnd. *gadelik, gedelik* ›passend, bequem (gelegen)‹.

Gahn m. ›das Gähnen‹ *mich hot der Gahn* Nlaus.

Gake f. 1 ›Rabe, Krähe‹ Nlaus. 2 ›Luftröhre der Gans‹ östl. Nlaus.; vereinz. ›Gurgel, Kehlkopf‹. 3 ›dümmliches, geschwätziges Frauenzimmer‹ Nlaus., Berlin.

galsterig jalsterig, Adj. ›widerlich ranzig schmeckend‹ Teltow, Berlin; in Anlehnung an *gäl* ›gelb‹ *jälstrig* Zauche. – Etym. zu mnd. *galstrig* ›ranzig‹ aus *garsterig*.

(GÄNGE) **jänge** präd. Adj. 1 ›rüstig‹ Teltow, Fläming. 2 ›flink, schnell‹ Teltow.

(GANGWEISE) **gangwies** Adv. 1 ›Schritt für Schritt, stetig‹ Uckerm. 2 *jängewies* ›schnell, flink, hastig‹ Teltow.

Gänsch m. ›Gänserich‹ Nlaus. – Lautf.: *Gänsch, Jänsch, Gänschk, Jängschk;* südöstl. Nlaus. *Jängsk, Jeingsk.*

Gänscher m., dass., Nlaus. – Lautf.: *Gänscher, Jänscher,* vereinz. *Jänschker, Jängsker.*

Gänser m., dass. – Lautf.: *Gänser, Ganser* Nlaus.; *Jänser* Oderbr.; *Janster, Jänster* Teltow.

Gänt Jänt, m., dass., verbr. südwestl. Mmark, westl. Nlaus., vereinz. östl. Mmark, Prign. – Ndl. Siedlerwort zu mndl. *ghent.*

Ganter Jänter, m., dass. – Lautf.: *Jänter, Gänter* vorw. nord- und mmärk.; *Janter, Ganter* verstr. Prign.; *Ganter* vorw. östl. Nlaus. – Die Umlautformen zu ndl. – mundartl. *genter.*

Gargaua f. ›Luftröhre der Gans‹ Nlaus. – Lautf.: *Gargaua, Gergaua, Garaua.* – Entlehnt aus nsorb. *gjargawa* ›Gurgel, Schlund‹.

(GATTERICH) **Jatterich** m., scherzh. ›Ehemann‹ Berlin.

gau Adv. ›schnell‹ Prign.; *måk men gau.* – Etym. zu mnd. *gouwe* ›rasch, schnell‹.

gebl aßmeiert jeblaßmeiert, präd. Part., Adv. ›enttäuscht‹, auch ›hintergangen, übervorteilt‹ Berlin.

gebumfiedelt jebumfiedelt, präd. Part., Adv. ›geehrt, geschmeichelt‹, meist *sich jebumfiedelt*

fühlen Berlin, Nlaus.; *sich gebumfiedelt vörkåmen* Prign.

gecken jecken, Vb. 1 ›freuen‹ *det
werd em jecken* östl. Mmark; refl.
›schadenfroh sein‹ *hä geckt sich
eens* ebd. 2 Trans. ›(jmdn.) nek-
ken, ärgern‹ verstr. mmärk.

GEIGE Jei(j)e f. 1 Wie litspr.; *det is
'n Aas uff de Jeije,* d. h. ein Haupt-
kerl, Berlin. 2 Übertr. *' ne irre
Jeije* ›ein origineller Typ‹ ebd.
3 *kahle Jeije* ›Glatze‹ ebd.

GELAGE Jelach n. 1 ›Fest-
schmaus mit reichlichen Getränken‹, früher vor allem bei
Zusammenkünften der Zünfte;
verkürzt *Lach* n. ›Fastnachtsfest
der Knechte und Mägde‹ veralt.
Havelld. 2 *in 't Jelach(e)* ›ohne
Ende, aufs Geratewohl; ohne
Überlegung, Sinn und Ver-
stand‹ Teltow, veralt. berl.; *häi
schlöppt bät in 't Gelach* Prign.

(GELBCHEN) Jäl(i)chen n. ›Pfifferling‹ Nlaus., meist im Pl. gebraucht.

(GELBLING) Jäling Gäling, m.,
dass., vorw. Nlaus., verstr. Fläming, südl. Teltow.

gelp jelp, Adj. ›gerade, schlank,
(hoch) gewachsen‹ von Menschen und Pflanzen, Teltow,
Barnim, Uckerm. – Die Bedeutung kommt aus dem Ndl.

gelster Adj. ›üppig gewachsen,
hoch aufgeschossen‹ nord-
märk.

gelstern jelstern, Vb. ›durchdrin-
gend schallen, tönen‹ Fläming,
Teltow, östl. Mmark, Uckerm.

Gerbertöle f. ›wenig brauchbarer
oder verwahrloster Hund‹;

verbr. in Vergleichen: *häi jappt
as n' Gerbertöl',* d. h. ist völlig
außer Atem, Prign.; *de süht ut as
n' Gerwertöl',* d. h. ungepflegt,
unsauber, ebd.; *du suupst wie ne
Jerbertöle* Havelld.; von schlech-
tem Benehmen: *die sind wie de
Gerbertölen* Berlin; allg.: *der kotzt
wie 'ne Gerbertöle.*

GERÖLL Jerülle Jerille, n. ›Gerümpel, Plunder‹ Fläming, angrenzende Nlaus.; *wat is denn
dit hier für 'n Jerölle?* Berlin.

Gesangverein m., wie litspr.; berl.
als Ausdruck des Erstaunens:
mein lieber Herr Jesangverein!

(GESCHEUCHE) Gescheeche f.
1 ›Gespenst‹ Nlaus. 2 ›Vogelscheuche‹ ebd.

Geseire Jeseire, auch *Jeseier,
Jeseires* n. (m.) vorw. berl.
1 ›Gejammer‹. 2 ›Gerede, Aufheben‹ *mach doch bloß nich so 'n
Jeseires* Berlin. – Etym. zu jidd.
gesera ›Bestimmung, Verord-
nung‹.

Gest m., f. ›Backhefe‹ westl.
Prign. – Etym. zu mnd. *gest*
›Hefe‹. → *Bärme.*

Gestell(e) n. 1 Wie litspr. 2 Perso-
nenbezeichnung: *Jestelle* ›dürre
Person‹ Berlin u. ö.; *'n quatschet
Jestell* ›Mensch, der sinnlos da-
herredet‹ Berlin; ›sonderbare
Person‹ Berlin.

Gewäske Jewaaske, Bezeichnung
für den Silvesterabend und den
Abend des 24. Dezember (um
Guben). Dazu *Gewaasketag* für
den 24. Dezember, ebd. – Etym.
vielleicht zu mhd. *wāz(e)*
›Sturm‹, da in der Zeit zwi-

schen dem 24.12. und 31.12.
oft stürmisches Wetter herrscht.
Die urspr. Bedeutung könnte
›Sturmnächte‹ sein.

gewohne jewohne, Adv. ›gewöhnt‹ Berlin, Teltow, Nlaus.; *ik
bin et nich jewohne* Teltow.

Gibbel Jibbel, m. **1** ›Verlangen,
Begierde‹ Oderbr., Uckerm.,
Berlin. **2** *Giwwel* ›verstohlene
Freude‹ nordmärk.

gibbeln jibbeln, Vb. **1** ›etwas begehren, nach etwas verlangen‹
Berlin, Uckerm.; *dår hebb ik all
lang drupp jibbelt* Uckerm.;
›locken‹ *dät schöne Wäder jibbelt
mi* ebd. **2** ›sich heimlich freuen,
schadenfroh lachen‹ Berlin,
verstr. nord- und mmärk.

Gieke f. ›schlechtes, altes Messer‹
südl. Nlaus.

giemen Vb. ›keuchend und
schnell atmen, nach Luft
schnappen‹ Berlin, verstr.
nord- und mmärk.

giepen jiepen, Vb. **1** Wie → *giemen*
Uckerm. **2** ›zwitschern‹ ebd.

giepsen Vb. ›nach Luft schnappen‹ östl. Nlaus., Oderbr. –
Zum Vor.

Giftnudel f. **1** ›schlechte, billige
Zigarre, Zigarette‹ Berlin und
umg. **2** ›übellauniger, zänki-
scher Mensch‹ Berlin.

Glasbiergeschäft f. ›Bierlokal‹
Berlin.

glasen Vb. **1** ›schimmern, scheinen‹ Berlin. **2** ›überfrieren‹
disse Nacht glast et östl. Mmark. –
Etym. zu *Glas.*

glau glu, Adj. **1** ›glänzend, hell,
klar‹ *jlue Auen* (Augen) Lebus;

glau wie een Spiegel östl. Mmark.
2 ›wohlgenährt, glatt‹ *die Ferkele
siehn schöne jlau ut* Teltow; *de
Pärde sin glau* Uckerm. **3** ›sauber, reinlich‹. **4** ›gepflegt,
schmuck, hübsch‹. **5** ›vergnügt,
lustig‹ veralt. berl. – Lautf.:
glau, jlau nord- und mmärk.,
verstr. Nlaus.; *glu* vereinz.
Uckerm., Prign., Lebus.

glauch gluuch, Adj. **1** ›schlimm,
entzündet‹ nach der glänzen-
den Oberfläche einer Ge-
schwulst, Lebus, Oderbr.
2 ›schmuck, sauber, hübsch‹
Oderbr. **3** ›wohlgenährt, voll‹
ein glauch Gesicht veralt. östl.
Nlaus. – Lautf. *glauch* östl.
Nlaus.; *gluuch* Lebus. – Etym.
wohl zu mhd. *gelüch* ›aufgedunsen, geschwollen‹.

glœsen jlœsen, Vb. **1** ›glimmen,
glühen, schwelen‹ Uckerm.
2 ›aufblähen‹ Prign., Uckerm. –
Etym. zu mnd. *glösen* ›glimmen,
glühen‹.

Glowatz(e) m. (f.) ›Kaulquappe‹
Nlaus. – Lautf.: *Glowatz, Gloatz,
Kloatz, Kloatsch, Glowatze,
Gloatze.* – Entlehnt aus nsorb.
głowac ›Groß-, Dickkopf‹, nach
der Form der Froschlarve.

glüch → *glauch.*

glummen jlummen, Vb. **1** ›glimmen, glühen‹ nord- und mmärk.
2 ›glänzen, funkeln‹ ebd.

glupen Vb. ›verstohlen, lauernd,
auch scheel, drohend oder starr
blicken‹ nord- und mmärk.,
Berlin. – Etym. zu mnd. *glüpen*
›heimlich nach etwas sehen,
heimtückisch blicken, lauern‹.

Goke Goka, f. ›Großmutter‹ vereinz. Nlaus. – Zu vergleichen ist
schlesisch *Goka* ›Großvater‹,
Goke ›Großmutter‹.
Göpsche f. ›hohle Doppelhand‹,
als Maßbezeichnung ›zwei
Hände voll‹. – Lautf.: *Göpsch',*
Jöpsch' nordmärk.; *Jeepsche* ver-
einz. Barnim: *Jeespe, Jeeschpe* süd-
westl. Nlaus., Lebus. – Etym. zu
mnd. *gȫpse, göpse, gepse, gespe*
›hohle Doppelhand‹.
grall, meist *krall,* Adj. ›glänzend,
funkelnd hell‹ *gralle Ogen*
Prign.; *die Sunne is hüt so krall*
Teltow.
Grät Jroat, m. ›Verlangen‹ *tom*
Frien harr hä keen Jrât Uckerm.;
speziell ›Hunger‹ *ick hab 'n*
Jraat Berlin. – Lautf.: *Jroat*
mmärk.; *Jrât, Grât* nordmärk.,
Nlaus.; *Jraat* Berlin; *Gruat* östl.
Nlaus. – Etym. zu got. *gredus*
›Hunger‹, altengl. *grǣd* ›Hunger, Begierde‹.
GRIEBE Jriëwe f. **1** ›ausgebratener Fettwürfel‹ allg. **2** ›bläs-
chenförmiger Ausschlag am
Mund‹ allg. **3** ›Grübchen in
der Wange‹ verstr. nord- und
mmärk. – Lautf.: *Greew', Jreew',*
Greeb', Jreeb' nordmärk., *Jriëwe,*
Griëbe mmärk.; *Jriewe, Griewe*
jünger mmärk., verstr. Nlaus.;
Griebe, Jriebe Nlaus., Berlin, verstr. mmärk.
Griebsch m. ›Kerngehäuse‹, vor
allem des Apfels, vorw. Nlaus.,
Berlin, verstr. nord- und
mmärk. Übertr. ›Adamsapfel‹
Nlaus. – Etym. Herkunft ist
umstritten.

grienen Vb. ›grinsen, schadenfroh lächeln‹ allg.; vereinz. *grei-
nen* Nlaus.
gries Adj. ›grau‹ nord- und
mmärk., Berlin. Subst.
›Schnaps‹ *he hâlt 'n Liter Griesen*
Prign.; *die Griese* ›irdene Kruke‹,
für den Kaffeekrug und die
Branntwein- oder Weinkruke;
personenbezogen *dät is 'n
ganzen Griesen,* d. h. ein un-
durchsichtiger, hinterhältiger
Mensch, Prign.
grinsen Vb. **1** Wie litspr. **2** ›weinen‹ Nlaus. – Lautf.: *grinsen,
jrinsen.*
Grossa f. ›Großmutter‹ östl. und
südl. Nlaus. – Rückentlehnt aus
nsorb. *grosa.*
Großke f., dass., östl. Nlaus. – Aus
nsorb. *groska,* Dim. zu *grosa*
(s. o.).
Großkōz m. ›Prahlhans, An-
geber‹ vorw. berl.; in Anlehnung an *kotzen* häufig *Jroßkotz.*
Dazu *großkozig, -kotzig* ›an-
geberisch, überheblich‹. –
Das Grundwort zu jidd. *kozin*
›Reicher‹.
Großneujahr n. ›Dreikönigstag,
6. Januar‹ Nlaus., angrenzender
Fläming.
Grü n., m. **1** ›Brut- oder Köderfi-
sche‹ Uckerm., Ruppin, Teltow.
Lautf.: *Grü, Jrü, Gräu,* entrundet *Jrei,* vereinz. *Gru, Jrau.*
2 Übertr. *Jräu* n. ›Abfallreste‹
Uckerm.; *dät Gräu* ›grober
Druschabfall, Krummstroh‹
Havelld. – Ndl. Siedlerwort, vgl.
ndl. *groei* m. ›kleine, noch wach-
sende Fische‹. Die umlautlosen

Formen *Gru, Jrau* weisen auf
Flandern und Brabant.

Grusche f. 1 ›Rasen(-fläche)‹
Nlaus., Mmark, Uckerm., Rup-
pin. 2 ›Grassode, Rasenstück‹
vorw. Nlaus., nur verstr. nord-
und mmärk. – Lautf.: *Groos',
Jroos'* Uckerm., Ruppin; *Gruose,
Jruose, Gruese* verstr. mmärk.;
Gruse, Jruse Havelld., Barnim,
Lebus, nördl. Teltow, verstr.
Nlaus.; unter slaw. Einfluß ent-
standen *Gruosche, Jruosche,
Gruesche, Jruesche* vorw. Teltow,
Lebus, verstr. Havelld., Barnim;
Grusche, Jrusche Fläming, Teltow,
Nlaus. – Das Wort ist mit litspr.
Gras verwandt und entstammt
in diesen Bedeutungen den
südlichen Niederlanden.

Gummigutti n., urspr. eingetrock-
neter Milchsaft einer westindi-
schen Baumart; berl. Bezeichnung für etwas Gummiartiges,
Zähes: *der moddrije Weg is wie
Jummijutti; Jummijuttis* Pl.
›gummiartige Süßwaren‹
Berlin.

H

(HAAREULE) **Håruul** f. ›Fleder-
maus‹ Uckerm.

Häben Häwen, m. ›Himmel,
Himmelsgewölbe‹ Prign.,
Uckerm. – Etym. zu gleichbe-
deutendem mnd. *heven.*

hacken Vb. ›haften, kleben‹
allg.; bildl. *he hett 't dick hinner
d' Ohrn to hacken,* d. h. ist
durchtrieben, Uckerm.; *det laß
man hacken* ›das tue lieber
nicht‹ Berlin; *der hackt bei mir,*
d. h. hat Schulden bei mir,
ebd.

Hacksch m. ›Eber‹ Nlaus.

hädig Adj. ›wasserundurchlässig,
dicht‹ bezogen auf Holzgefäße,
veralt. mmärk. und uckerm. –
Lautf.: *hädig, härig, hänig, häbig,
häwig.* – Etym. zu mndl. *(ge-)
haefdich* ›in gutem Zustand‹; mit
Bezug auf Deiche und Schleu-
sen ›dicht‹.

(HALBACHTER) **Hal(le)wachter**
n. ›Vesper(-zeit, -brot)‹ Teltow,
sporadisch Barnim, früher auch
im Havelld. Dazu *hallwachtern,
hallewachtern* Vb. ›vespern‹,
auch ›das zweite Frühstück ein-
nehmen‹ Teltow. – Das Wort ist
verkürzt aus südndl. *halfachter-
noen* ›Vieruhrmahlzeit‹.

hälften Adj.; berl. *de hälften Leute*
›die Hälfte der Leute‹; ›halb‹ *zu
den hälften Preis* ebd. – Urspr. Pl.
zu *Hälfte.*

Hämeken Hämchen, m. ›kleiner,
schwächlicher Mensch‹ vorw.
berl. – Etym. wohl zu → *Heinchen.*

Handsel m., f. ›Handvoll‹ Teltow. –
Das Suffix ist ndl. Herkunft.

HANDVOLL **Handvull** f., wie litspr., Uckerm.; *Hanfel(e)*, *Ham-
fel(e)* südl. Mmark, Nlaus.; *drei
Hamfele Kleie* Teltow; *ene Hamfel
Stroh* Fläming.

Hape, seltener *Happe* f., Bezeichnung für verschiedene Arten
von Messern, vor allem für das
sichelförmige Haumesser des
Gärtners, auch für das
Küchenmesser, Nlaus., vereinz.
in angrenzenden Gebieten. –
Rückentlehnung aus nsorb.
hapa, das seinerseits zu mhd.
happe ›Haumesser‹ ge-
hört.

Häster → *Hester.*

(HÄUSUNG) **Hüsung** Hüsing, f.
›Wohnhaus, Wohnung‹ nord-
und mmärk.

he Pers.-Pron. ›er‹ nord- und
mmärk. – Lautf.: *he* nordmärk.;
hei nordwestl. Prign.; zunehmend durch litspr. *er* bedrängt,
daher gibt es in der Mmark ein
breites Übergangsgebiet mit
hä(r), ha(r), ä(r).

Hecht m. ›Dunst, Tabaksqualm‹
Berlin. Herkunft unklar.

Hechtsuppe f., nur in der Wendung *det zieht wie Hechtsuppe* ›es
herrscht starker Zugwind im
Raum‹ Berlin; auch mundartl.
do toach it wie Hechtsuppe Fläming. – Umgedeutet aus jidd.
hech supha ›wie Sturmwind‹.

Heinchen Pl. ›unter der Erde
lebende Zwerge‹ Nlaus. – Dim.
zu *Hein* aus dem Personennamen *Heinrich.* → *Hämeken.*

Heini m. ›unzuverlässiger, dummer, tölpelhafter Mensch‹

Berlin und umg. – Zum Personennamen *Heinrich.*

Heinotter, -odder, m. 1 ›Weißer
Storch‹ vorw. westl. Prign., Ruppin, vereinz. östl. Prign., Havelld. 2 *schwarzer Heinotter*
›Schwarzstorch‹ Ruppin.

Heita f., Schmeichelwort für die
Katze, Nlaus. – Entlehnt aus
nsorb. *hajta*, kinderspr. ›Katze‹.

hellig Adj. ›durstig‹ nord- und
mmärk.; ›vor Durst geschwächt‹
mei is janz hellicht Teltow. – Etym.
zu mnd. *hellig* ›überanstrengt,
geschwächt, durstig‹.

Helm m. ›Axtstiel‹ allg.

Hemdenlamper, -lemper, m. ›im
Hemd herumlaufendes Kind‹
Nlaus.

Hendrischke f., meist im Pl.
›schwarze Johannisbeere‹ vorw.
Teltow, Nlaus.; seltener ›Rote
Johannisbeere‹ Nlaus.; vereinz.
›Stachelbeere‹ ebd. – Lautf.:
*Heendrischke, Heenderschkens,
Heenerschken, Hindreschke, Hin-
derschke.* – Entlehnt aus nsorb.
hendryška ›Stachelbeere‹.

Heringsbändiger m. ›Fischhänd-
ler‹ (scherzh.) Berlin.

hesch Adj. ›heiser‹ allg. – Etym.
zu mnd. *hesch* ›heiser‹.

Hester Häaster, f. 1 ›Elster‹ nordmärk. 2 Übertr. ›Eichelhäher‹
verstr. ebd. – Etym. zu mnd.
hegester ›Elster‹.

(HESTERAUGE) **Hesteroog** n.
›Hühnerauge‹ nordmärk.
→ *Elsterauge.*

Hetze f. 1 ›Schar‹ Nlaus.
2 ›Menge‹ *’ne janze Hetze Äppel*
Berlin.

hiebern hiewern, Vb. ›frösteln, frieren‹ Fläming, angrenzende Nlaus. → *hubbern.*

hild hill(e), Adj. ›geschäftig, eilig, hastig‹ nord- und mmärk.; *in hiller Hast* ›in großer Eile‹ Prign.; redensartl. *hill Hast het selten Spoot* ›Übereilung fördert selten‹ Oderbr. – Etym. zu mnd. *hilde, hille* ›heftig, eilig, hastig‹.

Himmelskäfer m. ›Marienkäfer‹ verstr.

Himmelskühchelchen n., dass., westl. Nlaus.

Himmelsschäfchen n., dass., Zauche, Fläming, westl. Nlaus.

Himpaue Himpeie, f. ›Kinderschaukel‹ Nlaus. – Entlehnt aus nsorb. *hympawa* ›Schaukel, Feldwiege, Hängematte‹. → *Humpaue.*

himpeien Vb. ›schaukeln‹ Nlaus. – Zu gleichbedeutendem nsorb. *hympaś.* → *humpeien.*

Hinrichtung f., in der Wendung *in dieser Hinrichtung* ›in dieser Hinsicht‹ Berlin. Scherzh. Bildung aus *in dieser Hinsicht* und *in dieser Richtung.*

hinte Adv. ›heute nacht‹, auch ›heute‹ Nlaus. – Etym. zu mhd. *hinaht* ›heute oder gestern nacht (abend)‹.

Hirsch m. 1 Wie litspr. 2 *'n flotter Hirsch* ›ein Schürzenjäger‹ Berlin. 3 ›Motorrad‹ ebd. 4 ›kräftiger Schlag‹ ebd.

Hœg Hœjen, f., m. 1 ›Lust, Verlangen‹, bes. ›Appetit, Heißhunger‹ nord- und mmärk. 2 ›Freude‹ Prign., Uckerm.; ›heimliche Schadenfreude‹ Uckerm. – Lautf.: *Hœg(en), Hœj(en)* nordmärk.; *Hœ, Hä* mmärk. – Etym. zu mnd. *höge* ›Fröhlichkeit, fröhliches Fest‹.

hœgen Vb. 1 *hœgen* ›erfreuen‹ Prign., Uckerm.; *hœen* ›behagen, belieben‹ Teltow. 2 *sik hœgen* ›sich freuen‹ Prign.; *sik hägen* Barnim; *hœgen* ›Schadenfreude empfinden‹ nordmärk. 3 ›sich vergnügen‹ Uckerm. 4 ›Verlangen haben‹ Prign., Oderbr. – Etym. zu mnd. *högen* ›erfreuen, Freude machen‹.

hohnacken hohnecken, Vb. ›höhnen, verspotten‹ Prign.; veralt. Uckerm., Oderbr.

hohnepiepeln Vb., dass., auch ›sticheln, lästern‹ Berlin; meist *verhohnepiepeln.*

hojåhnen hujåhnen, Vb. ›gähnen‹ nord- und mmärk.

hojap(p)en Vb., dass., vorw. nordmärk. – Lautf.: *ho-, hujappen,* seltener *hojåpen, -gåpen; hojoapen* Lebus.

HOLZ Holt n. 1 Wie litspr.; Skatredensart: *Karte oder 'n Stück Holz* Berlin; *Holz vor der Hütte (Türe) ha'm* ›vollbusig sein‹ ebd. 2 ›Wald‹ vorw. Prign., sonst verstr.

HOLZSCHREIER Holtschreier, selten *Holtschrieer* m. ›Eichelhäher‹ nord- und mmärk. – Zu *Holz* ›Wald‹.

Hopp-die-Magd (f.?) ›Flieder‹ Fläming. – Lautf.: *Hopp-de-Moad,* auch *Hoppel-de-Måd.* –

Benennung wohl nach dem er-
regenden Blütenduft. → *Huck-
auf-die-Magd.*

Höpper m. 1 ›Frosch‹ vorw. östl.
Prign., verstr. angrenzende
Mmark, Ruppin. 2 ›Kröte‹
östl. Prign., vereinz. Ruppin.
3 ›Heuschrecke‹ vereinz. Prign.,
Ruppin; *Hopper, Hopperling*
vereinz. Nlaus.

Hubbel m. ›kleine Bodener-
höhung, Unebenheit‹, auch
›Pickel, Hautunebenheit‹
Prign., verstr. mmärk. – Lautf.:
Hubbel, Huwwel, Huppel. – Ndl.
Siedlerwort, vgl. ndl. *hobbel*
›Unebenheit, kleine Erhöhung‹.

Hübbel m. ›Bodenerhebung, Hügel‹. – Lautf.: unter md. Einfluß
stehen *Hübbel* Oderbr.,
Fläming, verstr. Nlaus.; *Hibbel,
Hiwwel* Fläming; *Hebbel, Hewwel*
verstr. Nlaus.; auf nd. Grundlage *Häwel, Hääl, Hœel* verstr.
mmärk.; mit Wandel von *v* zu *g*
Hœgel verstr. nordmärk. – Etym.
zu gleichbedeutend mhd. *hübel*,
mnd. *hövel.*

hubbern Vb. ›frösteln, vor Kälte
zittern‹ nord- und mmärk.
→ *hiebern.*

Huck-auf-die-Magd f. ›Flieder‹
Fläming, südwestl. Nlaus. –
Lautf.: *Huck-uf-de-Moad, Huck-
up-de-Moad, Hucke-de-Moad,
Huckemoad.* → *Hopp-die-Magd.*

Hucksche f. 1 ›Kröte‹ vorw.
Prign., Ruppin, vereinz.
Uckerm., Havelld. 2 ›Frosch‹
Prign., verstr. Ruppin. – Lautf.:
*Hucksch(e), Hucks(e), Hücksch(e),
Hücks(e).*

Hugo Hujo, m. 1 Vorname; be-
kräftigend: *det walte Hugo!* Berlin. 2 ›Zigarren-, Zigaretten-
stummel‹ Berlin.

Hüker m. ›Sitzschemel‹, bes. für
den dreibeinigen Melkschemel,
Prign.; mit Kürze *Hücker(t)*
Uckerm.

¹Hülle f. 1 ›großes, weißes Tuch,
mit dem sich Frauen bei tiefer
Trauer bis über den Kopf ver-
hüllten‹ veralt. Nlaus. 2 ›Kopf-
tuch‹ Teltow; *Hille* südwestl.
Nlaus., östl. Mmark; die *Hille*
war auf dem Fläming Bestand-
teil der Frauentracht.

²Hülle f., vereinz. *Hüllen* m.
1 ›dicht bewachsener, kleiner
Rasenhügel in Niederungs-
wiesen und Mooren‹ Havelld.,
Zauche, Teltow, verstr. Barnim,
Oderbr.; vereinz. *Hüll'* Ost-
prign. 2 ›Kartoffelstaude‹ Tel-
tow, verstr. Fläming, Zauche. –
Ndl. Siedlerwort, vgl. ndl. *hil,
hille(n)* m. ›aufgeworfener
Hügel, Erhebung‹, *hul* m.
›Büschel‹.

Humpaue Humpeie, f. 1 ›Kinderschaukel‹ Nlaus. 2 Veralt. ›Kinderwiege aus Stäben, zwischen
die ein Leinentuch gespannt
wurde‹ ebd. – Entlehnt aus
nsorb. *humpawa* ›Schaukel, Kinderwiege‹. → *Himpaue.*

humpeien Vb. ›schaukeln‹ vereinz. östl. Nlaus. – Zu gleichbedeutendem nsorb. *humpaś.*
→ *himpeien.*

Hümpel m. 1 ›Haufen‹ nordmärk., verstr. mmärk. 2 ›aufge-
häufte Menge‹; redensartl. *Oss*

schitt bi 'n groten Hümpel ›wo
viel ist, kommt noch mehr
hinzu‹ Prign. **3** ›Menge, viel‹
dät kost't 'n Hümpel Jeld
Uckerm.
Hund m. **1** Wie litspr. **2** Schimpfw.
krummer (lahmer) Hund Berlin.
3 ›Taxi‹ *besorch mir mal 'n Hund*
Berlin.
Hunderippe f. ›Spitzwegerich‹
Nlaus., verstr. Teltow, Havelld.,
Zauche, Fläming. – Lautf.:
Hunderippe, -ribbe, -riwwe.
Hunni m. ›Hundertmarkschein‹
Berlin. → *Fuffi.*
Hunsche (f.?), häufig *Hunschel,
Hunschchen* n., Kosebezeich-
nung für das Schwein, vor allem
für das Ferkel, Nlaus. – Etym.
zum osorb. Lockruf *hunč! hunč!*
und zum kinderspr. *hunč(k)o*
›Schwein‹.

¹Huppatz m. **1** ›Wiedehopf‹
Nlaus., Teltow, Beeskow-Storkow, Lebus; verstr. Zauche; vereinz. Prign., Havelld. **2** ›Eichelhäher‹ vereinz. Teltow, Nlaus.
3 Mit Bezug auf den Schopf des
Wiedehopfes *mit Huppatz*
›gehäuft voll‹, *vull bis Uppatz*
›randvoll‹ Nlaus. – Lautf.:
*Huppatz, Huppatsch, Hupatz,
Hupätz.* – Entlehnt aus nsorb.
hupac ›Wiedehopf‹.
²Huppatz m. ›Heuschrecke‹ verstr. Nlaus. – Zu dt. *huppen* ›hüpfen‹ mit slaw. Suffix.
Hüsung → *Häusung.*
¹Hutsche f. ›Kröte‹ Nlaus.
²Hutsche f. ›Fußbank‹ allg. –
Lautf.: neben *Hutsche* gilt *Hüt-
sche* veralt. Berlin, Nlaus., verstr.
Zauche; *Hitsche* Nlaus., Fläming,
Zauche, südl. Teltow.

I

ICH ik Pers.-Pron.; unter
Einfluß des Berl. wird die urspr.
nd. Form *ik* auch umg. im
Nord- und Mmärk. stets beibehalten. Betont gilt berl. *icke,*
als kennzeichnend für das
Berl. empfunden: *icke dette kieke
mal / Oogen, Fleesch und Beene …;
als wie icke?* ›bin ich gemeint?‹;
wat is mit icke? ›was ist mit
mir?‹; subst. *mein janzet Icke*
›mein ganzes Selbst‹; mundartl.
Icke spöttische Bezeich-

nung für den Berliner; auch
Icke-Icke.
ichtens, seltener *jichtens,* Adv. ›in
irgendeiner Weise, überhaupt,
irgend‹ nordmärk., verstr.
mmärk.; *wenn ichtens meechlig.*
ickene Indefinitpron. ›irgend-
ein(e)‹ Nlaus.; *ickne* ›irgend
etwas, einige‹ ebd.
iesen → *eisen.*
Ilk Illing, m. ›Iltis‹. Lautvarianten
und Verbreitung: *Ilk,* häufiger
Ülk, Ölk vorw. Prign., wobei *Ilk*

zu mnd. *ilk(e), Ülk, Ölk* zu mndl. *ullic* zu stellen sind; daneben als ndl. Suffixvariante *Ülling, Illing* Uckerm., Mmark, in die Nlaus. reichend.

Imm(e) f. ›Biene‹ Prign., Uckerm.; redensartl.: *Immen un Schåp ernähr'n 'n Buern in' Schlåp;* zu einem Neunmalklugen: *bist kloog as n' Imm', kannst bloß keen Honnig schieten* Prign.

Ische (mit langem *i-*) f. ›Frau‹ berl.; jugendspr. ›Freundin‹ ebd.; ›Mädchen‹ veralt. Nlaus. – Etym. zu jidd. *ischa* ›Frau‹.

izen Vb. ›wegnehmen, stehlen‹ berl., östl. Mmark; *iebzen* Oderbr.

J

(JÄHLICHEN) **jeljen(d)** Adv. **1** ›heftig, schnell, hastig, ungestüm‹ vorw. westl. Nlaus., Teltow, Fläming; *lenke nich so jeljen,* d.h. nicht so scharf um die Kurve, Fläming; *iß nich so jeljen(d); der rennt so jeljende* ebd. – **2** ›zu üppig, hoch‹ *där Rogge hät jeljende jewassen* Teltow. – Etym. zu mhd. *gæhelīchen* ›ungestüm, heftig‹.

jähling Adv. ›jäh, plötzlich‹, auch ›schnell, heftig‹ Nlaus. – Lautf.: *jähling(e), gähling(e), jellinge, gellinge.* – Etym. zu mhd. *gæhelingen* ›ungestüm, heftig‹.

Jälichen → *Gelbchen.*
Jäling → *Gelbling.*
jänge → *gänge.*
jap(p)en Vb. **1** *joapen* ›mit offenem Mund starren‹ östl. Mmark. **2** *jappen* ›nach Luft schnappen‹ allg. **3** ›gähnen‹ *jappen, gappen* vorw. Zauche, Havelld., verstr. Uckerm.; *joa-*

pen, gåpen vorw. Teltow, Lebus, Barnim. – Etym. zu mnd. *gapen, jap(p)en* ›den Mund aufreißen, schnappen, stark atmen, gähnen‹. → *hojap(p)en.*

Jauersche f. **1** ›warme Wurst‹ (nach der ehem. schlesischen Kreisstadt Jauer) Berlin; Kirmesgericht: *Knullensalat, Knuwelanten* (›Knoblauchwürste‹) *un Jauerschen* Fläming. **2** Übertr. *Jauersche* Pl. ›Finger‹ allg.

jeljen(d) → *jählichen.*
JENER jenner Indefinitpron. wie litspr.; subst. in Verbindung mit *mein* auf eine bekannte oder vorher erwähnte Person weisend: *mine Jenne is all doa* Teltow; *doa kommt min Jenner* östl. Mmark; *mein Jenner* ›mein Freund‹ Berlin; drohend *mein Jenner!* ›mein Lieber!‹ ebd.

Jerülle → *Geröll.*
jochen Vb. **1** ›jagen, treiben‹ Nlaus., Fläming, Teltow, Lebus. **2** ›schnell fahren, preschen‹

verstr. Nlaus. – Etym. zu mhd.
jochen ›jagen, treiben‹.
jœken Vb. ›jucken‹. – Lautf.:
jœken nordmärk.; *jöeken, jäeken*
östl. Mmark. – Etym. zu mnd.
jöken ›jucken‹.
Jünge f. ›Lebensalter‹ Berlin.
→ *Älte.*
Jungheit f. ›jugendliches Lebensalter‹ Uckerm.

jung(i)sch Adj. ›jung an Jahren‹;
subst. *Jungsche* ›junge Ehefrau‹
Nlaus.; *Jungschen* Pl. ›Angehö-
rige der jüngeren Generation‹.
Jux m. 1 ›Schmutz, Unrat, Kehricht, Kot‹ veralt. im ges. Gebiet. 2 ›Eiter‹ veralt. Teltow; *oll
Jux mütt ruut* Prign. – Nicht
identisch mit litspr. *Jux* ›Spaß,
Unsinn‹.

K

Kabache f. ›niedriges, schlechtes
Haus‹ Nlaus., Berlin; *Klabach*
Prign.; *Klaback* Ruppin. – Ge-
gen eine Herleitung aus russ.
kabak bestehen Bedenken, doch
beruht das Wort sicher auf
westslaw. Einfluß.
Kabeja m. ›Eichelhäher‹ verstr.
Nlaus. – Entlehnt aus nsorb.
kabeja ›Eichelhäher‹.
Kabrusche f. ›Gesellschaft, Ver-
schwörung‹ veralt. Berlin;
Kabrusche machen ›gemeinsame
Geschäfte machen‹ ebd. –
Etym. zu jidd. *chawrusso* ›Gesell-
schaft, Genossenschaft‹.
Kabucht f. ›enger, dumpfer
Raum‹. – Zu → ¹*Buchte* in An-
lehnung an → *Kabuff.*
Kabuff n., dass., Berlin. – Aus
frz.-mundartl. *caboue.*
Kabuse f. 1 ›Verschlag, kleine
Kammer‹, auch ›Schiffswoh-
nung auf den Spreekähnen‹.
2 ›altes baufälliges Haus,

Hütte‹. – Lautf.: neben *Kabuse*
auch *Kabus', Kabüs', Klabüs'*
nordmärk.; *Klabuse* mmärk.,
nlaus. – Etym. zu ndl. *kabuis,*
Nebenform zu *kombuis* ›Schiffs-
küche‹.
Kachel m. ›Kachelofen‹ Zauche,
Fläming, Teltow; redensartl. *allet, awwer blos keen höltern Kachel
met Strauh jedeckt* Fläming. –
Ndl. Siedlerwort, vgl. ndl. *kachel*
in gleicher Bedeutung.
Kåde Kåje, f. 1 ›ausgebratener
Fettwürfel‹ Ruppin, Prign., vereinz. Osthavelld., Uckerm.
2 ›bläschenförmiger Ausschlag
am Mund‹ vereinz. Ruppin,
Prign. – Ndl. Siedlerwort, aus
mndl. *cade* ›ausgebratenes Fett,
ausgebratener Fettwürfel‹.
Kader m. ›Doppelkinn‹ nordmärk., Barnim, Lebus, Teltow,
Berlin; um Rathenow, Potsdam. – Lautf.: *Kåjer, Kårer,* vereinz. *Quåder* nordmärk.; *Koader,*

Koajer, Quoader mmärk.; verstr.
mit Kürze *Kadder, Kodder, Korrer,
Koller.*

kaffern käffern, Vb. 1 ›kläffen‹
vorw. von kleinen Hunden,
Nlaus. 2 ›herumzanken‹ ebd.

kalaschen Vb. ›sich prügeln,
jmdn. schlagen‹ verstr. im ges.
Gebiet.

Kaleika f., n., selten m. 1 ›Aufheben, Umstände, Gewese‹ meist
in der Verbdg. *Kaleika machen.*
2 ›Spaß, Vergnügen, Unsinn‹.
3 ›Dummheit, Torheit‹. – Aus
poln. *kolejka* ›Reihenfolge‹.

Kalite f., n., m. ›aus Holzspänen
geflochtener Eßkorb, Kober‹
Uckerm., verstr. mmärk. – Entlehnt aus russ. *kalita* ›Beutel,
Tasche‹.

Kalitte f. 1 ›Schmetterling‹ Nlaus.,
Mmark, Berlin; *witte Kalitte*
›Kohlweißling‹ Zauche u. ö.
2 Übertr. für eine bunt angezo-
gene Frau, für ein tempera-
mentvolles Mädchen, Teltow;
blaue Kalitte ›Schutzmann‹ Berlin. – Lautf.: *Kalitte, Kalette, Ka-
lütte, Kilitte.* – Herkunft unklar.

Kalle f. 1 ›Freundin, Braut, junge
Frau‹, abwert. ›Straßen-
mädchen‹ Berlin. 2 ›Bruder‹
ebd. – Etym. zu jidd. *kalla*
›Braut‹.

Kalmus m., Schilfart; redensartl.
uf den Kalmus piepen wa nich
›darauf lassen wir uns nicht ein‹
Berlin.

Kalör, kalören → *Couleur.*

Kaluppe f. ›altes, baufälliges
Haus‹ Nlaus., angrenzende
Mmark. – Lautf.: *Kaluppe,*

Kalippe. – Etym. zu slaw. *chałupa*
›Hütte‹.

Kamurke f. 1 ›kleine, enge Kam-
mer, elende Stube‹ Nlaus., Ber-
lin. 2 ›altes, baufälliges Haus‹
ebd. und östl. Mmark. – Lautf.:
*Kamurke, Kamorke, Komorke,
Kamucke, Kamuche.* – Aus dem
Slaw., vgl. poln. *komórka* ›kleine
Kammer‹.

kamuschkeien Vb. ›mit Spielku-
geln, Steinchen (Fangen) spielen‹ Nlaus. – Etym. zu nsorb.
kamuškowaś ›mit Steinchen
spielen‹.

Kanft m. ›Brotkanten‹ Beeskow-
Storkow, östl. Nlaus., Lebus. –
Lautf.: *Kanft, Kamft, Kampf(t).* –
Mischform aus → *Kanten* und
→ *Ranft.*

Kanker m. 1 ›Spinne‹, vor allem
›Weberknecht‹ Nlaus., sonst
verstr. 2 ›Eintagsfliege‹ verstr.
Havelld.

Kant(en) m., n. 1 ›Brotanschnitt,
Brotende‹ mmärk., nordmärk.,
Berlin, seltener Nlaus. 2 ›abge-
schnittene Brotschnitte‹ Prign.,
verstr. Ruppin, Mmark. 3 ›Weiß-
bierrest im Glas‹ Berlin. –
Lautf.: verbr. *Kanten; Kant* Zauche, Fläming, westl. Nlaus., verstr. Lebus; *Känten, Känt* vorw.
Prign.; verstr. *Kante, Känte,
Känter.* – Das Wort stammt als
m. aus dem Ndl.

Kapitze f. ›kleiner Heuhaufen‹
Lebus, Beeskow-Storkow, verstr.
Teltow; *Kopse* um Guben. – Entlehnt aus nsorb. *kopica* ›Haufen, Grenzhaufen‹, die Kurzform zu nsorb. *kopc* ›aufgewor-

fener Erdhügel, Grenzhügel‹
unter Einfluß von *Kapitze.*

Kapse f. ›Tasche in der Kleidung‹ Nlaus. – Entlehnt aus
nsorb. *kapsa* ›Hosen-, Rock-
tasche‹.

kardessig Adj. ›böse, wild, frech‹
Prign. – Lautf.: *ka(r)dessig,
gra(n)dessig.* – Etym. zu frz. *gran-
desse* ›Größe, Hoheit‹.

Karine f. ›Rückentragekorb‹
verbr. Barnim, Lebus, verstr.
Uckerm. – Slaw. Herkunft, vgl.
gleichbedeutend pomor.
káȓǝna, poln. *karzyna.*

karsch kasch, Adj. 1 ›aufrecht,
gerade‹ vom Wuchs, von der
Haltung, Uckerm., östl. Mmark;
›forsch‹ Berlin; ›kraftvoll‹
Uckerm.; *sich kasch måken* ›aufbegehren, sich zur Wehr setzen‹
Uckerm. 2 ›schnell, eilig, rasch‹
Teltow; *ik mutt kasch moaken.* –
Etym. zu mnd. *karsch, kasch*
›frisch, gesund, kräftig, lei-
stungsfähig‹.

kaschen Vb. ›aufgreifen, fangen,
verhaften‹ Berlin und umg.

kaspern Vb. ›vertraut mit jmdm.
sprechen‹ Berlin; *kaschpern* ›vertraute Liebesgespräche führen‹
veralt. Nlaus. Dazu *bekaspern*
›etwas besprechen‹ Berlin. –
Etym. zu jidd. *kaswen(en)*
›lügen‹.

KATHOLISCH **katholsch** Adj.
1 Religionsbezogen wie litspr.;
in der andersgläubigen märki-
schen Umgebung wurden
Katholiken negativ gesehen,
daher mißbilligend, wenn jmd.
seine Meinung ändert: *de seh’ ik*

noch eens bi de Kathoolschen
Uckerm. **2** ›heuchlerisch,
falsch‹ Berlin. **3** ›unwirsch,
fuchtig‹ *det is zum kathoolsch werden* Berlin. **4** In attr. Verbdg.
kathoolscher Bahnhof für den
ehemaligen Schlesischen Bahnhof, den heutigen Hauptbahn-
hof in Berlin; *’ne kathoolsche
Drei* ›eine römische Drei‹ Berlin; *katholische Scherben* ›vorge-
schichtliche Scherben‹ Nlaus.

(KATZEICHER) **Kattéker** m.
›Eichhörnchen‹ Prign., vereinz.
Uckerm., Mmark.

Katzoff m. ›Fleischer‹ Berlin;
mundartl. verstr. für den
Schlächter, der das Vieh selbst
schlachtet; verbr. auch als Neck-
name. – Etym. zu jidd. *kazow*
›Fleischer‹.

Kaupe f. **1** ›dicht bewachsener,
kleiner Rasenhügel in Niede-
rungswiesen und Mooren‹
Nlaus., Beeskow-Storkow, Teltow, Fläming, Lebus, sonst vereinz. **2** ›größere Bodenerhebung in Niederungsgelände‹
Teltow; ›bewohnte und bewirt-
schaftete Anhöhe im Sumpf-
gelände, Flußinsel‹ Nlaus.
3 ›Heuhaufen‹ westl. Nlaus.,
Fläming. **4** ›Erdklumpen, Ra-
sensode‹ Nlaus. **5** ›Pflanzen-
büschel‹ ebd. **6** Übertr. ›Kopf-
beule, Backofenwölbung‹
Nlaus. – Lautf.: *Kaupe* Nlaus.,
Beeskow-Storkow, Lebus, Teltow; *Kupe* Fläming, verstr.
Lebus, südl. Uckerm. – Etym.
zu nsorb. *kupa* ›Flußinsel,
Horst, aus dem Wasser heraus-

ragender Hügel; flache, insel-
artige Bodenerhebung‹.

kaupeln Vb. ›tauschen, scha-
chern‹ bes. von Kindern, Nlaus.;
kupeln östl. Mmark, Fläming. –
Herkunft aus slaw. *kupiti* ›kaufen‹ ist zweifelhaft; vielleicht ist
lat. *cauponari* ›Handel treiben‹
die Grundlage.

Keks m., außer der litspr. Bedeutung scherzh. ›Kopf‹ Berlin; mit
Bezug auf geistige Beschränktheit: *der hat ja 'n weichen (porö-
sen) Keks; der is völlig uff 'n Keks
jefallen.*

Kenster m. 1 ›Mistel auf Laub-
und Nadelbäumen‹ verbr.
mmärk.; verstr. Uckerm., Ruppin. 2 ›durch Parasitenbefall
hervorgerufene Verfilzung von
Zweigen‹ verstr. mmärk.,
uckerm.; ›verwucherte Wurzeln‹, von Quecken, Bäumen
und Sträuchern: *hier is so ville
Kenster* Teltow.

Kesper f. ›Kirsche‹ nord- und
mmärk. – Aus mnd. *kersebere,*
eigtl. ›Kirschbeere‹.

keß Adj. 1 ›flott, schneidig‹ Berlin; *ne kesse Sohle tanzen.* 2 ›gewitzt, dreist, selbstbewußt‹ *ne
kesse Bolle,* von einem Berliner
Kind; ›frech‹ *wer bloß nich keß!*;
mundartl. als Kennzeichen des
Berliners empfunden, daher
keß sein wie ein Berliner Havelld.
u. ö. – Urspr. jidd. Buchstaben-
wort *chess* = ch.

Keule f. ›Bruder‹, auch ›Kollege,
Mitarbeiter‹ Berlin.

keuzen Vb. ›sich übergeben, er-
brechen‹ verstr. Havelld.,
Lebus; sonst vereinz.; wenn etw.
Merkwürdiges erzählt wird:
man hat schon Ferde keuzen sehen
Berlin. – Mischform aus *kotzen*
und *keuchen.*

kiebig kiewig, Adj. 1 ›aufsässig,
grob, frech‹ Berlin; *wäs nich so
kiewig* Prign. 2 ›groß, kräftig‹
vereinz. nordmärk.; ›derb, tüchtig‹ Berlin. 3 ›ausgiebig reich-
lich‹ Nlaus., Berlin; verstärkend
›sehr‹ *kiebig viel Jeld* Berlin. –
Etym. zu mnd. $k\bar{\imath}vich$ ›streitsüch-
tig, zänkisch‹.

Kien m., in der Wendung *uff 'n
Kien sein* ›aufmerksam, geistig
aufgeschlossen, rege, auf dem
Posten, tüchtig sein‹ allg. –
Etym. umstritten; neben jidd.
kiwen ›aufmerksam, beflissen
gewesen‹ wird auch frz. oder
engl. Herkunft erwogen.

Kiene f. ›Kiefer‹. – Lautf. und
Verbreitung: *Kiene, Kiëne* vorw.
Havelld., verstr. Zauche, Teltow; *Keen'* Uckerm., verstr. Ruppin. – Ndl. Siedlerwort zu
mndl. *kien.*

kiesätig (anfangsbetont) Adj.
›wählerisch im Essen‹ vorw.
Mmark, Uckerm., doch auch
sonst verbr. Daneben eine
Reihe anderer gleichbedeuten-
der Bildungen: *kiesäter* verstr.
Zauche, Fläming, Teltow;
kiesät(e)rig mmärk., Ruppin;
kiesäätsch vorw. Uckerm., Barnim, sonst verstr. – Vorliegende
Bildungen sind in ihrer Grund-
form ndl. Herkunft; die Wort-
bestandteile sind *kiesen* ›wählen‹
und *äten* ›essen‹.

Kiwief m., in der Wendung *uff 'n Kiwief sein* ›auf dem Posten sein, seinen Vorteil erkennen‹ Berlin. – Aus frz. *qui vive?* ›wer da?‹.

Klafte f. ›nörgelnde, unangenehme Frau‹, speziell ›unentschlossene Käuferin‹ Berlin. – Etym. zu jidd. *klawta* ›Hündin‹.

klaften Vb. ›herumtratschen, üble Nachrede führen‹ Berlin; *klaften jehn* ›einkaufen gehen‹, meist, ohne sich zum Kauf entschließen zu können, ebd. – Zum Vor.

Klammerbeutel m. ›Beutel für Wäscheklammern‹; redensartl. *dir ham se woll mit 'n Klammerbeutel jepudert?* ›du bist wohl nicht ganz normal?‹ Berlin.

klamüsern Vb. 1 ›zurückgezogen leben‹ Teltow, Fläming. 2 ›nachdenken, überlegen‹ Berlin; *ausklamüsern* ›etwas herausfinden, sich erinnern‹ ebd.

Klansch m. ›feuchtes, nicht durchgebackenes Backwerk‹ Nlaus., östl. Mmark.

Klapatz m. ›ein hammerförmiger Gegenstand, der früher mit Bekanntmachungen des Dorfschulzen von Hof zu Hof gereicht wurde‹ Nlaus. – Entlehnt aus nsorb. *klapac* ›hölzerner Gemeindehammer‹.

Kledasçhe f. ›Kleidung‹ meist abwert. (allg.).

klēnutschka Adj. ›sehr klein‹ östl. Nlaus. – Zu *klein* mit slaw. Suffix *-učka*.

Klieben Pl. ›Kleidungsstücke‹ *pack deine paar Klieben* Berlin.

klönen Vb. 1 ›plaudern, weitschweifig erzählen‹ nord- und mmärk. 2 ›jammern, klagen‹ Zauche, Teltow, Berlin. – Lautf.: *klönen, klœnen, klänen.*

(KLOPFKEULE) Kloppkül(e) f. 1 ›schwerer Holzhammer zum Einschlagen von Keilen in Holzstämme oder von Pfählen in die Erde‹. 2 ›Rohrkolben‹ Prign. → *Bumskeule.*

klœtern Vb. 1 ›klappern, klirren, prasseln, rasseln‹ nord- und mmärk.; *hör mål, wo 't rägent, dät klœdert ollich* Prign.; *der Raue klöätert*, wenn die reifen Roggenkörner ausfallen, Teltow. 2 ›plaudern, schwatzen‹ Prign. 3 ›hin- und hergehen, wiederholt zur Tür ein- und ausgehen‹ östl. Mmark. 4 ›(Wäsche) waschen‹ abwert.; *de Wieber müdden ümmer klœtern* Uckerm.

Klunsch m., wie → *Klansch*, östl. Nlaus., östl. Mmark.

Knack n., m. ›Reisig‹ Nlaus., Mmark.

Knäppener m. ›Weißer Storch‹ Mmark (mit Ausnahme des Fläming), Ruppin, Ostprign., südl. Uckerm.

kna(r)sch knaß, Adv. 1 ›stramm, eng‹ Prign., Uckerm.; *Stäwel sitten knaß; knarsch rümbögen* ›kurz umwenden‹. Übertr. ›frisch, prall, saftig‹ Prign.; ›scharf‹ *dät Brot is so knasch backt* ebd. 2 ›schroff, barsch‹, auch ›ungestüm‹.

Knatter m., n. ›Geld‹ Berlin.

Knecksel → *Knöchsel.*

Kneif → *Knief.*

Kneipe f. ›Gaststätte, Bierlokal‹
unter berl. Einfluß allg. verbr.;
ne jemütliche Kneipe; auch abwert. gebraucht. Dazu *Kneiper,
Kneipjee* ›Gastwirt‹.

kneisten Vb. ›scharf, genau hinse-
hen‹ Berlin.

Knete f. 1 ›Knetmasse‹ *nich aus
der Knete kommen* ›nicht aus dem
Bett finden, nicht in Schwung
kommen‹ Berlin. 2 ›Geld‹ Berlin.

Knief m., n. 1 ›Messer‹ allg., z. T.
abwert.; oft für Arbeitsmesser
mit gebogener Klinge wie das
Schustermesser oder das Haumesser des Gärtners. 2 ›kleinere
Sichel‹ Zauche, Fläming, Teltow, Nlaus. 3 ›Häckselmesser‹
verstr. östl. Nlaus. und östl.
Mmark. – Lautf.: *Knief* nord-
und mmärk., Berlin, verstr.
Nlaus.; *Kneif* Nlaus., verstr. Fläming; sporadisch *Kniep.* – Etym.
zu mnd. *knif* ›Messer‹.

knielen Vb. ›knien‹ Nlaus., Fläming, Teltow, Lebus, angrenzender Barnim; *kniejeln, kniegeln*
südwestl. Nlaus., angrenzender
Fläming. – Ndl. Siedlerwort aus
den Westniederlanden.

Knische f. ›altes, schlechtes Messer‹ Nlaus. – Lautf.: vorw. *Knische,* daneben *Knirsche, Knusche,
Knursche.* – Entlehnt aus nsorb.
knyža ›Klinge, altmodisches
Küchenmesser ohne Spitze‹.

Knöchel m. 1 ›Fußknöchel‹.
Lautf. und Verbreitung:
Knöchel, verstr. *Knechel* Nlaus.;
nd.-mundartl. *Knœkel* verstr.
nord- und mmärk.; *Knöckel*

verstr. Prign., vereinz. Havelld.,
Zauche; *Knöekel, Kneäkel* verstr.
mmärk.; *Knüchel* verstr. im We-
sten der Mark, aus dem Anhal-
tischen stammend. 2 ›Finger-
knöchel‹ vereinz. nord- und
mmärk.

(KNÖCHSEL) Knöäksel m. ›Fußknöchel‹. – Lautf. und Verbreitung: *Knöäksel, Kneäksel* östl.
Mmark; *Knœksel* verstr. Havelld.,
Barnim, südl. Uckerm.; *Knöcksel*
verstr. Teltow, Havelld., Ruppin,
Nlaus.; *Knecksel* Nlaus. und angrenzende südl. Mmark; *Knück-
sel* Fläming, Zauche. – Mischform aus *Knœkel* (→*Knöchel*)
und → *Knüßel.*

Knödel Knedel, f. ›Kartoffel‹
Nlaus., verstr. Teltow. – Wohl
eine Bildungsvariante zu
Knoten.

Knolle f., außer als Bezeichnung
für etwas Dickes, Knollenförmi-
ges mundartl. ›Kartoffel‹ verbr.
Nlaus., Fläming, südl. Teltow,
verstr. übrige Mmark. – Lautf.
Knulle.

Knöp m. 1 ›verdickter Holzgriff
an Geräten‹ nord- und mmärk.
2 ›Knopf‹ ebd. 3 *Knööp* Pl.
›Geld‹ Uckerm., Prign. – Etym.
zu mnd. *knöp,* identisch mit
litspr. *Knauf.*

knorke Adj. ›vorzüglich, gut‹, in
Berlin um 1920 aufgekommen,
gegenwärtig veraltend.

Knorpel m. 1 ›Adamsapfel‹ allg.;
verstr. *Knurpel.* 2 ›Schnaps‹ *köff
mei 'n Knurpel* Teltow; *där kann
uns inne Pulle Knorpel hoal 'n* Fläming. 3 ›kleines Kind, Knirps‹

doa stoaht so 'n kleener Knurpel
Fläming.

Knößel → *Knüßel.*

Knüf m. ›ältes, schlechtes Messer‹
Teltow.

knuffen Vb. 1 ›stoßen, schlagen‹
allg. 2 ›etwas mit ruckartiger
Kraftanstrengung zerkleinern‹,
z. B. ›Holz hauen‹, ›Häcksel
schneiden‹ Teltow, Uckerm.
3 ›schuften‹ Berlin; auch
knuften ebd. Dazu *Knuffer* ›Indu-
striearbeiter‹ ebd.

Knulle → *Knolle.*

knülle präd. Adj. 1 ›betrunken‹
Berlin und umg. 2 ›dumm‹ Berlin. – Lautf.: *knülle, knille.*

Knüßel m. ›Fußknöchel‹ Ruppin,
östl. Prign., verstr. Teltow,
Havelld. – Lautf.: *Knüßel, Knüe-
ßel, Knößel, Knüssel, Knössel.* –
Ndl. Siedlerwort zu mndl.
cnœsel ›Fußknöchel‹.
→ *Knöchsel.*

Kober m. ›aus Spänen geflochtener Eßkorb, der aus zwei über-
einanderstülpbaren Teilen
bestand‹ Nlaus., von dort in die
Mmark vorgedrungen, nur verstr. nordmärk. – Lautf.: neben
Kober verstr. *Kower*; ferner
Koaber, Koawer Fläming, vereinz.
Teltow, Lebus.

Koblik m. 1 ›Kobold‹ vorw. südwestl. Nlaus., angrenzender Fläming, verstr. übrige Nlaus., Zauche, Teltow. Der *Koblik* ist ein
nützlicher Hausgeist in Gestalt
eines feurigen Drachens, eines
kleinen Männchens, einer ro-
ten oder schwarzen Katze oder
eines schwarzen oder weißen

Huhns; er hilft bei Hofarbeiten
und trägt dem Bauern Gewinn
ein. Auch für Naturgeister wie
den Wassernix oder einen Feldgeist. 2 ›mit der Peitsche getriebener Kreisel‹, nach der Bewegung, verstr. – Lautf.: *Koblik,
Kobbelik, Kowlik, Kowwelik;* verstr.
mit deutschem Suffix
Kobb(e)ling, Koww(e)ling. –
Rückentlehnt aus nsorb. *koblik*
›kleiner Kobold‹.

Kobold m. 1 Wie *Koblik* 1, allg.
2 Verstr. wie *Koblik* 2. 3 ›Ein-
scharpflug ohne Räder‹, nach
der unruhigen Bewegung, um
Rathenow, Kyritz. – Lautf.:
vorw. *Kobbold*; daneben *Kobbeld,
Kabbold, Kowwold*; nur vereinz.
wie litspr. *Kobold.*

Köfmich m. ›Kaufmann‹ scherzh.
Berlin und umg.

Kohtäke → *Kuhzecke.*

Kokolóres m. 1 ›Unsinn,
Quatsch‹ Berlin. 2 ›Aufheben,
Umstände‹ ebd. 3 ›Kram,
Plunder‹ ebd. – Lautf.: *Koko-
lores, Kokulorus, Kokulores.*

Kokoschk(e) m. (f.) ›Pfifferling‹
vorw. zentrale und östl. Nlaus. –
Lautf. und Bildungsvarianten:
als f. *Kokoschke, Koksche*; als m.
Kokoschk, Kokatsch, Koketsch; als
Dim. *Kokoschchen*; im Pl.
*Kokoschken, Kokoschchen(e),
Kokschchen, Kokschchin.* – Etym.
zum gleichbedeutenden nsorb.
Pl. *kokoški.*

Kokot m., Bezeichnung für den
Hahn, der nach altem sorb.
Erntebrauch unter der letzten
Schwade oder Garbe versteckt

wurde und der gefangen werden mußte, Nlaus.; erw. auch für die letzte Garbe, den Abschluß der Erntearbeiten und in der Verbdg. *Kokot feiern* für das Erntefest. – Etym. zu nsorb. *kokot* ›Hahn, Erntekranz‹.

¹köksen Vb. ›schlafen‹ Berlin; verstr. mundartl.; *ik heff 'n bäten kookst* Prign.; scherzh. ›schnarchen‹ verstr. Zauche, Nlaus.

²köksen Vb. ›Kokain nehmen‹ Berlin. Zu gaunersprachlichem *Koks* ›Kokain‹.

Kollazie f. ›Kaffeegesellschaft, Festlichkeit‹ um Finsterwalde. – Lautf.: *Kallazje.* – Etym. zu mhd. *collācie* ›Abendessen, Trunk nach demselben‹ zu lat. *collatio.*

Kœm m. 1 ›Kümmel‹ veralt. Prign. 2 ›Kümmelschnaps‹ nordmärk. – Etym. zu mnd. *kōme* ›Kümmel‹.

kommode Adj. 1 ›bequem, behaglich‹ *mockt ju 't man kammood* Prign. 2 ›gleichgültig, träge, faul‹ verstr. – Etym. zu frz. *commode* ›bequem‹, auch ›lax, schlaff‹.

Konduite f. 1 *Kondewiete* ›gutes Benehmen‹ südwestl. Nlaus. 2 *Kundewitt* ›Geschick, Begabung‹, auch ›Verstand‹ östl. Nlaus. – Etym. zu frz. *conduite* ›Haltung, Führung‹.

Konvivium m. 1 ›Versammlung, Beratung‹; redensartl. *halten die Krähen Konfifium, sieh nach Feuerholz dich um* (als Vorsorge für den Winter) Lebus u. ö. 2 Als Dim. *Konfiefken* ›Trink-

gesellschaft‹ Teltow; auch für fröhliche Zusammenkünfte: *wir woaren so 'n Konfiefchen zusammen* Nlaus. – Aus lat. *convivium* ›Zusammenleben, Gastmahl‹.

Koppel f., in der Bedeutung 1 auch m., n. 1 ›Verbindungsteil an Geräten‹, ›Leibriemen‹. 2 ›Menschengruppe, Schar‹, auch ›Musikkapelle‹, ›Gruppe gleichaltriger Spinnerinnen‹ Havelld., Zauche. 3 ›eingehegte Viehweide‹ allg.

Kopse → *Kapitze.*

kœsch kœw'sch, Adj. ›gesundheitlich angegriffen‹, auch ›in der Entwicklung zurückgeblieben‹ nord- und mmärk.; speziell ›heiser‹ *der is so sihre kœsch* Teltow. – Etym. zu mnd. *kövesch* ›krank‹.

krabben, meist *krappen*, Vb. 1 ›kratzen, scharren, krauen‹ nordmärk., verstr. mmärk.; abweisend: *du loop jo un lât di krabben* Uckerm.; *du krabb di mit de Höhner wat* Prign. 2 ›aus der Erde herausholen‹ z. B. *Kartoffeln, Röwen krabben.* – Ndl. Siedlerwort, vgl. ndl. *krabben* in beiden Bedeutungen.

kräbisch Adj. 1 ›streitlustig, rechthaberisch‹, von Kindern ›vorlaut, dreist‹. 2 ›unternehmungslustig‹. 3 ›munter, lebhaft, flink‹. 4 ›kräftig (gewachsen)‹. – Lautf.: *kräbisch, kräwisch, krebisch, krewisch* Nlaus., östl. Mmark; *kreäsch, kröäsch* Teltow.

krägel Adj. ›munter, frisch, unternehmungslustig‹ verstr.;

kregel Berlin. – Etym. zu mnd.
kregel ›streitlustig, eigensinnig‹.
kräkeln Vb. ›nörgeln, herumzanken‹ Uckerm., östl. Mmark,
Teltow; *krekeln* Berlin.
krall → *grall.*
Krampe, meist *Kramme,* f. ›u-förmig gebogener Haken aus
Metall mit spitzen Enden‹ nord-
und mmärk., berl. – Ndl. Siedlerwort, vgl. ndl. *kramp, kram*
›Haken, Klammer‹.
Kränke f. ›Krankheit‹, speziell
›Fallsucht‹; Ausruf des Ärgers:
da kann man die Kränke kriejen
Berlin.
Kräpel → *Krüppel.*
kreiten Vb. ›(sich) zanken, streiten‹ nordmärk.; auch *kreitern*
vereinz. Havelld., Uckerm. –
Etym. zu gleichbedeutend mnd.
krēten.
Kren m. ›Meerrettich‹ Nlaus.,
östl. Mmark, vereinz. Barnim,
Fläming. – Lautf.: *Kren, Krän,*
Krien, Krein. – Aus dem Slaw.,
vgl. osorb. *chrên* ›Meerrettich‹.
Krenge f. 1 ›Bogen, Kurve‹ *unse*
Knech kreit de Krenge nich rut,
beim Wenden des Wagens, Teltow. 2 ›Pflugwende, Querbeet
am Ende des Ackers‹ Teltow,
verstr. Havelld., vereinz. Zauche. – Ndl. Siedlerwort, vgl.
ndl. *krengen* ›wenden‹.
Krepanse f. ›Tod‹ in der Wendung *des is um de Krepanse zu*
kriejen Berlin. – Abl. zu *krepieren.*
Krepel → *Krüppel.*
Kretscham m. ›Gasthaus, Krug‹
verat. Nlaus. – Entlehnung aus
slaw. *krčma* ›Schenke‹.

KRIECHE(L) Kriëke f. ›wild
wachsende, kleine Pflaume‹. –
Lautf. und Bildungsvarianten:
Kriëke mmärk.; *Kreek*'nord-
märk.; *Kriëkel(e), Kriekel* mmärk.;
Krekel verstr. nordmärk.
Kriensch m. ›Besenginster‹ vorw.
Teltow, Fläming, Nlaus.
Kriepel → *Krüppel.*
Krink m. ›Kreis‹ nordmärk. –
Etym. zu mnd. *krinc* ›Ring, kreis-
förmiger Streifen‹.
Kroksch m., meist *Krocksche,* Pl.
›Pfifferling‹ vorw. östl. Nlaus. –
Mischform aus → *Kokoschke* und
→*Kuraschke.*
Kromíze f. ›Brotkanten‹ südöstl.
Nlaus. – Lautf: *Kromize, Kromiza,*
Kramiza, Kromietscha, Schomiza;
als Dim. *Kromizka, Krumizka,*
Schomizka; mit dt. Suffix *Kromiz-*
chen n., *Krumizchen, Krumizel.* –
Entlehnt aus gleichbedeutend
nsorb. *kšomica,* Dim. *kšomicka.*
Krœpel → *Krüppel.*
Krosel f. ›Preiselbeere‹ vorw.
westl., verstr. südl. Nlaus. – Süd-
ndl. Herkunft.
Kruke f. 1 ›bauchige Tonflasche‹,
meist mit Henkel, man nahm
sie mit auf das Feld; Vergleich:
voll wie 'ne Kruke ›total betrunken‹ Nlaus.; in fester Verbdg.
anno Kruk ›vor langer Zeit‹
Prign. u. ö. 2 ›Tontöpfchen,
irdene Salbenbüchse‹ Fläming,
Berlin. 3 In attr. Verbdg. verbr.
Personenbezeichnung: *'ne*
komische (ulkige, lustige, kesse)
Kruke. 4 Berl. *Kruke machen* ›aus
tatsächlichen oder vorgescho-
benen Krankheitsgründen der

Arbeit fernbleiben‹, auch ›schlappmachen‹; *Kruke sinn* ›krankgeschrieben sein‹. Urspr. vielleicht mit Bezug auf die *Kruke* als Wärmflasche.

krupen Vb. ›kriechen‹ nord- und mmärk.; verhochdeutscht *kraupen* vereinz. Fläming, Havelld., Lebus; *kraufen* ält. berl. – Etym. zu gleichbedeutend mnd. *krüpen.*

KRÜPPEL **Krœpel** m. 1 Wie litspr. 2 Verbr. als abwert. Bezeichnung oder als Schimpfw. für altes Vieh, verwachsene Pflanzen und unbrauchbare Dinge. – Lautf.: *Krœpel* nordmärk., verstr. Havelld.; *Kräpel* Lebus, verstr. Barnim, Zauche, Fläming; *Kröepel, Kreäpel* verstr. mmärk.; *Krepel, Kriepel* Nlaus.; *Krüppel, Krippel* Berlin und umg. – Den Längen liegen mnd. *kröpel,* mhd. *krüpel* zugrunde.

Krus(e) m., vereinz. n., f. ›irdener Krug‹, als Aufbewahrungs-, Transport- und Trinkgefäß, allg. – Lautf. und Genusvarianten: *Kruus* m. mmärk., nlaus.; *Kruos* m. Lebus; *Krues* m. (n.) verstr. östl. Mmark; *Kroos* m. vereinz. Uckerm.; Fläming, Teltow; *Kruse* f. veralt. Nlaus., Oderbr. – Etym. zu mhd. *krūse* f., mnd. *krōs* m., n. in gleicher Bedeutung.

krüsern Adj. ›aus Ton gefertigt‹ verstr. Fläming, Nlaus. – Zum Vor.

kübeln Vb., in der Verbdg. *eenen kübeln* ›Schnaps trinken‹ allg.

Kuchen m., berl. in der Ablehnung oder Verneinung *aber (ja)*

Kuchen ›mitnichten‹. Jidd. Herkunft.

Kuckel m. ›Kornrade‹ Nlaus.; Bauernregel mit Bezug auf die Blütezeit: *Kuckel rot, in vier Wochen neu Brot.* – Entlehnt aus gleichbedeutendem nsorb. *kukol, kukel.*

KUHZECKE **Kueteäke** f., meist als Pl. 1 ›Blaubeere‹. Lautf. und Verbreitung: *Kue-, Kuhteäke(n)* Havelld.; *Kohtäke(n)* Ruppin, östl. Prign. 2 *Kue-, Kuhtäken* ›Preiselbeeren‹ Havelld.; *Kohtäken* östl. Prign.

küm(e) Adj. 1 ›matt, hinfällig‹ um Angermünde; übertr. ›bedrückt‹ *he deit so küm* Prenzlau. 2 ›wählerisch im Essen‹ Prign., Ruppin, Havelld., nördl. Barnim, verstr. westl. Uckerm. – In der Bedeutung 1 aus dem Mecklenburgischen; in der Bedeutung 2 ndl. Herkunft.

Kümmeltürke m. ›engstirniger, kleinlicher, langweiliger Mensch‹ Berlin; berl. in verstärkenden Wendungen *arbeiten, schuften, saufen wie 'n Kümmeltürke;* gelegentlich mundartl. *ik schweet as 'n Kümmeltürk* Prign.; *he schnorkt as 'n Kümmeltürk* Uckerm. – Aus der Studentenspr. in das Berl. übernommen.

Kundewitt → *Konduite.*

Kunkatz m. 1 ›Unke‹ veralt. östl. Nlaus. 2 ›Mensch, der aus Scheu nur für sich spricht‹ ebd. 3 ›Kaulquappe‹ verstr. zentrale, südl. und östl. Nlaus. 4 ›Glas Schnaps‹ Guben. – Entlehnt aus nsorb. *kunkac* ›Unke‹, ›un-

verständlich vor sich hin reden-
der Mann‹.

Künsch m. ›verschnittenes männliches Schwein‹ vorw. westl.
Nlaus. und um Eisenhüttenstadt. – Lautf.: neben *Kuunsch*
auch *Kuntsch.* – Rückentlehnt
aus osorb. *kunč* in gleicher Bedeutung.

Künsche f. 1 ›mit Nadeln bewachsener Kiefernzweig‹ Nlaus., Teltow, Fläming. Lautf.: neben
Kuunsche auch *Kuntsche,
Kunschke; Kuensche* Teltow, Fläming. 2 *Kuntschen* ›kleine, noch
strauchartige Kiefer‹ bei
Beeskow. 3 *Kuenschen* ›Kiefernnadeln‹ Teltow. 4 *Kuntschen*
›Kiefernzapfen‹ südöstl. Teltow
und angrenzend. 5 *Kunschken*
›Birnen‹ Guben. – Wahr-
scheinl. slaw. Herkunft.

Kunter f., vereinz. m. ›kleine
Mücke, Gnitze‹ Nlaus. –
Rückentlehnt aus nsorb. *kun-
tora* ›Mücke‹.

Kuntersche f., wie *Kunter,* südl.
und östl. Nlaus. – Lautf.: *Kuntersche, Kontrasche, Kunterasche,
Kuntasche, Kontasche, Kunto-
raschke, Kundruschke.* – Entlehnt
aus nsorb. *kuntoraš(k), kunt-
woraš(k)* ›Mücke‹.

kupeln → *kaupeln.*

Kuraschke f., m. ›Pfifferling‹ südl.
und östl. Nlaus. – Lautf.: *Ku-
raschke, Kuräschka, Koroschke.* –
Entlehnt aus nsorb. *kuraško*
›Küken, Pfifferling‹, nach der
Farbe.

küsch Adj. ›abgerundet, stumpf,
ohne Spitze‹ südwestl. Nlaus.,

Fläming, Teltow, Oderbr.; *ein
kuusches Messer* Teltow; erw.
›klein, untersetzt‹ *ein kuuscher
Kerl* ebd. – Etym. zu nsorb. *kušy*
›abgestutzt, verstutzt, schwanz-
los‹.

Küsch m. ›altes, stumpfes Messer‹
Fläming und angrenzende
Nlaus. – Etym. zum Vor.

Küsche f. ›in Suppe oder Kaffee
eingebrocktes Schwarz- oder
Weißbrotstück‹ Teltow, Flä-
ming. – Entlehnt aus nsorb. *kus*
›Bissen, Brocken‹; *kusk* ›kleines
Stück‹.

Kuschel f., seltener m. 1 ›kleine,
noch strauchartige Kiefer‹ allg.
2 Im Pl. ›Kiefernschonung‹
allg. – Lautf.: *Kuschel, Kuschel,
Kussel* (auch mit sth. *-s-*). – Herkunft aus dem Slaw. ist nicht ge-
sichert.

Küster m. 1 Wie litspr. 2 ›Lehrer‹
veralt. nord- und mmärk. –
Lautf.: *Küster* mmärk.; *Köster*
nordmärk.

Küt n. 1 ›Inhalt der Eingeweide‹;
redensartl. *de mütt arbeiten, dat
em Küüt ut 'n Nårs kümmt*
Uckerm. 2 ›Eiter‹ Prign.,
Uckerm., Oderbr. – Etym. zu
mnd. *küt* ›Eingeweide, Weichteile‹.

kütbüten Vb. ›unlautere, betrü-
gerische Geschäfte treiben‹
nordmärk.

kütern Vb. ›Tauschgeschäfte machen‹ verstr. mmärk., Berlin;
*wer Lust zum Kietern hät, hät ok
Lust tum Bedreen* (Betrügen) Teltow.

L

Laban(d) m. ›langaufgeschosse-
ner, schlaksiger, ungeschlachter
Mann‹ allg. – Wohl zum bib-
lischen Personennamen, s. 1.
Mos. 29.

Labbe, vereinz. *Lawwe*, f. ›Mund‹
Nlaus., Teltow, Lebus, Fläming,
Zauche, Berlin, verstr. Havelld.;
der sperrt die Labbe ›der gähnt‹
Nlaus.; bezogen auf die Unter-
lippe: *er laßt die Labbe hangen* ›er
zieht einen Flunsch‹ Havelld.;
›Fresse‹ *hau ihn doch eens in de
Labbe!* Berlin.

labbern Vb. 1 ›lecken‹ Berlin,
östl. Mmark. 2 ›in kleinen
Schlucken trinken‹ Berlin, Teltow. 3 ›sich heftig küssen‹ Berlin, Oderbr. 4 ›undeutlich sprechen‹ *labber nich so* Berlin.

labét Adj. ›erschöpft, müde, abgearbeitet‹ *ik bin janz labeet* Teltow u. ö. mundartl. – Etym. zu
frz. *la bête* ›Strafeinsatz beim
Kartenspiel‹.

Labommel m. ›durchtriebener
Kerl‹ (Schimpfw.) Berlin.

labundig Adj. ›lebendig‹ Berlin.

Lach → *Gelage.*

lächerbar Adj. ›lächerlich‹ Berlin.

Lachudder m. ›durchtriebener
Kerl‹ (Schimpfw.) Berlin.

lackmeiern Vb. ›betrügen‹ Berlin
und umg.; meist *jelackmeiert*;
subst. *ick bin der Jelackmeierte*
Berlin.

Lamäng f. ›Hand‹ *aus der (freien)
Lumäng* ›mit Leichtigkeit‹
Berlin; ablehnend: *nich in de
Lamäng* ebd. – Etym. zu frz. *la
main* ›die Hand‹.

Lamberkeng m. ›überhängender
Belag auf Brot und Brötchen‹
Berlin; *'ne Butterstulle mit Lam-
berkengs.* – Etym. zu frz. *lambre-
quin* ›Fensterquerbehang‹.

Lamprete f. 1 ›Meerneunauge‹.
2 ›Köstlichkeit‹ Berlin; *Lampre-
ten fressen* ›luxuriös speisen‹
Berlin, Cottbus.

landrüchtig Adj. ›berüchtigt,
verrufen‹ Teltow, östl. Mmark,
Uckerm.; *landrüchtig måken*
›in Verruf bringen‹ Uckerm.
u. ö.

Längde f. ›Länge‹ Berlin, Teltow,
östl. Mmark, Havelld.; *tor Längde*
›zuletzt‹: *tor Längde kömmt jeder
Bedruch ruut* Havelld. – Etym. zu
mnd. *lengede* ›Länge‹.

¹läppern Vb. 1 ›schlecken, sich
verlangend die Lippen lecken‹
nlaus., mmärk.; *där läppert noa
Schnaps* Fläming. 2 ›langsam essen‹ Teltow, Fläming. → *lippern.*

²läppern refl. Vb. ›(sich) allmäh-
lich ansammeln‹ (von Geld)
Nlaus., Berlin, Fläming. – Zu
lappen ›mit einem Lappen
flicken‹.

Lase f. ›Kanne‹ um Finsterwalde. – Etym. zu mhd. *lāzen*
›lassen‹; eigtl. ›Auslaßgefäß‹.

låt Adj. ›spät‹ nordmärk. – Etym. zu mnd. *late* ›spät, säumig, langsam‹.

Laterne f. 1 Wie litspr. 2 Übertr. ›schmales, hohes Haus‹ Berlin; ›Fruchtstand des Löwenzahns‹ verstr.; ›weißer Stirnfleck und streifenförmige Blesse auf dem Nasenrücken des Pferdes‹ verstr.

Latüchte f. ›Laterne‹. – Lautf.: *Latüchte, Lantüchte, Latichte.* – Mischform aus → *Laterne* und *Lüchte* (→ *Leuchte*).

Laubenpieper m. ›Kleingartenbesitzer oder -pächter‹ (scherzh.) Berlin und umg. → *Wiesenpieper.*

Lauseharke f. ›Kamm‹ Berlin.

(LEBIG) läwig Adj. 1 ›lebendig, am Leben‹ nordmärk., Oderbr.; *de läwig Färern afplücken* ›Federn von der lebenden Gans rupfen‹ Uckerm. 2 ›lebhaft, munter‹ nordmärk.

Lechel n. ›kleines, hölzernes Faß zur Mitnahme von Getränken auf das Feld‹ nord- und mmärk. – Lautf.: *Lechel, Lächel* nordmärk.; *Leel, Lääl* mmärk. – Etym. zum Dim. mittellat. *lagella*, das zu lat. *lagena* ›Gefäß für Flüssigkeiten‹ gehört.

LEDIG leddig Adj., außer in litspr. Bedeutung mundartl. ›ungefüllt, leer‹. – Lautf. und Verbreitung: *leddig* vorw. Havelld., Barnim, östl. Uckerm., in die Nlaus. streuend; *lerrig* Prign., Ruppin, westl. Uckerm.; *lädig, lärig, lälig* vorw. Zauche, sonst verstr. mmärk.

lēg Adj. 1 ›niedrig‹ Mmark, Ruppin, angrenzende Prign. und Uckerm., um Finsterwalde; *eene leje Staue* (Stube), *lege Wulken, lehe Schuh.* 2 ›tief‹, von der menschlichen Stimme, Uckerm. 3 ›schlimm, schlecht‹ nordmärk. 4 ›mager, elend, krank‹ verstr. mmärk., Prign. 5 ›moralisch schlecht, böse‹ Prign., Uckerm. – Lautf.: *leech* vorw. nordmärk., *lee* mmärk.

LEICHDORN Liekdorn m., selten n. ›Hornhautverdickung auf Zehen, Hühnerauge‹ Prign., nördl. Uckerm.; *Leichdorn* vereinz. Havelld. – Etym. zu mnd. *līkdorn* ›Hornhautverhärtung, Schwiele, Hühnerauge‹.

LEIMEN liemen Vb. 1 ›mit Leim zusammenfügen‹; iron., wenn etwas nicht gut gehalten hat: *du hest 't woll mit Kåhlen* (Kohlen) *liemt un warm Dråhtstiften någelt?* Prign. 2 *leimen* ›hinters Licht führen, betrügen‹ Berlin; subst. *die Jeleimten sinn wir* ebd.

Lempe f. ›Messerklinge‹, gelegentlich abwert. für ein altes Messer, mmärk., nlaus. – Lautf.: *Lempe* mmärk., *Limpe* südl. Mmark, Nlaus. – Das Wort ist wohl slaw. Herkunft, vgl. nsorb. *limpa* ›Messerklinge‹.

Lenz m. 1 ›Faulenzer‹ veralt. Nlaus. 2 ›angenehmes Leben‹ *der hat 'n Lenz!* Berlin. 3 ›Spaß, Unsinn‹ *mach keen Lenz!* Berlin; *wi hadden unsen Lenz met em* östl. Mmark. 4 Ein Schlafgeist: *Lenz kommt*, wenn einen Müdigkeit

überfällt, Teltow. – Zum Personennamen *Lenz* aus *Lorenz.*
leu Adj. 1 ›matt, müde‹ Lebus.
2 ›faul, träge‹ ebd.; *is dät 'n leuer
Bengel* Teltow. – Ndl. Siedlerwort zu ndl. *lui,* mundartl.
loi ›matt, müde‹.
LEUCHTE **Lüchte** f. 1 ›Laterne‹
mmärk., Prign. 2 ›Feuerschein‹
Havelld. 3 Übertr. ›Fruchtstand
des Löwenzahns‹ Prign., Fläming, Teltow.
lieberst Adv. ›lieber‹ *wär ick man
lieberst zu Haus jeblie'm* Berlin.
Liekdorn → *Leichdorn.*
liek(e) Adj., Adv. 1 ›gleichmäßig,
gleich‹ nord- und mmärk. Erw.
ik kann ni mehr lieke kieken, d. h.
auf beiden Augen nicht mehr
gleich scharf sehen, Oderbr.
2 ›glatt, ebenmäßig‹ Havelld.;
redensartl. *uppe krumme Fåhre*
(›Furche‹) *waßt ok en lieken
Halm* Havelld. – Etym. zu gleichbedeutend mnd. *lîk(e).*
liekers Adv. 1 ›trotzdem, den-
noch‹ Prign., Uckerm. 2 ›ohne-
hin‹ Prign. 3 ›gleichfalls‹
Uckerm. 4 ›sogleich, sofort‹
Uckerm., Prign.
Liese f. 1 ›dünne Haut um das
Eingeweidefett‹, vor allem um
das Nierenfett des Schweins,
vorw. Zauche, Fläming,
Uckerm. 2 ›Fettschicht um Rip-
pen und Nieren, Darmfett von
Schwein und Gans‹ nord- und
mmärk., berl.; Drohung: *dir
müssen se mal de Liesen ausbraten*
Berlin. – Lautf.: *Liese,* meist im
Pl. *Liesen* nord- und mmärk.,
Berlin; *Liëse, Liësen* veralt.

mmärk. – Ndl. Siedlerwort zu
mndl. *liesche,* spätmndl. *liesse,
liese* ›dünne Haut, Bauchfett
von Mensch und Tier‹.
Lietze f. 1 ›Bleß-, Wasserhuhn‹
verbr. Havelld., Zauche, Teltow,
vereinz. Ruppin, östl. Mmark.
2 Übertr. *witte, jäle* (gelbe)
Lietzen ›Blüten der See- und
Teichrose‹ Teltow. – Entlehnt
aus poln., sorb. *łyska* ›Bleß-
huhn‹.
Limpe → *Lempe.*
Linse f. 1 Hülsenfrucht wie litspr.
2 ›Pupille‹ *hau ihm doch eens
vor de Linse* Berlin. 3 *Linsen* Pl.
›Geldstücke‹ Berlin. 4 *Linsen*
Pl. ›Hautflecke‹ veralt. Teltow.
Lippentriller m. ›Schnaps, Likör‹
'ne → *Weiße un 'n Lippentriller*
Berlin.
lippern Vb. ›verlangend die Lippen lecken‹ Nlaus. → *läppern.*
Lome → *Lume.*
lömen → *lümen.*
Lorke f. ›minderwertiges Ge-
tränk, dünner Kaffee‹ allg. –
Lautf.: *Lorke, Lurke.* – Zugrunde
liegt lat. *lora* ›Nachwein,
Tresterwein‹; im Brandenburgischen ndl. Herkunft.
lœsig Adj. ›schlapp, müde, abge-
spannt‹. – Lautf. und Verbreitung: *lœsig* Prign., Uckerm; *löä-
sig* Teltow; *läsig* östl. Mmark. –
Etym. zu mnd. *lösig* ›träge, matt,
langsam, schwach‹.
luckern lukern, Vb. 1 ›schauen,
sehen‹ Spreewald, Fläming.
2 ›scheinen, schimmern‹ ebd.
3 ›lauschen, horchen‹ ebd. –

Lautf.: *luckern* Spreewald; *lukern* Fläming.

Lulle f. **1** ›Lutschbeutel des Kleinkindes‹ östl. Mmark. **2** ›lange Pfeife‹ verstr. mmärk. **3** ›Zigarette‹ Berlin, Potsdam.

Lume f. ›Eisloch‹, diente zum Wasserholen, zum Fischen und als Luftloch für Fische. – Lautf. und Verbreitung: *Lume* vorw. Havelld., Zauche, Fläming, Beeskow-Storkow, südl. Teltow, Lebus; *Luome, Lueme* vorw. Teltow, Barnim; *Lom(e)* verstr. nördl. Uckerm. – Ndl. Siedlerwort zu westflämisch *lomme*, brabantisch *lomme, lom, loeme*.

lümen Vb. ›eine Flüssigkeit trüben‹. – Lautf. und Verbreitung: *lümen* mmärk.; *lömen* nordmärk.; *liemen* veralt. Nlaus. – Etym. zu mnd. *vlōmen* ›trüben, verunreinigen‹.

Lumich m. ›Taugenichts‹ Nlaus., Berlin. → *Schlumig*.

Lumpack m. **1** ›Lumpensammler, -händler‹ Nlaus. **2** ›liederlich gekleideter Mensch‹ ebd. **3** ›Taugenichts‹ ebd. – Rückentlehnt aus sorb. *lumpak* ›Lumpensammler‹, als Schimpfw. ›Lumpenkerl‹.

lunschen Vb. ›verstohlen blicken, spähen‹ Nlaus.; *ick lungsche* Berlin.

Lurke → *Lorke*.

Lüsche, auch *Lusche* f. ›Pfütze, Wasserlache‹ Nlaus. – Entlehnt aus sorb. *łuža* ›Pfütze‹.

lütt Adj., verbr. nordmärk., verstr. mmärk., mit Bezug auf Personen auch berl. **1** ›von geringer Ausdehnung, klein‹; redensartl. *lütten Keerl, œwer 'n groot Hätt,* d. h. klein von Statur, aber großherzig, Prign. **2** Zeitlich ›kurz‹ *'n lütt half Stunn* Uckerm. **3** ›jung, unerwachsen‹ *da biste noch zu lütt zu* Berlin. **4** ›gering, unbedeutend‹; subst. *wecker 't Lütt nich ehrt, is 't Groot nich wert* Prign. **5** ›sozial untergeordnet‹ *'n lütten Posten hemm* Prign.

Luttchen Pl. ›unterirdisch lebende Zwerge‹ Nlaus.; sie wohnten in Hügeln, Hügelgräbern oder den *Luttchenbergen*. – Entlehnt aus nsorb. *lutki* Pl. ›Zwerge, Däumlinge‹.

Lüttiti, auch *Littiti, Lüttütü* m. **1** ›geistiger Tick, Verrücktheit‹ *hast woll 'n Lüttiti?* Berlin; präd. *die is 'n bisken littiti* ebd. **2** ›Alkoholrausch‹ Berlin.

M

Mache f. 1 ›Fertigung, Arbeit‹
in der Wendung *in der Mache
haben, in die Mache nehmen (kriegen)* Berlin und umg.; auch
›nachhaltig beeinflussen, auf
jmdn. einwirken‹ *der hat se in der
Mache* Berlin; mundartl. *denn
nähm mi min Våter sülwst in de
Måk* Uckerm. 2 ›Getue‹ *det
is allens Mache* Berlin.

Mächsel → *Mecksel.*

Macke f. 1 ›geistiger Tick,
Spleen‹ Berlin; *n' lütt Mack' het
säi doch* Prign. 2 ›Fehler, Schaden‹ *der Motor hat ne Macke* Berlin. – Vielleicht zu jidd. *makko*
›Schlag, Stoß, Hieb‹.

Macker m. ›männlicher Jugend-
licher‹ Berlin; *schauer Macker*
›eleganter Jüngling‹ ebd.;
›Freund‹ *ick bin der Macker von
Ihre Tochter* ebd.

Maföken, auch *Mafööpken,* Pl. ›al-
berne Gewohnheiten, Allüren‹
Uckerm.; *Mafeken* ›unnütze Umstände, Ausflüchte‹ Berlin.

Maître (lautlich *Mäter*) m. 1 ›Be-
ster, Meister‹ Berlin; *dät is der
Mäter* Teltow. 2 ›Tanzmeister,
der Tanzvergnügen organi-
sierte und früher nach jedem
Tanz einen Groschen als Ge-
bühr kassierte‹ Berlin. – Entlehnt aus frz. *maître.*

Malást f. ›Unbequemlichkeit,
Last‹ Nlaus.; ›Unannehmlich-
keit‹ *da kann 'n* (›man‹) *noch*

Maleß müt kriegen Prign. – Etym.
zu lat. *molestia* ›Beschwerde‹.

malern Vb. ›malermäßig instand
setzen‹ Berlin und umg.

Maline f. ›Himbeere‹ Nlaus.,
Beeskow-Storkow, Teltow, Lebus,
südl. Barnim, östl. Fläming. –
Lautf.: vorw. *Maline,* daneben
Maleine, Moleine, Muleine; als
Dim. *Malineke,* Pl. *Malineken,
Malinekes, Molinekes, Maleine-
chen.* – Entlehnt aus slaw.
malina ›Himbeere‹.

mall Adj. ›dumm, töricht‹ Prign.,
Uckerm; ›leicht geistesgestört‹
bist woll 'n Happen malle? Berlin.

malsch Adv. ›üppig gewachsen‹
Havelld., Zauche, Teltow, Fläming, angrenzende Nlaus.; *dat
Koarne stoaht malsch* Fläming; *der
Rogge hät malschen jewassen* Teltow. – Ndl. Siedlerwort, vgl. ndl.
malsch ›nicht hart, saftig‹.

mang, meist *mank* Präp., Adv.
1 ›zwischen, unter, inmitten‹
allg.; *då ninn mank de Eiken*
Prign. 2 ›dazwischen, darunter‹;
hunnert mang dausend ›durcheinander‹ Uckerm.; *bei jau litt
(liegt) allens hunnert mang dausend* Teltow; redensartl. *mank
uns mank is eener mank, der mank
uns mank nich mank jehört* Berlin
u. ö.

Mannsen n. ›erwachsene, männliche Person‹ Teltow, Fläming,
Nlaus. – Aus mhd. *mannesname.*

manoli präd. Adj. ›verrückt‹ *du bist ja manoli* Berlin; verstärkt *manoli links rum* ebd. – Nach der umlaufenden Lichtreklame einer Zigarettenfirma.

marachen Vb. 1 ›schwer arbeiten, schuften‹ nord- und mmärk. 2 ›sich ungestüm hin und her bewegen‹ Uckerm.; *de Schwien marachten in 'n Stall.*

Mard → *Mart.*

Marie f. ›Geld‹, auch ›Brieftasche, Geldbörse‹ Berlin; *ne dicke Marie.* – Aus zig. *maro* ›Brot‹.

markeln Vb. ›unsanft, quälerisch drücken‹, mit Bezug auf junge oder kleinere Tiere, allg.

Marmel f., in der Bedeutung 2 auch m. 1 ›kleine Spielkugel aus Ton‹ allg., doch veralt. und zunehmend durch *Murmel* ersetzt; *Märmel* verstr. nord- und mmärk. 2 *Marmel* ›Marmor‹ veralt. Nlaus.; *Marremel* m. veralt. Teltow. – Aus *Marmor.*

Mart m., in der Nlaus. auch f., n., daneben *Marte* f., selten m. 1 ›Marder‹. Lautf. und Genusvarianten: *der, das, die Mart, die Marte* Nlaus.; *Mart* m. verbr. Havelld., Zauche, Fläming; *Moort* m. nordmärk., verstr. Havelld.; *'ne Moarte, Moorte, Maarte* westl. Havelld., Zauche. 2 *Mart* m. ›Iltis‹ verstr. Nlaus., vereinz. Zauche. – Etym. sind zu vergleichen mhd., mnd. *mart, marte.* → *Stänkermart.*

Marunke f., meist im Pl. ›Eierpflaume‹ Fläming, angrenzende Nlaus. – Slaw. Herkunft,

entweder aus tschech. *meruňka* oder poln. *mierunka, marunka.*

Matador m. ›Hauptperson in bezug auf Leistung oder Befugnisse‹ *der is hier Matador* Berlin; *ich bin der Makedor ins Haus* östl. Nlaus.; übertr. *Mutador* für ein gutes Arbeitspferd, Uckerm.; *Makedor* ›höchster Trumpf im Kartenspiel‹ Prign.

Mäter → *Maître.*

Materie f. ›Eiter‹ allg. – Lautf. und Bildungsvarianten: neben *Materie* auch *Materije* mmärk., nlaus.; *Materinge, Matieringe* mmärk.; daraus vereinz. *Matiering, Matierich, Materich,* gelegentlich als m.

Mattscheibe f. 1 ›geistige Beschränktheit‹ *du hast ja 'ne Mattscheibe* Berlin und umg. 2 ›Fernsehröhre‹ Berlin.

Matz m., Kurzform der Namen *Matthäus, Matthias.* 1 ›kleines Wesen‹ Berlin; ›Kind‹ Berlin, Nlaus.; verbr. Lockruf für Lämmer, gelegentlich auch für Schafe und Ziegen. 2 ›unbedeutender, untauglicher, dummer Mensch‹ vorw. berl.

Matzbläke f. 1 ›Schmutzfink› *eine kleine Matzbläke kniete auf der Erde* Frankfurt. 2 ›Trottel‹ Berlin.

mauern Vb. ›kein Spiel wagen, übervorsichtig spielen‹ beim Skat, Berlin und umg. – Etym. zu jidd. *mora* ›Furcht‹.

¹Mauke f., in spezieller Bedeutung *Mauke(n)* m. (s. 4). 1 ›nässendes Ekzem in der Fesselbeuge beim Pferd‹ allg.

2 ›Gicht‹ Berlin; *Mauke in de Beene* ›Fußgicht‹ ebd. **3** *Mauken* ›Füße‹ allg.; oft abwert.: *mine olle Mauke dutt mei hüde so weih* Teltow. **4** ›unförmiger oder ausgetretener Schuh‹ allg.; in Anlehnung an *Schuh* m. gelegentlich *der Mauke, der Mauken.* – Etym. wohl zu mhd. *müche* ›Lahmheit verursachende Fußkrankheit der Pferde‹.

²**Mauke** f., in der Verbdg. *keene Mauke haben* ›keine Lust haben‹ Berlin, Nlaus.; ›mißgelaunt, unlustig sein‹ Berlin. – Vielleicht umgedeutet aus md. *Mage* ›Lust, Absicht‹; ›Mut, Kraft‹.

³**Mauke** f. ›Ort zum Aufbewahren des Obstes‹ vor allem im Bettstroh, um Luckau. – Etym. zu mhd. *müchen* ›verstecken‹. → *Mautschche.*

⁴**Mauke** f. ›Mehlbrei‹ veralt. östl. Nlaus. – Entlehnt aus sorb. *muka* ›Mehl‹.

Mäuse Pl. ›Geld‹ Berlin. – Umgedeuteter Pl. zu → *Moos* in Anlehnung an *Maus.*

Mautschche f., wie ³*Mauke,* um Finsterwalde.

Mecksel n., m. **1** *Maixel* ›Zutaten, Gewürze zum Verfeinern der Speisen‹ veralt. östl. Nlaus. **2** *Mecksel* ›gebratenes Stück Speck als Speisebeigabe‹ Nlaus. **3** *Mecksel* ›Wurstfüllung‹ vereinz. östl. Mmark. – Abl. zu *machen.*

Meddewetk(e) m. (f.) ›Maulwurfsgrille‹ Nlaus. – Lautf. und Genusvarianten: *Meddewetk,*

Medwetk m.; *Meddewetke, Medewitke, Mennewetke* f. – Entlehnt aus nsorb. *mjadwjedk* ›Maulwurfsgrille‹.

melanklöterig Adj. ›trübsinnig, melancholisch‹ Berlin.

Mele f. ›flaches, rundes oder ovales Holzgefäß‹, häufig als Backtrog verwendet, vorw. Teltow, Lebus, sonst vereinz. mmärk., nlaus. – Etym. zu mnd. *mēle* ›längliches Gefäß, Trog, Mulde‹.

Menkenke f. **1** ›Gewese, Ausflüchte‹ *mach keene Menkenke* Berlin; daneben *Menkenke machen* ›jmdm. etwas vormachen‹, auch in betrügerischer Absicht, Berlin, Nlaus. **2** ›Unsinn, Dummheit‹ *det is doch allet Menkenke* Berlin; *Minkinke, Menkinke* um Finsterwalde. – Herkunft unsicher; vielleicht zu *mengen.*

meschánt Adj. **1** ›boshaft, niederträchtig‹ Berlin, Nlaus., Prign.; *de Minsch is so meschant* Prign. **2** ›unwohl‹ Uckerm.; *marschant* ›eklig‹ ebd. **3** ›schlecht‹ *meschantes Wetter* Nlaus. **4** *marschant* ›nachlässig, liederlich‹ Uckerm. – Fremdwort aus frz. *méchant* ›schlecht, böse, boshaft‹.

Meschaue f. ›hölzerner Rührlöffel‹ Nlaus. – Entlehnt aus nsorb. *měšawa* ›großer, hölzerner Rührlöffel‹.

meschugge Adj. **1** ›verrückt‹ Berlin und umg.; selten attr. *eine meschugge Idee* Berlin. **2** ›schwach‹ Guben; *maschuck* ›ermattet, erschöpft‹ veralt.

nordmärk. – Etym. zu jidd. *me-schuggo* ›verrückt‹.

¹Micke f. 1 ›gabelförmiger Zweig, Astgabel‹ verbr. mmärk., Ruppin, verstr. Uckerm., westl. Nlaus. 2 ›waagerechtes Lattengestell zum Trocknen des Heus‹ Lebus. 3 ›beidseitig angespitzter Pflock, der im Kinderspiel mit einem Schlagstock weggeschlagen wurde‹ östl. Nlaus. – Ndl. Siedlerwort zu mndl. *micke* ›gabelförmiges Eisenteil‹.

² Micke f. ›kleines, semmelartiges Brot aus feinem Roggen- oder Weizenmehl‹, auch ›Brotportion, Teil einer Semmel‹ veralt. nordmärk., Teltow. – Ndl. Siedlerwort zu mndl. *micke* in ähnlichen Bedeutungen.

Miene → *Mus.*

Miere f. ›Ameise‹, vor allem für die kleine Gartenameise, weniger häufig für die Waldameise; oft in der Zus. *Pißmiere* Mmark, Ruppin, Uckerm., Nlaus. – Ndl. Siedlerwort.

mierig Adj. 1 ›erbärmlich, niederträchtig‹ verstr. mmärk., östl. Nlaus.; speziell ›geizig‹ Berlin; *det is son ollen mierijen Kerl* Teltow; *mierig machen* ›schlechtmachen, herabsetzen‹ verstr. 2 ›schwach, kränklich‹ nordmärk., Lebus, vereinz. östl. Nlaus. 3 ›ärmlich‹ Prign., Teltow, Berlin. – Ndl. Siedlerwort, vgl. ndl. *mierig* ›übel, schlimm, ärgerlich‹.

miesen, auch *mieseln* Vb. ›fein regnen‹ Prign., Zauche.

Miest, auch *Mist* m. ›Nebel‹ Prign. – Etym. zu mnd. *mist* ›Nebel‹.

miestig, auch *mistig* Adj. ›nebelig, naßkalt‹ nordmärk., verstr. mmärk. – Etym. zu mnd. *mistig* ›nebelig‹.

Mietschke f. ›Stechmücke‹ Fläming, südl. Zauche, südl. Teltow, westl. Nlaus. – Lautf.: *Mietschke, Mieschke, Mischka, Mietje.* – Entlehnt aus nsorb. *šmyca* ›Mücke‹ unter Einfluß von *muška* ›kleine Fliege‹.

Minna f. 1 *zur Minna machen* ›abkanzeln, herunterputzen, beschimpfen‹, sachbezogen ›demolieren‹ Berlin und umg. 2 *jrüne Minna* ›Gefangenentransportwagen‹ Berlin und umg. – Etym. vielleicht aus jidd. *meanne(s) sein* ›zwingen, notzüchtigen‹ umgedeutet.

Moch m., unter Einfluß von *Moos* auch n. 1 ›Moos‹ Nlaus., Teltow, Fläming, südl. Zauche; vereinz. *Much, Mech, Meech* Nlaus. 2 Bezeichnung für Strauchflechten, bes. ›Rentierflechte‹ Teltow, Nlaus. 3 ›Armleuchteralgen‹ sie wurden als Dünger benutzt, Teltow, angrenzende Nlaus. 4 ›Einstreu aus Moos, Heidekraut und Baumnadeln‹ um Finsterwalde. 5 ›Kehricht, Kleiderstaub‹ vereinz. Teltow, Nlaus. – Entlehnt aus nsorb. *moch, mech* ›Moos‹.

Moll m., vereinz. f. ›Maulwurf‹ mmärk., Beeskow-Storkow, Nlaus., seltener Ruppin, Uckerm; neben *Moll* verstr.

Mull und *Moll(e)* f. – Ndl. Siedlerwort zu mndl. *mol.*

Molle → *Mulde.*

(MOLLMAUS) Mollmuus f. ›Maulwurf‹ Uckerm., Ruppin. – Ndl. Herkunft, vgl. ndl. *molmuis* ›Spitzmaus‹.

(MOLLWURM) Mollworm m. ›Maulwurf‹ Uckerm., Prign. verstr. Ruppin.

Moltwurf m. ›Maulwurf‹ verstr. südl. und östl. Nlaus. – Lautf.: *Moltwurf, Molkwurf, Multwurf, Motwolf, Mutwolf, Motwurf, Mautwulf.* – Etym. zu mhd. *moltwerf.*

Moltwurm m. ›Maulwurf‹ verstr. südl. und östl. Nlaus. – Lautf.: *Moltwurm, Multwurm, Mutwurm.*

molum präd. Adj. ›betrunken‹ Berlin, Nlaus.; vereinz. mundartl. in der Uckerm. – Etym. zu jidd. *mole* ›voll, angefüllt‹.

Moos n. ›Geld‹ Berlin und umg. – Etym. zu jidd. *moo* ›Pfennig‹, *moos* Pl. ›Geld‹. → *Mäuse.*

Mösch m. 1 ›Abfall, Schmutz, Dreck‹ um Finsterwalde. 2 ›Monatsblutung der Frau‹ *ich hå mein Moosch* ebd.

möschen Vb. 1 ›unachtsam, unordentlich, verschwenderisch mit etwas umgehen‹ westl. Nlaus., Fläming. 2 ›langsam oder unordentlich arbeiten‹ west. Nlaus.

Mötsche f. 1 ›Kuh‹, oft als Kosename und Lockruf, vorw. Nlaus., vereinz. Barnim, Teltow, Fläming. 2 ›weibliches Kalb‹ Nlaus. – Lautf.: *Mootsche, Muutsche, Meeze;* in der Bedeutung 2

auch als Dim. *Muutschchen, Möötschchen, Meetschchen, Meezchen, Meetschel.*

Mötschekalb n. 1 ›weibliches Kalb‹ Nlaus. 2 *Mootschekalb, -kalf, -kälbchen* ›Marienkäfer‹ um Bclzig.

Mötschekuh f. 1 ›Kuh‹ westl. Nlaus.; *Mootschekue* Teltow; *Muutschekuh* Barnim. 2 *Muotsche-, Muutschekuh* ›Marienkäfer‹ um Belzig.

Motzen, Ort, der auf dem Teltow übel beleumdet war: *Motzen, dät jelobte Land / vörne Woater un hingene Sand / un inne Midde en bisken Knollenland.* Im Anschluß daran berl. *bist woll aus Motzen?*, d. h. aus Dummsdorf; *jmdn. nach Motzen schicken,* d. h. weit fortschicken; zeitlich *det dauert ja bis Motzen,* d. h. sehr lange; *der pennt bis Motzen.*

Muckefuck m. ›Ersatz-, Malzkaffee‹ Berlin. – Aus rheinisch *Muckenfuck* ›Holzmulm in faulenden Baumstümpfen; sehr dünner Kaffee‹.

Muckis Pl. 1 ›Oberarmmuskeln‹ Berlin. 2 ›Schläge mit der Faust auf den Oberarm‹ ebd.

múdike Adj. ›überreif und weich, edelfaul‹ von Obst, Teltow, südl. Barnim, Lebus, westl. Nlaus., Fläming, Zauche, verstr. Havelld., veralt. Berlin, Nlaus. – Lautf.: *mudike, mudik, mudig, muike, maudike;* seltener *mulig, murike, musike, musig.* – Ndl. Siedlerwort; urspr. zu einem Subst. mndl. *muedeke* ›Aufbewahrungsort für Obst‹.

¹**Muffe** f. 1 ›röhrenförmiger Handwärmer aus Pelz‹ allg.; Berliner Wendungen: *dir ha'm se woll mit de Muffe jeschmissen (jebufft, jepiekt)?* ›du bist nicht ganz normal‹. 2 *Müffchen* n. ›Pulswärmer‹ verstr.

²**Muffe** f. ›Hintern‹ berl. in der Wendung *dem jeht die Muffe* ›er hat Angst‹.

Muggel f. ›Kröte‹ Havelld., nördl. Zauche. – Ndl. Siedlerwort aus südndl. *mokkel* ›dickes, molliges Kind; dicke, behäbige Frau‹.

muke Adj. ›überreif, edelfaul‹ von Obst, Oderbr., südl. Barnim, Havelld.; *mauke* verstr. Nlaus. – Ndl. Siedlerwort.

MULDE Molle f. 1 ›flaches, rundes oder ovales Holzgefäß‹ meist aus einem Stück gehauen, wichtiges Transportgefäß für verschiedene Zwecke. Lautf. und Verbreitung: *Moll'* nordmärk.; *Molle* mmärk., Berlin und umg.; *Mulde* Nlaus., Beeskow-Storkow, verstr. Lebus; *Mule* Fläming, westl. Nlaus. 2 *Mulde* ›feuchte oder überflutete Senke im Gelände‹ verstr. 3 *Molle* berl. › (großes) Glas Bier‹, auch ›ein Glas Bier‹ *ne Molle zischen, stemmen, trinken, töten.* 4 *Molle* ›Bett‹ Berlin, Guben.

Mull → *Moll.*

Mummel f. 1 ›Seerose, Teichrose‹ mmärk., Ruppin, Uckerm.; vereinz. Prign., Nlaus.; oft unterschieden als *witte* und *gäle* (gelbe) *Mummel.* Mit slaw. Suffix *Mummelitzke*

verstr. mmärk., *Mummeliske* vereinz. Nlaus. 2 *Mümmel* ›Sumpfdotterblume‹ vereinz. Uckerm.

mundwerken Vb. ›tratschen‹ Prign.

munkeln Vb. 1 ›sich eintrüben, drohend beziehen‹ Berlin. 2 ›im geheimen reden, erzählen‹ Berlin und umg.

Muraue, *Mur(r)e* f. 1 ›Alpdruck verursachendes Nachtgespenst‹. Lautf. und Verbreitung: *Muraue, Murraue* Nlaus., Beeskow-Storkow; *Mure, Murre* Teltow, Fläming, westl. Nlaus. 2 *Morawa, Murraue, Murrauka* eine weibliche Gottheit, die um die Weihnachtszeit umgeht und faule Spinnerinnen bestraft, Nlaus.; auch als Kinderschreck und Feldgeist, um Lübben. 3 *Mur(r)aue* ›dunkle Gewitterwolke‹ vereinz. Nlaus. – Entlehnt aus nsorb. *mórawa, móra* ›Alp‹.

Murr m., *Murre* f. 1 ›Mark, Kraft‹ *de het Murr in de Knåken* Uckerm.; *die hudde Murre* Fläming; *Murre in de Knochen* Berlin. 2 *Murr* ›Mut. Beherztheit‹ Berlin. – Vielleicht zu jidd. *moro* ›stark, männlich‹.

Murre → *Muraue.*

Mus, in der Wendung *det is Mus wie Miene* ›es ist eins wie das andere‹ Berlin. – *Mus* ist ›Maus‹, *Miene* vielleicht eine Nebenform zu *Muhme.*

Musspritze f. ›Regenschirm‹ Berlin.

Mutz m. ›kurze, gerade Tabakspfeife‹ verstr.

N

NACH **noa** Präp., Adv.; außer
in litspr. Bedeutung als Präp.
auch ›in‹ *ik gå nå 'n Goorden*
Prign.; ›zu‹ *jeh nach 'n Dokter*
Berlin; *Mudder is noa Huse*
Fläming. Als Adv. ›danach‹ *der
hät mei nich noa jefråt* Teltow; *er
hängt sich nach uff* ›er begehrt es
heftig‹ Berlin. – Lautf.: *noa*
mmärk.; *nå* nordmärk.; *nåch,*
vereinz. *nooch* Nlaus.; *nach* Berlin, Nlaus.

nächten Adv. ›gestern abend‹
verstr. Nlaus.; auch *nächten
abend.* – Etym. zu mhd. *nehten*
›gestern abend‹.

nachtens Adv. ›nachts‹ mmärk.,
Uckerm., Berlin; *nachtens hebben
se up 'n Balkon säten* Uckerm.;
mit Artikel *dsch nachtens* ›des
Nachts‹ Fläming; daraus
schnachtens ebd.

Nackatz m. ›nackter Mensch‹
östl. und südl. Nlaus. – Das
Suffix entstammt dem
Slaw.

Nähde f. ›Nähe‹ verstr. mmärk.;
sei süllen in de Nähde bliewen
Teltow; *Näächde, Näächd'*
Prign. – Etym. zu mnd. *negede*
›Nähe‹.

Napfkuchen m., außer in litspr.
Bedeutung auch ›Kopf‹ *ick stoß
dir vor 'n Nappkuchen* Berlin;
›dummer, energieloser
Mensch‹ *is det 'n Nappkuchen
von Mann* ebd.; *een jeriebener*

Nappkuchen ›ein durchtriebener
Mensch‹ ebd.

NAPF- **Nappsülze** f. ›dummer,
einfältiger Mensch‹ Berlin und
umg.; als vertrauliche Anrede
na, du olle Nappsülze.

Nase f. 1 Riechorgan des Menschen; *Nese sinn* ›das Nach-
sehen haben‹ Berlin. Lautf.: zu
mhd. *nase* gehören *Noase, Nåse*
Nlaus., verstr. mmärk.; mnd.
nese entsprechen *Neäse, Näse*
mmärk.; *Näs'* nordmärk.; *Nese*
Berlin und umg. 2 Leicht
tadelnde Personenbezeichnung
bei ungeschicktem oder un-
überlegtem Verhalten: *du bist
vielleicht 'ne Nase!* Berlin u. ö.
umg.

NASS **natt** Adj. 1 Wie litspr. 2 *for
(per) naß* ›umsonst‹ Berlin; auch
mundartl. *he süüpt am leewsten
för natt* Uckerm. – Lautf. *naß*
Berlin, Nlaus.; *noß* veralt.
Nlaus.; *natt* nord- und mmärk. –
In der Bedeutung 2 aus jidd.
noss(n)en ›beschenken‹ umgedeutet.

nätschen Vb. 1 ›aus Ungezogen-
heit oder Ärger weinen‹ Berlin,
Nlaus. 2 ›die Kindersprache
plappernd nachahmen,
undeutlich sprechen, langatmig daherreden‹ vereinz.
Nlaus.

NEIGE **Neeje** f., auch *Neejen* m.
1 ›Restmenge‹; als Dim. *dät*

letzte Neiken Heu Teltow; vor
allem ›Rest einer Flüssigkeit‹
allg.; verbr. ›Bierrest‹ *mach
eener den Neejen utdrinken?* Prign.
2 ›Menge, Anzahl‹ Nlaus.; *'ne
Nehe Geld; een Neechen* ›eine
kleine Menge, ein bißchen‹. –
Lautf. und Bildungsvarianten:
Neeje f. mmärk., berl., verstr.
Nlaus.; *Neege* vorw. östl. Nlaus.;
Nee(h)e Zauche, Fläming,
Nlaus., verstr. Lebus; *Neie* Teltow, Lebus; *Neejen* m. verstr.
nordmärk.; als Dim. *Neechen* n.
Nlaus.; *Neegchen* östl. Nlaus.;
Neiken Teltow; *Neeken* Lebus,
vereinz. Teltow, Fläming.
neulich Adv. **1** ›vor kurzem‹ *der
Schular is arscht neilich inne
Schule jejehn* östl. Nlaus.
2 ›neugierig‹ Prign., Uckerm.
3 ›naschhaft, nach gutem Essen
oder Futter verlangend‹ Prign.,
Uckerm., Fläming, vereinz.
angrenzende Nlaus. – Lautf.:
neilich Nlaus., Prign.; *nielich,
nieglich* Uckerm.; *nägelich*
Fläming; *nälich* angrenzende
Nlaus.
Nille f. **1** ›männliches Glied‹
Berlin und vorw. mmärk.,
nlaus. **2** Schimpfw.: *feije Nille*
Berlin; *des is 'ne Nille* östl.
Nlaus.
Nischel m. **1** ›Kopf des Menschen‹ Berlin, mmärk., nlaus.
2 ›Nase, Mund‹ als Gesichts-
partie, verstr. – Lautf.: *Nischel,
Nüschel, Nuschel* (auch mit sth.
-sch-).
Nölle(r) m. ›ganz junges Kalb‹
verbr. nordmärk., verstr. Lebus;

als Lockruf: *Nöller, Nöller kumm*
Uckerm.; *Nölleken* n. Teltow,
Oderbr.; *Nelleken* Oderbr., östl.
Mmark; *Nölling* vereinz.
Prign.
nömen → *nümen.*
Nößel n. ›kleines Hohlmaß für
Flüssigkeiten‹ veralt. Nlaus.;
Nesel ›⅛ Liter‹ südwest. Nlaus.;
nd. *Özel* Teltow; *Ezel, Äzel* ›Halb-
liter- oder Litermaß‹ vereinz.
Havelld. – Etym. sind als Flüs-
sigkeitsmaße zu vergleichen das
Dim. mhd. *nözzelîn* und mnd.
nössel, ösel, össel.
Nuckelpinne f. ›kleines Auto
oder Motorrad, Moped‹ Berlin
und umg.
¹Nudel f. **1** ›von Hand geformte
längliche Teigmasse‹, als Nahrungsmittel oder zum Stopfen
von Gänsen. **2** Berl. ›Person,
Mensch‹ *is det 'ne ulkige Nudel.*
3 In fester Wendung *jmdn. uff
de Nudel schieben* ›jmdn. foppen,
veralbern oder hinhalten‹
Berlin.
²Nudel f. ›Kartoffel‹, als Pflanze
und Frucht, Uckerm., Barnim,
Lebus, verstr. Ruppin. – Herkunft unklar; mit ¹*Nudel* nicht
verwandt.
Nulpe f. ›Nichtskönner, Versager‹
Berlin.
nümen Vb. ›nennen‹. – Lautf.
und Verbreitung: *nüemen,
nümen* mmärk.; *niemen* östl.
Mmark, Fläming, östl. Nlaus.;
nömen nordmärk.; *näumen* nordwestl. Prign., nördl. Uckerm. –
Etym. zu mnd. *nömen* ›benennen‹.

Nuppel m. ›Gummisauger für das Kleinkind‹ Nlaus., verstr. Fläming, Lebus.

Nusche (mit kurzem *-u-*) f. 1 ›Nase‹ Berlin. 2 ›Mund, Fresse‹ ebd.; *krist eens in die Nusche.*

Nüsche f. ›altes, stumpfes Messer‹ Nlaus. – Etym. zu slaw. *nož* ›Messer‹.

nuttig Adj. 1 ›klein, zierlich, unscheinbar‹ Berlin, Teltow, östl. Mmark. 2 ›unbedeutend, gering, minderwertig‹ Berlin.

O

ob Konj. wie litspr.; berl. als nachdrückliche Bejahung oder Zustimmung: *na ob!, und ob!, na und ob!.*

oben Adv. 1 Wie litspr. 2 ›nach oben, herauf‹ *ick jeh oben, komm oben* Berlin und umg. 3 ›darauf‹ *ich hatte keine Butter oben* Guben.

obstinat(isch) Adj. 1 ›aufsässig, widerspenstig‹ Berlin und mundartl. 2 ›eingebildet, hochnäsig‹ Prign. – Lautf.: *obstinat,* meist *obsternaatsch, upsternaatsch, upstranåtsch.* – Etym. aus lat. *obstinatus* ›beharrlich, hartnäckig‹.

OCHSIG ossig Adj. 1 Veralt. ›brünstig‹, von der Kuh, mmärk., vereinz. nordmärk., nlaus. 2 ›groß, stark, ungehobelt, grob‹, auch ›dumm‹ ebd. 3 Verstärkend ›sehr, heftig‹ ebd. – Lautf.: *ossig* nord- und mmärk.; *ochsig* nlaus.

ock Adv. ›nur, bloß, doch‹ südl. und östl. Nlaus.; *sich ock, kumm ock mit*; veralt. *ocker.* – Etym. zu

mhd. *ok*; verkürzt aus *ockert* zu mhd. *eht, oht* ›bloß, nur‹.

ocke, nur in der Verbdg. *ocke sein* ›aus, vorbei, am Ende sein‹ *nu is et ocke* Berlin.

öckern Vb. ›nörgeln, herumzanken‹ Prign., Uckerm.

oft Adv. wie litspr.; auch attr.: *du met din oftet Quengeln* Teltow; *der ofte Wechsel* Berlin.

Ökelnåme m. ›Bei-, Neck-, Spitzname‹ vorw. Prign., Uckerm., vereinz. Havelld. – Etym. zu mnd. *ōkelname* zu mnd. *ōken,* asächs. *ōkian* ›vermehren‹.

Oken Pl. ›Raum zwischen Dachschräge und Dachboden‹. – Lautf. und Verbreitung: *Oken* nordmärk.; *Auken* nordwestl. Prign.; *Uoken, Ueken* Barnim, Oderbr. – Etym. zu got. *aukan* ›(ver-)mehren, vergrößern‹. → *Abseite, Wiest(e).*

Oktoberfuchs m., nur in Wendungen *er freut sich (jrient) wie 'n Oktoberfuchs* ›er freut sich sichtlich, lächelt verschlagen‹ Berlin; auch mundartl. *gniest as 'n*

Oktoberfoß Uckerm. → *Pfingst-fuchs.*

Omme f. 1 ›Kopf‹ Berlin und umg. 2 ›Fußball‹ Berlin.

ōrschen Vb. 1 ›durcheinanderbringen, vergeuden‹ Nlaus.; *oorten* ›glattes Stroh durcheinanderbringen‹ Teltow. 2 ›Getreidereste nachharken‹ Nlaus. – Lautf.: neben nd. *oorten,* in der Nlaus. *oorschen, uurschen, huurschen.* – Etym. zu mhd. *ūreʒʒen* ›verprassen‹, mnd. *orten* ›vom Futter etwas übrig lassen‹.

Oskar in der Wendung *frech wie Oskar* ›sehr frech, unverschämt‹ Berlin. – Aus jidd. *ossoker* ›Frecher‹ zu jidd. *ossok* ›frech‹ umgedeutet.

OSTERWASSER Osterwoater n., Wasser, das in der Osternacht aus einem fließenden Gewässer geschöpft wurde und schweigend nach Hause getragen werden mußte; es half gegen Krankheiten und anderes Übel, wie das Behexen (allg.). – Lautf.: *Osterwasser* Nlaus.; *Osterwoater* mmärk.; *Osterwåter* nordmärk.

Otto 1 Als Personenbezeichnung berl. *doller Otto* ›Draufgänger‹; *ruhiger Otto* ›phlegmatischer Mensch‹; *'n dicken Otto markieren* ›angeben‹. 2 *schrejer Otto* ›vom Normalen oder Herkömmlichen abweichende Person oder Sache‹ Berlin. 3 *flotter Otto* ›Durchfall‹ Berlin und umg. 4 *Otto Bellmann heeßen* ›sehr gut sein‹ Berlin.

Özel → *Nößel.*

P

Paar n., wie litspr.; *ein Paar sein* ›aneinandergeraten, sich streiten‹ *da war'n wa wieda mal een Paar* Berlin.

Pachulke → *Bachulke.*

Padde f., urspr. ›Kröte‹ verstr.; verbr. ›Frosch‹ Mmark, Nlaus., Ruppin, Uckerm. – Ndl. Siedlerwort zu mndl. *padde* ›Kröte‹.

Päde f. ›Quecke‹, ein hartnäckiges Acker- und Gartenunkraut, allg. – Lautf.: *Päde* mmärk., nlaus.; *Peäde* mmärk.; *Päd'* Ruppin, Uckerm., verstr. Prign.; *Päje, Peje* Havelld., daraus *Päj'* Ruppin, Uckerm. – Ndl. Siedlerwort zu mndl. *pee,* Pl. *peen.*

pägen refl. Vb. ›sich heftig widersetzen, sträuben‹ Oderbr., Uckerm.; *he pägt sich vör de Arbeit.* – Etym. zu *Päde,* deren Wurzeln schwer auszurotten sind.

¹Påle f. ›Gerät zum Einschieben und Herausholen der Brote aus dem Backofen‹ Fläming. –

Etym. zu gleichbedeutendem
mndl. *pale* aus lat. *pala* ›Spaten‹.
²Påle f. ›Fruchthülse der Erbse‹,
gelegentlich auch der Bohne. –
Lautf.: *Pål'* nordmärk.; *Poale*
mmärk. – Etym. zu mnd. *pale*
›Schote‹.
pålen Vb. ›Erbsen, Bohnen enthülsen‹. – Lautf. und Verbreitung: *pålen* nordmärk.; *poalen*
mmärk.; *palen* berl.
pälen → *pfählen.*
paletti präd. Adj. ›erledigt, in
Ordnung‹ *allet palletti* Berlin;
da is noch nix paletti ebd. – Herkunft unklar.
Pamme f., meist ›bestrichene
oder belegte Brotscheibe oder
zwei zusammengeklappte Brot-
scheiben‹; gelegentlich auch
für die trockene Brotscheibe:
träe (›trockene‹) oder *jeschmärte
Pamme* Fläming; verbr. vorw.
westl. Nlaus. und angrenzende
Mmark. – Lautf.: *Pamme, Pemme,
Bamme, Bemme.* – Das Wort
kommt aus dem Osächs.; seine
Herkunft ist umstritten; aus
lautlichen Gründen nicht aus
slaw. *pomazka* ›beschmierte
Brotschnitte‹; erwogen werden
Herleitungen aus ndl. *boterham*
›Butterschnitte‹ oder aus dt.-
mundartl. *bammen, pampen*
›essen‹.
Pamps m. ›dicker Brei‹ allg.; oft
abwert. von mißratenem Essen:
den alden Pamps iß nur alleine
Potsdam.
Panak → *Paunik.*
Pansch m. ›Wanst, Schmer-
bauch‹ Berlin, Nlaus., Teltow,

östl. Mmark; *du häs dei 'n reenen
Pansch jefreäten* Teltow. – Etym.
zu frz. *panse* ›Leib‹.
Panster m. ›klebriger, fettiger
Schmutzfleck oder Schmutz-
streifen‹ vorw. auf der
Kleidung, Berlin, östl. Mmark,
Uckerm., Nlaus.
Pape → *Parpe.*
Pappe f. **1** Veralt. ›Kinderbrei‹
auch *Pappchen* Berlin. **2** ›dickes,
steifes Papier‹; in fester Wendung *nich von Pappe sein* ›nicht
zu unterschätzen, schwer zu be-
wältigen sein‹ umg. **3** ›Führer-
schein‹ Berlin. **4** PKW Trabant,
nach der Duroplastkarosserie,
auch *Rennpappe* Berlin und umg.
pappen Vb. **1** ›essen‹, vorw. kinderspr. **2** ›ankleben‹ Berlin.
3 ›haften, festsitzen‹ ebd.
4 ›klumpen‹ *Schnee pappt*
Berlin.
Paprosch m. ›Farn‹ Nlaus., angrenzender Fläming. – Lautf.:
neben *Paprosch* in zahlreichen
Varianten wie *Papruschk, Pap-
persch, Paprensch, Papusch,
Päpisch, Papparasch* u. a. – Entlehnt aus nsorb. *paproš* ›Farn-
kraut‹.
Par m. ›feuchter Schmutz, Modder‹ Teltow, Fläming. – Etym.
zu nsorb. *para* f. ›Straßenschmutz‹; das Genus im Dt. vielleicht unter Einfluß von *Dreck,
Modder* m.
paren Vb. ›im Modder, Schmutz
herummanschen‹ Nlaus., Teltow. – Zum Vor.
parig Adj. **1** ›klebrig, modderig,
schmierig‹ Teltow, Fläming, an-

grenzende Zauche und Nlaus.;
dat is 'n poarijer Wech Fläming.
2 ›schleimig, glitschig‹ Teltow,
Fläming.
Pariser m. **1** ›Filzpantoffel, Haus-
schuh aus Filz‹ Berlin; *wue häs
'n dine Pariser?* Teltow; veralt.
berl. *Paurieschen*. **2** ›Tanzfläche‹
Berlin; *die dreh'n 'ne kesse Sohle
uff dem Parieser*. – Etym. zu zig.
peras, pauriss ›Fuß‹.
Parpe Pape, f. **1** ›kleine Flöte
oder Pfeife aus Weidenrinde‹,
urspr. nur für das Mundstück,
mmärk., nlaus., Berlin.
2 Übertr. ›Nase‹ vorw. Nlaus.;
›Mund‹ *holle die Parpe* Fläming;
›Gurgel, Kehle‹, speziell ›Luftröhre der Gans‹; ›Nasen-
schleim‹ Nlaus.
pärschen Vb. ›sich wichtig machen, angeben‹ Nlaus. – Entlehnt aus nsorb. *pjeršyś, pjeršaś*
›sich brüsten, prahlen‹.
Pärschke f. ›Barsch‹ Nlaus. –
Lautf.: neben *Pärschke* auch
*Pörschke, Pirschke, Pärschk,
Piertschk*; unter Einfluß von dt.
Barsch außerdem *Bärschke,
Bieschke*. – Rückentlehnt aus
nsorb. *pjeršk*.
Partemang → *Appartement.*
parterre Adv., wie litspr.; berl.
übertr. *parterre sinn* ›am Ende
sein‹ seelisch, körperlich oder
auch wirtschaftlich.
Päserik m. **1** ›Zeugungsglied‹,
vor allem des Bullen, aber auch
des Ebers und Schafbocks, Rup-
pin, Uckerm., Mmark; verstr.
Prign., Nlaus.; *der Päserich, der
Päserich, mockt de ganze Koh ver-*

rückt Ruppin; bezogen auf den
menschlichen Penis: *de Olle mit
den Peserik, de möckt dat janze
Wief verrückt* Barnim. **2** ›Knute,
Ochsenziemer‹ verstr. mund-
artl., Berlin. – Lautf.: *Päserik,
Peserik, Päserich, Peserich.* – Ndl.
Siedlerwort zu mndl. *peseric*
›Zeugungsglied einiger Tiere‹.
Pätzanke f. ›ein Stück Backobst‹,
auch ›Backbirne, Backpflaume‹
Nlaus. – Lautf.: *Pätzanke,
Pjatzenka, Pätzinka, Pätzika,
Platzinka, Platzenker* u. a. – Ent-
lehnt aus nsorb. *pjaconka,
pjacenka* ›Backbirne, gedörrte
Apfelscheibe‹.
Patzke f. ›Kürbiskern‹, auch
›Kirsch-, Pflaumenkern‹
Nlaus. – Lautf.: *Patzke, Petzke.* –
Entlehnt aus nsorb. *packa, pecka*
›harter Fruchtkern‹.
Paunik m. ›Wasserloch im Eis‹
Nlaus. – Lautf.: *Paunik, Panak.* –
Entlehnt aus nsorb. *plawnik,
panik* ›aufgehaue Stelle im
Eis‹.
Pax f. ›Stelle, wo der Spieler beim
Greif- oder Versteckspiel nicht
mehr angeschlagen werden
darf‹ verstr. im ges. Gebiet. – In
zahlreichen Lautf.: *Pax, Papax,
Pix, Pack, Pick.* – Etym. zu lat.
pax ›Frieden‹.
pechös Adj. ›unglücklich, miß-
lich‹ Berlin.
pedden Vb., nord- und mmärk.
1 ›auf, in etwas treten‹; redensartl.: *lütt Kinner pedden de
Mudder up d' Schött* (Schürze)
un de groten up 't Hert Prign.; *is
nich allens Botter, wat de Koh gift,*

sä (sagte) *de Buur, da harr he in
Kohschiet pedd't* ebd. **2** ›stamp-
fen‹ *met den Foot den Takt pedden*
Prign. **3** ›tretend begatten‹ *de
Erpel pedd't de Änt'* Prign. **4** ›hin
und her treten‹ *van een Been up
't änner pedden* Prign. u. ö. –
Lautf.: *pedden, perren.* – Etym. zu
mnd. *pedden* ›treten‹.

Peddik m., n. **1** ›Mark der Bäume
und Sträucher‹, bes. des
Holunders, nordmärk. **2** ›Kno-
chenmark‹ Prign., Uckerm.
3 ›Eiterpfropf‹ verstr. nordmärk. – Lautf.: neben *Peddik*
auch *Perrek, Perk* Prign., Ruppin;
Pöttk Uckerm. – Etym. zu mnd.
peddik ›Mark von Sträuchern
und Bäumen‹.

Pelle f. **1** ›abziehbare Schale oder
dünne Haut von Früchten oder
tierischen Erzeugnissen wie
Wurst‹, auch ›Haut auf abge-
kochter Milch‹ allg. **2** ›Haut von
Lebewesen‹, z. B. von Hühnern;
zieh dir wat uf de Pelle
Berlin. **3** ›Oberbekleidung‹;
Warnung vor Garderobendieb-
stahl: *achte selbst uff deine Pelle /
überall jibt's Unreelle* Berlin. –
Ndl. Siedlerwort zu mndl. *pelle*
›Haut‹.

pellen Vb. **1** ›eine dünne Schale
oder Haut ablösen‹; auch *Bohnen pellen*, d. h. enthülsen; *Pflaumen pellen*, d. h. entsteinen, östl.
Nlaus. **2** *eene pellen* ›eine Ohrfeige verabreichen‹ Berlin,
Cottbus. – Zum Vor.

Pelz m. **1** ›dicht behaartes Tier-
fell‹ allg. **2** ›Kleidungsstück aus
behaartem Fell‹ allg.; *der Bure*

*noa de olle Oart / droat sin' Pelz
bes Himmelfoahrt / un dut em
denn der Buuk noch weih / sou
droat e 'n denn bes Barthelmei*
(24. 8.) Fläming u. ö.; Wendungen: *uf den Pelz steigen, den Pelz
waschen, den Pelz besehen* ›verprügeln‹ Nlaus.; anders *den Pelz
waschen* ›zur Verantwortung
ziehen, zurechtweisen‹ Berlin,
Nlaus. **3** Verstr. ›Haut auf der
gekochten Milch‹. **4** ›Schmalz-
gebäck wie Schürzkuchen oder
Pfannkuchen‹, beliebt zu
Silvester und zur Fastnacht,
Uckerm.

pelzen Vb. **1** ›etwas abziehen, was
schwer abgeht‹ Teltow. **2** ›schlagen, prügeln‹ Nlaus.; *se pelzen
sich* Uckerm. **3** ›Zähes essen‹
Teltow. **4** ›sich plagen‹ östl.
Mmark.

Pemme → *Pamme.*

Penk m. ›Baumstumpf‹ vereinz.
Nlaus.; *Pönke buddeln* ebd. – Entlehnt aus nsorb. *pjeńk* ›Baum-
stamm‹.

Penunse f. ›Geld‹ Berlin, mmärk.,
nlaus. – Lautf.: *Penunse,
Penunsche, Penuntsche,
Penungsche, Pinunse.* – Entlehnt
aus poln. *pieniądse* ›Geld‹.

perschen → *pärschen.*

Perschke → *Pärschke.*

Petze f. ›Hündin‹ verstr. mittlere
und westl. Nlaus., angrenzender Fläming. – Lautf.: *Petze,
Betze.*

PFÄHLEN **pälen** Vb. **1** *pœlen*,
auch *pålen* ›Pflöcke in die Erde
schlagen‹ vorw. zum An-
pflöcken des Weideviehs,

Prign., Uckerm. **2** *pälen, pelen*
›sich auf den Fußspitzen
hochrecken, nach etwas lan-
gen‹ östl. Mmark. **3** *pelen* ›sich
winden, wenden, anstrengen‹
veralt. Teltow.

¹PFARRE Parre f. **1** ›Pfarrstelle‹;
redensartl. *erst de Parre, denn de
Quarre* (›Kind‹) Barnim; ähnl.
öfter. **2** *Farre* ›Pfarrbezirk‹
Teltow. **3** ›Pfarrhaus‹; in fester
Wendung *uff de Farre gehen* ›zum
Konfirmandenunterricht ge-
hen‹ Nlaus.

²(PFARRE) Farre m., ›Pfarrer‹
Nlaus. – Lautf.: *Farre, Forre.*

(PFINGSTFUCHS) Pingstfoß m.,
nur in Wendungen: *neilich wie
so 'n Pingstfoß* ›sehr neugierig‹
Prign.; *du grienst (gniest) as en
Pingstfoß* Prign., Uckerm.
→ *Oktoberfuchs.*

Pflaumenpfingsten, berl. in der
Wendung *Flaumfingsten, wenn de
Äppel reif sind,* wenn man eine
bestimmte Zeitangabe vermei-
den will; *wia sehn uns Flaumfingsten,* d. h. nie.

PFÜHL Pöäl n. (m.) ›längliches
Kopfkissen für ein Doppel-
bett‹. – Lautf. und Verbreitung:
Pöäl Havelld.; *Pööle* (n.) Teltow;
Pœhl Prign.; *Päl, Peäl* östl.
Mmark.

Pichel m. (n.) **1** ›Eßlatz für Klein-
kinder‹ verstr.; *det Pichel* vereinz.
Prign. **2** ›Brustlatz der Schürze‹
Ruppin, Uckerm.,
Teltow.

picheln Vb. ›viel Alkohol trinken‹
allg.; *hest woll wedder orntlich een'
jepichelt?* Fläming.

picken Vb. ›einen Laut von sich
geben, etwas sagen‹ Nlaus.; *ich
picke nischt.* – Entlehnt aus
nsorb. *pikaś* ›einen Laut von
sich geben‹.

piechen Vb. ›keuchend atmen‹
Berlin, vereinz. östl. Mmark,
östl. Nlaus.

Piefke m., urspr. Personenname.
1 ›Dienstmann‹ veralt. berl.
2 ›Dummkopf, Einfaltspinsel‹
Berlin. **3** ›unbedeutender
Mensch‹ ebd. **4** ›kleiner Junge‹
ebd.

Piejatz m. ›Zigarre‹ Berlin.

piel Adj. **1** ›steil aufgerichtet, ker-
zengerade‹ Prign., Uckerm.,
Havelld. **2** ›geradewegs, direkt‹
piel in de Ogen kieken Uckerm. –
Etym. zu *Pfeil.*

pielen Vb. **1** ›etwas zwischen den
Fingern drehen‹ westl. Nlaus.
2 ›(sich) drehend ablösen‹ *die
Haut pielt sich,* nach einem Son-
nenbrand, ebd.; *die Strimpe
pielen so,* wenn sich Fusseln ablösen, ebd.

¹Piepen Pl. ›Markscheine,
-stücke; Geld‹ Berlin.

²Piepen Pl., in der Verbdg. *Piepen
un Lappen* ›süßsaures Gericht
aus Eingeweiden‹ Fläming. –
Das Wort stammt aus dem
Osächs.; etym. zu *Pfeifen* Pl.

Pier m. **Piere** f. ›Regenwurm‹
verstr. westl. Prign., östl. Havel-
ld.; vereinz. Uckerm. – Ndl.
Siedlerwort, vgl. ndl. *pier*
›Regenwurm‹, auch für andere
Wurmarten.

Pieraas (gesprochen *Pie-raas*) m.,
auch n., f. ›Regenwurm‹

Mmark, Uckerm., verstr. Prign., Nlaus. In zahlreichen Varianten: *Pieraas, Pieroas, Pierås, Pieraaz, Pieratz, Pierase* (f.), *Pieratze* (f.); urspr. Dim. sind *Pierœsel, Pieräsel, Pieresel.* – Das Wort ist eine Zus. aus → *Pier* und *Aas* ›Köder‹.

Pierlauke f., m. ›Regenwurm‹ Havelld., südwestl. Zauche.

Piermade f. ›Regenwurm‹. – Lautf. und Verbreitung: *Piermoade* nördl. Havelld., Barnim; *Piermåd* nordmärk.; umgedeutet *Biermade* verstr. Fläming.

Piesepampel m. 1 ›Dummkopf, Nichtskönner‹ Berlin. 2 Liebkosend zu einem Kind: *na, du Piesepampel* ebd.

pietschen Vb. ›trinken‹, vor allem ›Alkohol trinken, zechen‹ Berlin, Nlaus., Mmark.

Piez m., vereinz. *Piez̆e* f. ›Euterzitze‹, auch ›Brustwarze‹ Mmark, Nlaus.

piezen Vb. ›am Euter, an der Mutterbrust saugen‹ Nlaus., Fläming.

Pimperlinge Pl. ›Geld‹ Berlin und umg.

Pinke f. 1 ›Gemeinschaftskasse beim Kartenspiel für die verlorenen Beträge‹ Berlin und verstr. im Gebiet; *en Gröschen in de Pink'* Uckerm. 2 ›Geld‹ Berlin; auch *Pinkepinke* f. ebd.

Pinne f. ›Lüge‹ Berlin. – Zum Folg.

pinnen Vb. ›lügen‹, auch ›Unsinn reden‹ Berlin. Vielleicht verhüllende Nebenform zu *spinnen.*

Pinte f. ›Bierlokal‹ jünger berl.

pischpern Vb. ›flüstern, leise reden‹ Nlaus.; vereinz. *puschpern.*

plandern Vb. 1 ›mit Händen im Wasser herumpanschen‹ Nlaus. 2 ›Wasser vergießen‹ ebd. 3 ›regnen‹ ebd. – Lautf.: *plandern, pländern.*

Plansche f. ›Schößling, Trieb, Zweig‹, auch ›stärkerer Ast mit vielen Zweigen‹ Teltow; ›gabelförmiger Ast‹ vereinz. Zauche. – Ndl. Siedlerwort zu mndl. *plantsoen* ›Ableger, Steckling‹.

Plätsche f. ›flaches, schüsselförmiges, meist irdenes Gefäß‹ mmärk., nlaus.; auch ›(irdener) Topf‹ verstr. Barnim, Lebus, östl. Nlaus.; *eine Plätsche, das ist ein Steintopf ohne Schnibbe* Frankfurt.

Plätte f. ›Bügeleisen‹ allg.

Platz m. ›Kuchen aus Roggenmehl oder Brotteig‹ Nlaus. – Lautf.: *Platz, Plotz.*

Plaune f. ›Aufbewahrungsraum in der Scheune für Spreu‹, auch ›Raum im Dachwinkel der Scheune‹, ›Scheunenanbau für Häcksel und Spreu‹ um Calau, Cottbus. – Entlehnt aus nsorb. *plawńa* ›Spreukammer, Schuppen‹.

Plauze f. 1 ›Lunge, Brust‹ Nlaus., Berlin: *ich hå's off de Plauze,* bei Erkältung der Atemwege; *die Plauze will nich mehr,* bei Kurzatmigkeit. 2 ›Kaldaune‹ vereinz. Teltow, Zauche, Lebus. 3 ›(dicker) Bauch, Wanst‹ allg.; *de hät n' schön Plauz'* Uckerm.;

mee dut de Plauze weih Fläming.
4 Hierher vielleicht auch
›schlechtes Bett‹ veralt. Nlaus.;
Oderbr., Berlin. – Lautf.: meist
Plauze; mmärk. verstr. *Pluze*. –
Entlehnt aus westlaw. *płuca*
›Lunge‹.

¹Plempe f. ›minderwertiges Ge-
tränk, dünner Kaffee, dünne
Suppe‹ Berlin, Nlaus. und verstr. angrenzende Mmark.

²Plempe f. 1 ›Messerklinge‹ verstr. Nlaus., Mmark; ›altes,
stumpfes Messer‹ Nlaus., Beeskow-Storkow, östl. Mmark.
Lautf.: *Plempe, Plemme, Blemme,
Plimme, Blimme.* 2 *Plempe* ›Säbel‹
veralt. Berlin, Oderbr., Havelld.

pleng Adv. ›voll‹ in der Wendung
de Nese pleng ha'm Berlin. –
Etym. zu frz. *plein* ›voll, angefüllt‹.

Pleppisch m. ›Schmetterling‹ Fläming, angrenzende Nlaus.;
wießer Pleppisch ›Kohlweißling‹. – Lautf.: *Pleppisch, Fleppisch, Flippisch.*

Pliete f. 1 ›kleiner, wertloser
Fisch‹, bezogen auf Fische wie
Blei, Güster, Plötze u. dgl.
(allg.); meist als Sammelbe-
zeichnung im Pl. gebraucht:
*ik häw hüüt bloot een pår Plieten
angelt* Prign. 2 ›dünne Brotscheibe‹ Teltow; übertr. nach
der flachen Form. – Slaw. Herkunft, vgl. pomoł. *plita* ›Rot-
feder‹.

plietsch → *politisch.*

Plimme → *²Plempe.*

Plins m., *Plinse* f.; das Wort ist in
der Mmark und der Nlaus.

verbr., nordmärk. nur verstr.; in
der Mmark und der Nlaus. weithin in unterschiedlicher Bedeutung gebraucht. 1 ›Kartoffelpuf-
fer‹ (vorw. mmärk.): *jeff mi 'ne
Plinße* Teltow; *unse Mutter macht
zu Mittag Plinze* Potsdam. 2 ›Ei-
erkuchen aus Mehl, Milch und
Eiern‹ (vorw. nlaus.): *ut Jer-
schtenmäehl kann man schöene
Plinze backen* Fläming; *heedsche
Plinse* ›Eierkuchen aus Buch-
weizenmehl‹ südwestl. Nlaus.;
beliebtes Silvestergebäck:
Plingze und Fanndkuchen östl.
Nlaus.; verbr. wurden in der
Nlaus. nach der Getreidemahd
Plinzen gebacken. – Lautf. und
Genusvarianten: *Plins, Plinz* m.;
Plinße, Plinse, Plinze f.; vereinz.
Plings m. östl. Nlaus., Lebus;
Plinsch Uckerm. – Entlehnt aus
dem Sorb., vgl. osorb. *blinc,
plinc* ›Plinse, Pfannengericht‹,
nsorb. *mlinc* ›dünner, flacher,
waffelähnlicher Kuchen‹.

plinsen Vb. ›weinen‹ allg. –
Lautf.: *plinsen,* seltener *plinßen,
plinzen.*

Plon m., ein Hausgeist wie der
→ *Koblik,* meist als Feuer-
erscheinung, südöstl. Nlaus. –
Entlehnt aus nsorb. *plon* ›Dra-
che‹.

plötrig Adj. ›kümmerlich, ärmlich, schäbig‹ Berlin; *plœtrig,
plätrig* Uckerm. – Wohl zu mnd.
plötern präd. Adj. ›armselig,
schlecht‹.

¹Plumpe f., Bezeichnung für die
weiße Seerose und die gelbe
Teichrose, verbr. Havelld.,

nördl. Barnim, Teltow, Zauche,
Fläming, Beeskow-Storkow; mit
Bedeutungsdifferenzierung
witte Plumpe ›Seerose‹ *jäle*
(gelbe) *Plumpe* ›Teichrose‹
Teltow. – Ndl. Siedlerwort zu
mndl. *aplompe* ›See-, Teichrose‹.

²Plumpe f. 1 ›Pumpe mit Pumpenständer, Kolben und
Schwengel‹, die den alten Ziehbrunnen seit dem 18. Jh. mehr
und mehr ablöste (allg.). 2 In
Berlin auch Bezeichnung für
den Stadtteil Gesundbrunnen:
*nach de Plumpe mußte mit de
S-Bahn fahren.*

(PLUNDERWURST) **Plunder-
worscht** f. ›aus Blut und Fett
hergestellte Wurst ohne Darm,
Grützwurst‹. – Lautf., Bildungsvarianten und Verbreitung:
Plunderworscht verstr. mmärk.;
Plunner-, Plünnerwo(r)st verstr.
nordmärk.; auch *Plundworscht*
verstr. Havelld., Zauche; *Plun-
wost* Prign. – Das Bestimmungswort gehört zu mnd. *plunde*
›schlechtes Zeug, Gerümpel;
Lappen, Fetzen‹.

Plutz m., in der Wendung *uff 'n
Plutz* ›plötzlich, unerwartet‹
Berlin; *dät hät mei so sehre up 'm
Plutz jekoamen* Teltow.

Pluze → *Plauze.*

Pogge f. 1 ›Frosch‹ westl. Prign.,
verstr. Ruppin, Uckerm.
2 ›Kröte‹ vorw. Havelld., Barnim, vereinz. Prign., Uckerm. –
Lautf.: *Poch* nordmärk.; *Pogge*
mmärk. – Etym. zu mnd. *pogge*
›Frosch‹.

Pōk(s) m., n. ›altes, schlechtes
Messer‹ vorw. nordmärk. –
Lautf.: *Pook* verbr. Prign., verstr.
Ruppin, Uckerm.; *Pooks* verbr.
Uckerm., verstr. Ruppin,
Prign. – Etym. zu mnd. *pok(e)*
m. ›Dolch‹.

pœlen → *pfählen.*

POLITISCH **polietsch** Adj.
1 ›klug, gescheit, gewitzt, pfif-
fig‹ allg.; verkürzt *plietsch: he is
plietsch* Uckerm. 2 ›aufgeweckt,
munter, lebhaft‹ *der Kleene is
schon ganz polietsch* südwestl.
Nlaus.; ›gewandt‹ *dat is mal n'
polietsch Deern* Prign.; ›freund-
lich‹ *tue mei isse ümmer polietsch*
Teltow.

pomade Adj. 1 ›gemächlich, langsam‹ Berlin, Nlaus. 2 ›gleichgültig‹ *is mir pomade* Berlin. –
Lautf.: *pomade, pomale.* – Entlehnt aus slaw. *pomału* ›langsam‹.

pomadig Adj. 1 ›gemächlich,
langsam‹ Berlin. 2 ›gleichgültig‹ ebd. 3 ›langweilig‹ ebd. –
Zum Vor.

Portierzwiebel f. ›Haardutt‹ Berlin.

pœsern Vb. ›mit Feuer spielen,
kokeln‹. – Lautf. und Verbreitung: *pœsern* Havelld., Ruppin;
päsern, päasern, päesern Lebus;
pesern Beeskow-Storkow, östl.
Nlaus.

pœtern Vb. ›herumstochern‹. –
Lautf. und Verbreitung: *pœtern*
nordmärk.; *pötern* mmärk.,
berl.; *pöätern* veralt. mmärk.;
peätern, petern östl. Mmark. –
Ndl. Siedlerwort, vgl. ndl.

peuteren ›stochern, herum-stochern‹.

Potsdamer f. (n.) ›Mischgetränk aus Bier und Limonade‹ *'ne Potsdamer* mmärk., nlaus.; *am besten 'ne kühle Blonde oder 'n Potsdamer* Berlin.

Pottermang → *Appartement.*

Präch → *Aprelje.*

prampieren Vb. 1 ›ungeduldig, dringend fordern‹ Berlin, Prign., Fläming, östl. Mmark. 2 ›herumzanken, räsonieren‹ Berlin. – Lautf.: *prampieren, pramperen, wrampieren.* – Etym. zu mnd. *pramp̄eren* ›Lärm, Tumult machen‹.

Prangel m. ›dicker Stock, Knüppel‹ nordmärk., Havelld., nur verstr. mmärk., Berlin.

präpeln Vb. 1 ›essen‹ Teltow, Fläming; *prepeln* Berlin; ›genießerisch schmausen‹ Prign., südwestl. Nlaus. 2 ›mit Sorgfalt füttern‹, z. B. Jungvieh, Havelld., Berlin. 3 ›etwas Besonderes kochen› Teltow, Fläming. Dazu *Präpelei* f. ›gutes Essen‹ Guben.

Prempe f. ›schiefgezogener Mund, Flunsch‹ *'ne Prempe ziehen* Nlaus.; *der moakt inne Brimpe* Fläming. – Entlehnt aus nsorb. *prampa* ›dicker Mund, Lippe‹.

pricke Adv. ›deutlich, scharf, genau‹, meist in Verbdg. mit Verben des Hörens oder Sehens: *pricke kieken, hören* Teltow, Oderbr.; *prick* Prign., Uckerm. – Etym. zu mnd. *pricke* ›genau‹.

priechen Vb. ›keuchend atmen, keine Luft bekommen‹ Teltow, Zauche, Fläming, nördl. Nlaus.

Pritzel m., n. ›kleines Stück, Fetzen, Krümchen› Berlin, östl. Mmark, Uckerm.

prudeln Vb. ›schlecht, fehlerhaft arbeiten, pfuschen‹ vorw. Berlin, Teltow.

prumpsen Vb. ›hineinpressen, vollstopfen‹ Berlin, Lebus. – Lautf.: *prumpsen, prumsen.*

Puck(s) m., ein Hausgeist wie → *Koblik,* Uckerm., Ruppin. – Lautf.: *Puck, Pucks, Puuk, Puuks.*

Pujje f. 1 ›Kinderwiege‹ Nlaus., Beeskow-Storkow, Teltow, Fläming, Zauche. 2 ›Kinderschaukel‹ verstr. im gleichen Gebiet. – Das Wort ist wohl dt. Herkunft, vielleicht beeinflußt von nsorb. *pujka* ›Wiege‹, das seinerseits aus dem Dt. stammt.

Pūk(s) → *Puck(s).*

Pulle f. ›Flasche‹ vorw. mmärk., berl., verstr. Nlaus., Ruppin. – Aus mnd. *appulle,* das auf lat. *ampulla* zurückgeht.

Püngel Pungel, m., n. ›Bündel, nicht voll gefüllter Beutel oder Sack‹ allg. – Lautf.: *Pungel* vereinz. Prign., Nlaus.; *Püngel* Prign., mmärk.; *Pingel* Fläming, östl. Mmark, Nlaus. – Im Nord- und Mmärk. liegen mndl. *pong* ›Beutel, Geldsack‹ und mnd. *punge* ›Beutel, kleiner Sack‹ zugrunde. In der Nlaus. kann *Pingel* ein osächs.-schlesisches *Bingel* fortsetzen, das mit *Bündel* identisch ist.

purreien refl. Vb. 1 ›sich beeilen‹ Nlaus.; *purreit eich!* 2 ›sich hinbegeben‹ ebd. – Entlehnt aus

nsorb. *poraś (se)* ›sich in Bewegung setzen‹.
Puseratze f., in der Verbdg. *keene
Puseratze* ›kein bißchen‹ *keene
Puseratze Schnee* Berlin; bezogen
auf Geld: *ich hab keene Puseratze
mehr* ebd.
Puß m. ›Kuß‹ nord- und mmärk.,
berl., in die Nlaus. reichend.
pussen Vb. ›küssen‹ Uckerm., verstr. mmärk.
Pütten m., *Pütt(e)* m., f. ›Ziehbrunnen‹ nord- und mmärk.;
Redensarten: *iersch mutt dät
Kind versoapen sind, denn wärd
dä Pütte tudeckt* Zauche; *se lääw-
ten as d' Hand in 'n Pütten,* d.h.,
sie lebten gut, schöpften aus
dem vollen, Uckerm. – Lautf.:

Pütten m. nordmärk., Havelld.,
nördl. Barnim, nördl. Zauche;
Pütt m. verstr. nordmärk.; *Pütte*
m., f. südl. Havelld., südl. Barnim, Teltow; *Pitte* m., f. Lebus. –
Ndl. Siedlerwort zu mndl. *putte,
pitte* m., f. ›Brunnen‹.
Puttputt n. ›Geld‹ Berlin.
Pyramide f. ›Weihnachtspyra-
mide, bestehend aus einem
drehbaren, mit Tannenreisig,
Backwerk und Weihnachtsfigu-
ren geschmückten Holzgestell‹,
sie war bis Ende des vorigen Jh.
anstelle des Weihnachtsbaums
in Gebrauch, Nlaus., angrenzende Mmark, veralt. berl. –
Lautf.: *Perjamide, Peramide,
Permide, Permine.*

Q

Quack m., n. **1** ›gebrechliche
Person‹ *ollet Quack* Berlin;
›kleines Kind‹ *so 'n Quack*
ebd. **2** ›Unsinn redende Person‹ Uckerm., Berlin. **3** ›Unsinn‹ *ach Quack!* Berlin,
Uckerm.
quad Adj. **1** ›entzündet, schlimm,
schlecht‹ *ik hewwe inne koade
Stelle an de Hand* Fläming.
2 ›zornig, böse‹ Fläming; *quåde
Ogen* Uckerm. **3** ›klein, von
geringer Ausdehnung‹, meist
auf Kinder und Tiere bezogen,
doch auch mit Bezug auf Pflanzen und Gegenstände; vereinz.

zeitlich *n' quåde Stunn* Uckerm.
4 ›schwächlich, kränklich, kümmerlich‹ *die sieht so quoade ut*
Teltow. **5** ›unerheblich, unbedeutend‹ vorw. Uckerm. –
Lautf.: *quaad* Lebus, verstr.
Havelld., Nlaus.; *quåd* Uckerm.,
Nlaus.; *quoad(e)* mmärk.; in der
Bedeutung 1 mmärk. auch
koad. – Das Wort gehört in den
Bedeutungen 1 und 2 zu mnd.
quāt; die Bedeutungen 3–5
entstammen dem Mndl.
quaddeln Vb. ›töricht, dumm daherreden‹ Berlin, Mmark, vereinz. Prign.

Quakatz m. ›Frosch‹ verstr.
Nlaus. – Entlehnt aus nsorb.
kwakac ›quakendes, schnettern-
des Tier‹, bes. auf Frosch und
Ente bezogen.

Qualster m. ›Auswurf, Schleim‹
allg. – Etym. zu mnd. *qualster*
›zäher, dicker Schleim‹.

Quase f. ›durch Quetschung
oder Druck entstandene Haut-
blase‹. – Lautf. und Verbreitung: *Quoase* Barnim, Lebus,
sonst nur verstr. mmärk.; *Quås'*
Uckerm. – Nebenform zu
→ *Quese.*

Quebbe f. ›nasser Wiesen-
boden‹, auch ›durch Nässe
aufgeweichter Erdboden,
feuchter Straßenschmutz‹
nordmärk., östl. Mmark, Teltow. – Ndl. Siedlerwort, vgl.
ndl. *kweb* ›morastiger Wiesen-
grund‹.

Quehle → *Zwehle.*

quer Adv., wie litspr.; *quer kieken
(kucken)* ›schielen‹; veralt.
mundartl. *dwer* Prign.; *twär* Teltow, Zauche zu mnd. *dwer.*
→ *dwars.*

Quese f. ›durch Quetschung
oder Druck entstandene Haut-
blase‹, auch ›Schwiele‹. –
Lautf. und Verbreitung: *Quese*
Mmark, Berlin; *Quees* nordmärk.; seltener *Queäse, Quäse*
mmärk. – Etym. zu gleichbedeutend mnd. *quēse.* → *Quase.*

quienen Vb. ›kränkeln, hinsie-
chen‹ nord- und mmärk., veralt.
berl.; als Nebenform verstr. *quie-
men* jünger berl. und im nd.
Gebiet. – Etym. zu gleichbedeutend mnd. *quīnen.*

quurksen Vb. ›ein glucksendes
Geräusch von sich geben‹ *mir
quurkst der Bauch* Berlin; *Stiebeln
quurriksen,* wenn sie völlig
durchnäßt sind, Teltow.

R

Rabátz m. ›Unruhe, Lärm, Streit‹
in der Verbdg. *Rabatz machen*
Berlin; *de möckt so væl Rabatz*
Prign.

rachen Vb., nord- und mmärk.
1 ›kratzen, scharren‹. 2 ›Kartoffeln mit der Hacke aus dem
Boden holen‹ Teltow, Uckerm.
3 ›nach etwas greifen‹ *se racht nå
em* Uckerm. 4 ›raffen, hastig an
sich nehmen‹. 5 ›schuften‹

he müdd jo rachen Uckerm. –
Etym. zu mnd. *rachen,* Nebenform zu → *racken.*

racken Vb. 1 ›(sich) kratzen‹
westl. Prign. 2 ›Kartoffeln mit
der Hacke aus dem Boden holen‹ Prign. 3 ›raffen, hastig an
sich nehmen‹ Prign., Uckerm.
4 ›schuften‹ Prign., Uckerm.,
Havelld. – Etym. zu mnd. *racken*
›Unflat fortschaffen‹.

rackschen → *racksen.*

racksen Vb. 1 ›kratzen‹ Berlin,
Oderbr. 2 ›raffen, hastig an sich
nehmen‹ Prign., veralt. berl.
3 ›schuften‹, in dieser Bedeutung verbr. *rackschen.*

Rad n., wie litspr.; redensartl. *du
hast ja 'n Rad ab* ›du bist nicht
ganz normal‹ Berlin.

Raffke m. ›raffgieriger Mensch‹,
in Berlin nach 1918 aufgekom-
mene Bezeichnung für neu-
reiche Schieber.

Ranft m. ›Brotkanten‹ Nlaus.,
vereinz. Lebus, Barnim, Teltow;
vorw. als Dim.: *Ränftchen, Ränf-
chen, Rämtchen, Raaf(t)chen,
Ränftel.*

Rapeiken Pl. ›wertloses Zeug,
Plunder‹ *wem jehörn denn die
Rapeiken?* Berlin.

råren Vb. ›schreien, laut weinen‹,
vorw. von Kindern, nordmärk.;
redensartl. *he het Lachen un
Roren in een' Sack,* d. h. lacht
und weint in einem, Uckerm. –
Lautf. *råren, roren.* – Etym. zu
mnd. *rären* ›schreien, brüllen‹.

Räte f. ›Spalte, Ritze‹ Teltow,
Uckerm., Fläming; *lott de Döre 'n
bisken Räte,* d. h. einen Spalt offen, Fläming. – Etym. zu gleichbedeutend mnd. *rete.*

Ratte, auch *Ratze* f. ›Fehlwurf
beim Kegeln‹ Berlin u. ö. – Urspr. zu frz. *raté* ›das Versagen‹;
angelehnt an die Bezeichnung
für das Nagetier.

Ratze f. 1 ›Ratte‹ Berlin und
mmärk.; Vergleiche: *er schläft
wie 'ne Ratze* Frankfurt; *er
schnorkt wie 'ne Ratze* östl.

Mmark. 2 ›Fehlwurf beim Kegeln‹ → *Ratte.* – In der Bedeutung 1 etym. zu mhd. *ratz(e).*

ratzen Vb. ›(schnarchend) schlafen‹ Berlin und umg.

Rebbes → *Ribbes.*

Refermande → *Reprimande.*

Reff n. 1 ›abgemagertes, wertloses Stück Vieh‹ Oderbr.
2 ›langer, magerer Mensch‹
verstr.; *is det 'n langet Reff* Berlin;
dät is äbbe 'n langet Reff Teltow.
3 Als Schimpfw. *ollet Reff* ›altes
(häßliches) Weib‹ Berlin u. ö. –
Etym. zu ahd. *href* ›Leib,
Bauch‹.

Reiher m., Vogelname wie litspr.;
bei Durchfall: *he mockt hinnen
weg wie een Reiher* Havelld.; *de
schitt as 'n Reiher* Prign.; bei Er-
brechen: *der kotzt wie 'n Reiher*
allg.

reihern Vb. ›sich übergeben, er-
brechen‹ Berlin und umg.

REINLICH **rendlich** Adj. 1 ›Sau-
berkeit liebend‹ allg.; *das sein
rendliche Leite* östl. Nlaus. 2 ›frei
von Schmutz‹ *de Kleedung is
rendlich* Uckerm.; *Oberhemde un
Anzug scheen rendlich* Nlaus.;
rennlich Frostwärer ›klares Frost-
wetter‹ Prign.

Reißmatismus m. ›Rheumatis-
mus‹ Berlin; *ik heff den Reißmatismus in de Been'* Uckerm.

Reißmatüchtig m., dass., Berlin. –
Eigtl. *Reiß-mir-tüchtig.*

REITBAHN **Rietboane** f. ›Karus-
sell‹ Fläming, angrenzende
Nlaus.

Rekel m. ›Flegel, Lümmel‹
Uckerm.; *Reäkel* Teltow; *oll*

schläksige Räkel Prign. – Etym.
zu mnd. *rekel* ›großer Bauern-
hund‹.

Remmel f., in der Bedeutung 2
auch m. **1** ›Rille, Rinne, Vertiefung in einem Balken‹ Teltow;
›Schmiß‹ *ne Remmel anne Backe*
ebd.; *Remmele* ›Ritze, Fuge,
Spalte, Riß‹ veralt. Teltow.
2 ›Hautfalte, Runzel‹ Berlin;
bei kleinen Kindern *Remmel* m.
›Fleischfalte an den Gelenken
der Ärmchen und Beinchen‹
Berlin.

rendlich → *reinlich.*

Renneritis f. ›Durchfall‹ vorw.
umg.

Rennsemmeln Pl. ›bequeme
Laufschuhe‹, auch ›Haus-
schuhe‹ Berlin.

renovieren Vb. **1** ›malermäßig
herrichten‹. **2** ›reinigen, säubern‹ nord- und mmärk., Ber-
lin; *se reinewierten sich en bitschen*
Uckerm. – Die Lautf. sind weithin an *rein* angeglichen: *reene-
wieren, reenefieren, reinewieren,
reinofieren.*

rentmeistern Vb. ›schurigeln‹
Oderbr.; *renkmeistern* veralt.
östl. Nlaus.; *rentmeestern*
›Kindern zu viel verbieten‹
Teltow.

REPRIMANDE **Refermande** f.
›Zurechtweisung‹ Teltow, Nlaus.
– Fremdwort zu frz.
reprimande ›Verweis‹.

Reß n., selten m., *Rest* n., m.
›beim Binden nicht erfaßte Getreidehalme auf dem Stoppelfeld‹ Mmark, Uckerm., Ruppin,
südwestl. Prign. – Aus dem Süd-

ndl. stammendes ndl. Siedlerwort.

Retirade f. ›Außenabort‹ verstr.
mmärk. – Etym. zu frz. *retirade*
›Verschanzung‹.

reutergar Adj. ›halbgar‹ veralt.
östl. Nlaus.; *rüterjår* ›halbgar‹
von Kartoffeln und Fleisch,
›halbtrocken‹ von Heu auf
dem Trockengestell, Barnim;
rietergoar ›halbreif‹ von Kir-
schen, Oderbr. – Eigtl. ›gar ge-
nug für einen eiligen Reiter‹.

Ribbes m. ›Gewinn, Vorteil‹
Berlin, Teltow; *Rebbes* Lebus; *de
möckt sin Ribbus* Uckerm. –
Etym. zu jidd. *ribbis* ›Zins‹.

Riechel f., m. ›Brett mit Holz-
pflöcken zum Aufhängen von
Kleidung‹ veralt. Uckerm.,
Mmark. – Ndl. Siedlerwort aus
mndl. *rijghel, rijchel* ›Verbin-
dungslatte, Querlatte‹, das seinerseits aus lat. *regula* ›Latte,
Leiste‹ stammt.

Riese f. **1** Märchengestalt wie
litspr.; auch ›großer, ungeschlachter Kerl‹ allg.; scherzh.
'n abjebrochner Riese ›ein kleiner
Mensch‹. **2** ›Tausendmark-
schein‹ Berlin und umg.;
'n halber Riese ›fünfhundert
Mark‹.

riew rief, Adj. ›verschwenderisch‹ Prign.; *riew œwer weggåhn*
›unordentlich, schnell pflügen‹
ebd. – Etym. zu mnd. *rive* ›verschwenderisch, freigebig, reich-
lich‹.

Riewe f. ›Holzharke‹. – Lautf.
und Verbreitung: *Riewe* vereinz.
Havelld.; *Riew, Rief* Ruppin, an-

grenzende Prign. und angrenzende Uckerm. – Ndl. Siedlerwort zu mndl. *rive, rijf* ›Harke‹.

riggeien Vb. ›freudig wiehern‹ mittlere Nlaus. – Lautf.: *riggeien, riggein,* vereinz. *riggern, riggen.* – Entlehnt aus nsorb. *rigaś* ›schreien‹, *rigotaś* ›wiehern‹.

risch Adj. 1 ›zeitig, früh‹ veralt. Nlaus. 2 ›rasch, schnell‹ Nlaus., östl. Mmark, Prign., Uckerm. – Etym. zu mhd., mnd. *risch* ›hurtig, schnell‹, einer Nebenform zu *rasch.*

Ritze f. ›Spalte, Fuge‹. Im Berl. Bezeichnung für enge Straßen oder Gassen, z. B. *Mulackritze* ›Mulackstraße‹, entsprechend *Keibelritze, Molkenritze.*

rögen Vb. 1 ›(etwas, sich) rühren, bewegen‹ Prign., Uckerm., Havelld.; übertr. *däi kann sik gaut rögen* ›der ist wohlhabend‹ Prign. 2 ›innerlich ergreifen, berühren‹; von einem Faulen: *Arbeit rööcht em nich* Prign. – Etym. zu mnd. *rögen* ›regen, rühren, bewegen‹.

röken Vb. ›betreuen, pflegen, sich kümmern‹ Uckerm.; *Blomen, Jräwer röken; riëken* (aus *rüeken*) östl. Mmark. – Etym. zu mnd. *röken* ›bedacht, besorgt sein; sich kümmern‹.

roren → *råren.*

rœsen Vb. ›rütteln, stark schütteln‹ Prign. – Das Wort entstammt dem mecklenburgischen Sprachraum.

Rubbel f., eine in der Nordmark, im Havelld., im Barnim und im Teltow übliche Mulde aus zwei halbkreisförmigen Seitenteilen, die durch Leisten verbunden waren; sie diente bei der Kartoffelernte zum Einsammeln der Kartoffeln und faßte gut 30 kg. – Lautf.: *Rubbel, Ruwwel.*

Rudel n., f. ›Ruder zum Fortbewegen des Kahns‹, auch für das Stakruder. Eine nur in der Nlaus. gebräuchliche Nebenform zu *Ruder.*

Ruf m. 1 *Ruef* ›Raum zwischen Dachschräge und Dachboden‹ nur noch vereinz. Havelld., Zauche; *de Bollen* (›Zwiebeln‹) *leien uppen Ruef.* 2 *Rouf* ›gewölbter Aufbau des ehemals freistehenden Backofens‹ veralt. Zauche; ›obere, mit Ruß bedeckte Innenseite eines Ofens oder Schornsteins‹ *där Rueft brennt* veralt. Teltow. – Etym. zu mnd. *rôf* ›Decke, Deckel, Schiffsverdeck‹.

ruken, weniger häufig *rüken* Vb., nord- und mmärk. 1 ›Geruch wahrnehmen‹; redensartl. *du büst kloog, du kannst Kattenschiet in 'n Düstern rüken* Prign. 2 ›Geruch verbreiten‹; redensartl. *riek Lü* (Leute) *ähr Krankheit ruukt wierer as arm Lü ähr Bråjen* (Braten) Prign. – Etym. zu mnd. *rüken* in beiden Bedeutungen.

Rummel Rommel, f., auf dem Hohen Fläming Bezeichnung für eine Schlucht, ein Trockental; die *Rummeln* oder *Rommeln* sind kennzeichnend für die

Oberfläche dieses Gebiets. –
Die Herkunft des Wortes ist un-
klar; ein Zusammenhang mit
→ *Remmel* ist fraglich.

Runks(en) m., in der Bedeutung
1 auch *Runkse* f. 1 ›großes Stück,
dicke Scheibe Brot‹ Nlaus., angrenzender Fläming; *gib mir
mal 'nen Runksen Brot* Nlaus.;
*hest du di awwer 'n Runks Pamme
afjeschnäeden* Fläming.
2 *Runks, Runksen* ›dicker Knüppel‹ Nlaus. 3 *Runks* ›grober
Kerl, Flegel‹ Nlaus.

Runnemilch f. ›dicke, saure
Milch‹ westl. und mittlere
Nlaus.

rusteln Vb. ›rascheln‹ Uckerm.;
dat Korn rustelt, wenn die reifen
Körner ausfallen.

Rutsche f. 1 ›Schlitterbahn‹ vereinz. Nlaus., Zauche.
2 ›schlechter Schlitten‹ vereinz.
Prign., Teltow. 3 ›Fußbank‹ allg.
Lautf.: *Rutsch* nordmärk.; *Rutsche, Rütsche* mmärk., nlaus.,
berl.; *Ritsche* verbr. Nlaus., veralt.
berl.

S

sacht Adj., als Adv. verbr. *sachte,
sachten*; als Adv. gebrauchtes
Dim. *sachteken* im Nord- und
Mmärk. und berl.; *sachting*
nord- und mmärk. 1 ›behut-
sam, sanft‹ *sonn schöner sachter
Reänge* Teltow; *he schlöppt sacht*
Uckerm.; *ha kümmt sachting*
Lebus; *man sachteken!* Berlin.
2 ›sämig, ohne Klumpen‹ *koch
uns man 'ne schöne sachte Supp'*
Uckerm. 3 ›langsam, allmäh-
lich‹ *der is sihre sachte bei der Är-
beit* Teltow; *det wird mir sachtekin
zuvill* Berlin. 4 ›wohl, angenehm‹ *nur weer em sachter*
Uckerm. 5 ›leicht, ohne Schwie-
rigkeit‹ *müt di wär ik uk noch
sacht färig* Prign.

sål soal, Adj. ›brünett‹ südl.
Uckerm.; ›gelblich-braun‹ ein

Gesicht *süht soal ut* östl. Mmark;
›blaß, kränklich‹ *sitt* (sieht) *de
soal ut* Lebus. – Etym. zu mhd.
sal ›dunkelfarbig, welk, trübe,
schmutzig‹.

Salzhase m. ›Salzhering‹ Berlin.

Salzköter m. ›Brötchen aus Rog-
gen- und Weizenmehl‹ Berlin;
meist *Salzketer* ebd.

Salzkuchen m., wie → *Salzköter,*
Berlin, Nlaus.; nd. *Soltkoken*
Uckerm.; *Soltkueke* Teltow.

sarf → *sarp.*

Sarg n., selten m., wie litspr.; Aufforderung: *ran an 'n Sarch un
mitjeweent!* ›immer mitgemacht!‹ Berlin; auch iron.-
tröstend über ein Ungemach
hinweghelfend; *er ziert sich wie
Lehmann in 't Sarch* ›er macht
unnötige Ausflüchte‹ Berlin.

Sargnagel, auch *Sarchnagel* m.
›(schlechte) Zigarette‹ Berlin
und umg. – Das Bestimmungswort urspr. zu jidd. *sarchenen*
›übel riechen, stinken‹.

sarp Adj. 1 ›herb, sauer‹ nord-
und mmärk. 2 ›stumpf‹ von den
Zähnen nach dem Genuß herben Obstes oder saurer Speisen,
ebd. – Lautf.: *sarp, sarf.* – Das
Wort ist urspr. eine Nebenform
zu nd. *scharp* ›scharf‹, doch wird
dieser Zusammenhang nicht
mehr empfunden.

satt Adj. 1 Wie litspr. 2 ›betrunken‹ *satt wie eene Natter* Berlin;
vollständig satt Zauche.

Säuel m. ›Ahle, Pfriem‹. – Lautf.
und Verbreitung: *Säu(e)l* nordmärk., Havelld.; *Su(e)l* Uckerm.;
Sauel verstr. Ruppin, südl.
Uckerm. – Etym. zu mnd.
süwele, süwele in gleicher Bedeutung.

Sauermilch f. ›dicke, geronnene
Milch‹ Beeskow-Storkow; *Sauer-
melch* um Guben; *Suermelk* nordmärk.

SÄULE Saule f. 1 ›Säule, Pfosten,
Pfahl‹ Nlaus.; *die Säule is morsch*;
Sule Fläming. 2 ›aufgetürmte
Menge‹ *’ne oke* (hohe) *Saule
weezne Plinze* Spreewald. 3 Als
Dim. *Seilchen* n. ›Querholz der
Harke, in dem die Zinken sitzen‹ Guben, Eisenhüttenstadt;
›senkrechte Stütze der gewölb-
ten Karrenleiter über dem Rad
der Leiterkarre‹ verstr. Nlaus.

¹**schabbern** Vb. ›unverständlich
reden, schwatzen‹ östl. Mmark,
Nlaus.

²**schabbern** ›tanzen‹ Berlin; auch
schappern.

Schabenz m. ›Sumpfschachtel-
halm (Equisetum palustre)‹
Nlaus., Beeskow-Storkow. – In
zahlreichen Lautf.: *Schab(b)enz,
Schab(b)enz, Schawenz, Sab(b)enz,
Jabenz, Jawenz* u. a. – Entlehnt
aus nsorb. *žabeńz* ›Schachtel-
halm‹, auch für andere Pflanzen und den Froschlaich.

Schacht m., in der Bedeutung 3
in Angleichung an *Dresche, Keile*
auch f. 1 ›handlicher Stock zum
Schlagen‹ nordmärk., verstr.
mmärk. 2 ›starker Ast‹ nord-
und mmärk. 3 ›Schläge, Prügel‹
vorw. nordmärk.; *de het vele
Schacht krägen* Uckerm.
4 ›Stiefelschaft‹ Prign., Uckerm.
5 ›Zeugungsglied des Hengstes,
gelegentlich auch des Bullen‹
nord- und mmärk. – Nd. Form
zu litspr. *Schaft.*

¹**Schacke** f. ›Elster‹ Nlaus., verstr.
mmärk.

²**Schacke** f. ›kleine Verrücktheit,
Tick‹ *der hat ja ’ne Schacke* Berlin.

Schackelster ›Elster‹ Nlaus., Fläming, Teltow, Zauche, Lebus,
Barnim, in die Uckerm. und
nach Ruppin streuend.

Schacker m. ›Elster‹ Nlaus., ver-
str. Mmark und Uckerm.;
Schackert, Schachert vereinz.
Havelld.

Schaffe f. ›gelungene Festlichkeit
oder Tanzveranstaltung‹ *det war
’ne dufte Schaffe* Berlin.

schaffen Vb., außer in litspr. Bedeutung auch ›sich lohnen, reichen‹ *Kruut schafft schön, œwer*

Tüffeln nich, wenn der Kartoffel-
ertrag unbefriedigend ist,
Prign.; *dät schafft nonich* Teltow;
refl. ›sich verausgaben‹ *die*
schaffen sich janz schön, beim
Tanzen, Berlin; in gleichem
Sinnzusammenhang *jeschafft*
sind ›erschöpft, erledigt sein‹
ebd.

Schageize f. ›Brennessel‹ Nlaus.;
auch *Jageiza.* – Entlehnt aus
nsorb. *žagajca* in gleicher Bedeutung.

Schake f., m., selten n., auch
Schaken m. ›Kettenglied‹. –
Lautf. und Verbreitung: *Schåk'*
f. nordmärk.; *Schoake* f. mmärk.;
Schåke f. jünger mmärk., vereinz. nlaus.; gelegentlich
Schoake m. veralt. Teltow; *Schak'*
m. Ruppin; *Schåken* m. Prign.;
dat Schåk ebd. – Ndl. Siedlerwort; belegt ist ndl.-mundartl.
schaak m. ›Kettenglied‹ aus
Westflandern.

schallern Vb. 1 ›laut tönen, laut
singen‹ Nlaus., Berlin. 2 *eene*
schallern ›eine Ohrfeige verabreichen‹ Berlin; *glei kriste eene*
jeschallert Nlaus.

Schamdúdel m. 1 ›Leichtfuß,
Liederjahn‹ Teltow. 2 ›liederlich gekleidete Person‹ Havelld., Ruppin, Uckerm.

schampeln Vb. ›mit schaukeln-
den Schritten gehen, schlen-
dern‹ Berlin; ›stolpern‹ veralt.
nordmärk.

Schande f. 1 ›Sensenband, das an
der Sensenschneide beginnt,
am Sensenbaum entlangläuft
und vom Mäher um den rech-

ten Arm geschlungen wird, um
besser Schwung holen zu können‹; Brauch: *die Maad het dem*
Knecht tum → *Aust eene Schanne*
schenken mütten Havelld. Lautf.
und Verbreitung: *Schande,*
Schanne mmärk.; *Schange* Teltow, Barnim; *Schann'* nordmärk. 2 *Schanne* ›Schulterholz
zum Tragen zweier Wasser-
eimer‹ Havelld., Zauche. – Das
Wort ist in den nd. Mundarten
verbr., mit litspr. *Schande* nicht
identisch.

Schandudel m. ›Kopf‹ Berlin;
kreis een's an 'n Schandüdel Teltow; *Schandietel* Lebus.

Schapp n., seltener m.
1 ›Schrank‹, speziell ›Schrank
mit offenen Fächern, Küchen-
schrank‹ nord- und mmärk.
2 ›Schrankfach, Schubfach‹
Prign., Uckerm. 3 ›Wand-
regal‹ mmärk., vereinz.
Nlaus. – Etym. zu mnd. *schap* n.,
m. ›Schrank, Spind, Wand-
schrank‹.

schau Adj. ›ausgezeichnet, sehr
gut‹, berl. seit den 50er Jahren,
gegenwärtig veralt.; *det is schau;*
'n schauer Hut; subst. *det war det*
Schauste.

Schaule → *Zule.*

Schaute m., f. 1 ›törichter, be-
schränkter Mensch, Narr‹ vorw.
berl. 2 ›liederliches Frauenzimmer‹ veralt. Teltow; ›Vogelscheuche‹ veralt. berl. – Etym.
zu jidd. *schote* ›Narr‹.

schechten Vb. ›rennen, eilen‹
Prign., Uckerm.; ›gehen‹
Oderbr.

schedderig Adj. ›minderwertig,
schlecht, alt‹ ' *n scheddrijet Duch*
Berlin; *de Farbe is scheddrij,* d. h.
nicht rein, ebd.

Scheibe f. **1** Wie litspr.; berl. *der
hat ja 'ne Scheibe* ›der ist nicht
ganz normal‹; jugendspr.
›Schallplatte mit Tanzmusik‹.
2 Verhüllend *Scheibe!,* wenn
etwas mißlungen ist, auch abweisend, berl.

Schēks m. ›junger Bursche‹, auch
›Geliebter, Freund‹ Berlin; *die
jeht mit ihren neuen Scheeks in 't
Kino.* – Etym. zu jidd. *schekez*
›Greuel, Abscheu vor dem Un-
reinen‹, auch mit Bezug auf
nichtjüdische Burschen.

scherbeln Vb. ›tanzen‹ allg. –
Lautf.: *scherbeln* Berlin, Nlaus.;
scherweln nord- und mmärk.

SCHEUSAL Schüßel m., n., f.
1 ›Wild-, Vogelscheuche‹; vergleichend von einer Frauensperson: *de jeiht as een Schüsel*
Uckerm.; Brauchtum: hatten
die Mädchen am 1. Mai ihr Gar-
tenland nicht umgegraben,
stellte man eine Strohpuppe
mit einem Spaten in der Hand
als *Schüßel* in den Garten (uk-
kerm., mmärk.). **2** ›altmodisch
oder liederlich gekleidete Frauensperson‹ uckerm., mmärk. –
Lautf.: *Schüßel, Schüsel* uckerm.,
mmärk.; *Schüschel* Teltow; *Schie-
ßel* östl. Mmark, Fläming; vereinz. *Scheußel* Ruppin, Havelld.

Schibbe → *Zibbe.*

schicker Adj. ›betrunken‹ Berlin. – Etym. zu jidd. *schikkern*
›(sich be-)trinken‹.

Schiebe f., Schmeichelname
für das Schaf, bes. für das Mutterschaf, mittlere, südl. und
östl. Nlaus. – Entlehnt aus
nsorb. *šiba* in gleichem Gebrauch.

SCHILLERBOCK Schillerbuck
m. ›Libelle‹ Uckerm., verstr.
Barnim, Lebus; auch *Schuller-
buck* ebd.

Schillerbold m. ›Libelle‹ mmärk.,
verstr. Uckerm., veralt. berl. –
Lautf.: *Schiller-, Schillebold;
Schiddebold, Schirr(e)bold; Schrie-,
Schreebold; Schi-, Scheebold.*

Schischke f. ›Kiefernzapfen‹
Nlaus. – Lautf.: *Schischke,
Schischka, Schuschke,
Tschuschke.* – Aus dem Slaw.
entlehnt, vgl. nsorb. *šyška,*
osorb., tschech. *šiška,* poln.
szyszka.

schiskojéno präd. Adj. ›gleichgültig, egal‹ Berlin, Frankfurt,
Nlaus. – Entlehnt aus poln.
wsystko jedno ›alles egal‹.

schitscheringrün → *tschitscheringrün.*

Schkrett, auch *Skrett* m. ›Maulwurf‹ um Spremberg, Forst. –
Entlehnt aus gleichbedeutend
nsorb. *škret.*

Schlabbermilch f. **1** ›dicke, geronnene Milch‹ vorw. Nlaus.
2 ›Magermilch‹ um Finsterwalde. – Lautf.: *Schlabber-,
Schlapper-, Schloppermilch.*

schlachten Vb. ›arten, geraten‹
meist *schlachten nach jmdm.*
Uckerm., Teltow, veralt. Berlin;
der schlacht noa jaue Vatern Teltow; *slachten* nordwestl. Prign.

schlapp Adj., außer in litspr. Bedeutung berl. ›knapp‹ *wat kost't
det? – schlappe viere,* d. h. knapp
4000 Mark; *macht schlappe
fümwe,* d. h. knapp 500 Mark.
Schlappier m. ›schlaffer, energieloser Mensch‹ Berlin. – Lautf.
Schlappjee.
schlēkvoll Adj. ›rand-, gestrichen
voll‹. – Lautf. und Verbreitung:
schleekvull, -voll Teltow, Barnim;
verstr. Havelld., Zauche,
Uckerm., Lebus; verhoch-
deutscht *schleechvull, -voll* verstr.
im mmärk. Verbreitungsgebiet;
*schliekvull, schliekevull, schlieken-
vull* verstr. Havelld., Ruppin;
daraus *schleichvull, -voll* östl.
Havelld.; *schleikenvull* verstr.
Prign. – Ndl. Siedlerwort zu
gleichbedeutendem mndl.
sleecvoll.
Schlenke f. ›schmale, in der
Regel gekrümmte, oft mit Wasser gefüllte Senke im Acker und
auf Wiesen‹ nord-und
mmärk. – Ndl. Siedlerwort zu
mndl. *slenke* ›Pfuhl, Sumpf, Erd-
vertiefung‹.
Schletterfaß → *Schlotterfaß.*
Schlibbermilch → *Schlippermilch.*
Schlickermilch f. ›dicke, geronnene Milch‹ Nlaus.
schlickern Vb. ›gerinnen‹ um
Senftenberg.
SCHLIEF **Schliep** m. ›Wasserstreifen im Brot‹ vorw. nordmärk.;
verstr. *Sliep.* → *Schliff.*
SCHLIEFIG **schliepig** Adj., bezogen auf Kartoffeln ›wäßrig‹
nord- und mmärk.; bezogen auf
Backwerk ›nicht durchge-

backen‹ verstr. nord- und
mmärk.; bezogen auf Ackerbo-
den ›feucht, klebrig‹ Uckerm.
→ *schliffig.*
Schlietsch m. ›Hering‹ verstr.
Uckerm., Barnim, Lebus; vereinz. Ruppin, Havelld., Nlaus. –
Entlehnt aus gleichbedeutend
poln. *śledź.*
Schliff m. ›Wasserstreifen im
Brot‹ Fläming, Nlaus. → *Schlief.*
schliffig Adj., bezogen auf Brot
›unausgebacken, feucht‹ Fläming, Nlaus.; bezogen auf
Kartoffeln ›wäßrig‹ Fläming.
→ *schliefig.*
Schlipp m., Schlippe, f. **1** ›Rock-
schoß, Rockzipfel‹ Prign.,
Uckerm. **2** ›an den Zipfeln oder
am Saum zusammengerafftes
Kleidungsstück‹, z. B. von einer
Schürze gesagt, Nlaus.; *holt mål
'n Schlipp Holz.*
3 ›beim Sitzen durch den Un-
terleib und die Oberschenkel
gebildete Vertiefung, Schoß‹
allg.; *sie hat das Kind uff den
Schlipp* Nlaus. **4** *Schlippe*
›schmale Gasse‹ Fläming. –
Etym. zu mnd. *slippe* f., m. ›Ge-
wandzipfel, zum Schoß zusammengerafftes Vorderteil eines
Gewandes‹, ›schmaler Durch-
gang zwischen den Wänden
zweier Häuser‹.
Schlippermilch f. **1** ›dicke, geronnene Milch‹ Nlaus., vereinz.
mmärk. **2** ›Magermilch‹
Nlaus. – Lautf.: *Schlippermilch,*
seltener *Schlibbermilch;* verstr.
*Schlubber-, Schluppermilch, Schlip-
permelch;* in der Bedeutung 1 im

Mmärk. *Schlupper-, Schlüpper-melk.*

Schlitterfaß → *Schlotterfaß.*

Schlopp n., vereinz. m.
›Schlupfloch‹, z. B. im Garten-zaun, auch ›Koppeleingang‹ Uckerm., Barnim. – Etym. zu mnd. *slop* n. ›Durchschlupf‹.

Schlotterfaß n. ›Wasser enthal-tender Wetzsteinbehälter des Mähers‹ Nlaus. – Lautf.:
Schlotter-, Schlutter-, Schlitter-, Schletterfaß.

Schlubbermilch → *Schlippermilch.*

Schluck m. 1 ›kleine Flüssigkeits-menge, die man auf einen Zug schlucken kann‹. 2 ›ein Glas Kornschnaps‹ nord- und mmärk. 3 ›Kornschnaps‹ nord-und mmärk.

Schluckbuddel f. ›Schnapsfla-sche‹ Prign., Uckerm.

Schlumig m. ›Taugenichts‹ um Finsterwalde. → *Lumig.*

Schlunk m. 1 ›hinterer Rachen mit anschließender Speise-röhre‹, auch ›Kehle, Gurgel‹ allg.; redensartl.: *he kann dän Schlunk nich vullkriegen* Prign.; von einem Trinker: *sein janzes Jeld jeht durch 'n Schlunk* Nlaus. 2 ›Kehlkopf‹ verstr. mmärk., nlaus., vereinz. Ruppin. – Das Wort geht im Nord- und Mmärk. auf mnd. *slunk* ›Schlund, Kehle‹ zurück; in der Nlaus. ist es durch Wandel von *nd* zu *ng* aus *Schlund* entstan-den.

Schluppermilch → *Schlippermilch.*

Schluse f. ›Fruchthülse von Hül-sen- und Beerenfrüchten und

von Getreidekörnern‹ nord-und mmärk.

Schlutterfaß → *Schlotterfaß.*

Schmackedutsche f., meist *Schmackedutschen* Pl. 1 ›Rohrkol-ben‹ Mmark, Uckerm.; als Dim. *Schmackedutschken, Schmackeduz-ken;* berl. auch *Schmackeduzjen.* 2 *Schmackeduzchen, Schmackeduz-ken* ›Schatz, Liebling‹, auch als Kosewort, Berlin. – Das 1. Wort-glied zu einem ält. *schmacken* ›schlagen‹. → *Bums-, Klopfkeule.*

Schmant m. ›Sahne‹ vereinz. Zauche, Teltow; *Smant* um Prenzlau. – Etym. zu mhd., mnd. *smant* ›Milchrahm, Sahne‹.

schmettern Vb., außer in litspr. Bedeutung berl. *'ne Lage schmet-tern* ›eine Runde Bier, Schnaps bezahlen‹; *eenen schmettern* ›einen Schnaps oder ähnliches trinken‹.

schmiede Adj. ›geschmeidig, biegsam‹ Teltow, Havelld.; auch ›welkfeucht, klamm‹ *de Hår* (Hafer) *is schmiede* Teltow; ›weich‹, von Teig, ebd. – Etym. zu mnd. *smīde* ›sanft, gelinde, weich‹, von Luft und Wetter.

schmiedig Adj. ›geschmeidig, biegsam‹ Uckerm., Prign.; ›sanft‹ *de Luft geiht so schmiedig* Uckerm. – Etym. zu mnd. *smīdich* ›geschmeidig, leicht zu formen, biegsam‹.

Schmigatz, auch *Schwigatz* m. 1 ›Peitschenschnurende, mit dem man knallt‹ Nlaus. 2 ›Meerrettichwurzel‹ ebd. – Entlehnt aus nsorb. *šmigac,*

šwigac ›Peitschenschnurende;
lange, schnurartige Wurzel‹.

schmulen Vb. 1 ›verstohlen
blicken‹ Berlin und umg.
2 ›grollen‹ östl. Mmark; eigtl.
›böse ansehen‹.

schnabbern Vb. 1 ›viel, schnell,
auch inhaltslos reden, schwatzen‹ Berlin, Mmark, Nlaus.
2 ›schnattern‹ *die Enten schnabbern so* Teltow. **3** *schnäwwern*
›zanken, keifen‹ Fläming.

Schnabus m. ›Schnaps‹ *ick werd
noch eenen Schnabus schmettern*
Berlin.

schnacken Vb. 1 ›sprechen,
reden‹, vor allem ›plaudern,
erzählen‹ nord- und mmärk.
2 ›übel nachreden‹ *dau dat, wat
du wist* (willst), *de Lü snacken
doch* nordwestl. Prign.

schnafte Adj. ›ausgezeichnet,
sehr gut‹ berl., teilweise in
städtischer Umgangssprache,
gegenwärtig veralt.: *ick fiehle
mir janz schnafte; 'ne schnafte
Sache.*

schnallen Vb. 1 ›mittels einer
Schnalle enger oder weiter stellen, festmachen‹. **2** ›verstehen‹
der schnallt det nich Berlin. **3** ›er-
tappen‹ *die weißen Mäuse* (›Ver-
kehrspolizisten‹) *haben mich
jeschnallt* Berlin.

schnäppern Vb. ›Likör, Schnaps
trinken‹ Berlin.

schnasseln Vb. ›Alkohol trinken‹
*der hat imma jerne eenen jeschnas-
selt* Berlin.

schnauen Vb. 1 ›Obst essen‹
nördl. Uckerm., westl. Havelld.
2 ›erzählen‹ Fläming. – Etym.

zu mnd. *snouwen* ›bissig sein;
nach etwas schnappen‹.

schneiderieren Vb. ›das Schnei-
derhandwerk betreiben‹ östl.
Nlaus.

SCHNEPFE **Schneppe** f. 1 Bezeichnung für Schnepfenvögel
(allg.). **2** Als Schimpfw. ›Her-
umtreiberin, Hure‹ Berlin.

Schnepperwengzéng m. ›Kunst-
griff, Kniff‹ Berlin; ›Pfiff‹ *'n
Ding mit Schnepperwengzeng*
ebd.

schnicke → *schnieke.*

schnickern Vb. ›schnitzen‹ nordmärk.; veralt. Havelld.; *ut
Holunnerholt werrn Wostpinnen*
(›Wurstspieler‹) *schnickert* Ruppin. – Entstanden aus *snittkern*
zu mnd. *sniddeken* ›schnitzen‹.

schnieke Adj. 1 ›schmuck,
hübsch, schick‹ vorw. berl.,
doch auch mundartl. als
schnicke verbr. **2** ›großartig,
prima‹ *det is schnieke* Berlin und
umg. – Etym. zu mnd. *snicker*
›adrett, reinlich, zierlich, munter, behende‹, das mundartl. als
Komp. aufgefaßt wurde und zu
dem als Positiv *schnicke* gebildet
wurde; *schnieke* ist vielleicht in
Anlehnung an *schniegeln* durch
rotwelsche Vermittlung in das
Berl. übernommen worden.

schnobben Vb. ›schlafen, ein
Nickerchen machen‹. – Lautf.
und Verbreitung: *schnobben* Teltow, Oderbr., Havelld.; *schnow-
wen* Fläming; *schnubben* vereinz.
Nlaus.; *schnuwwen* vereinz. Fläming, Ruppin; *schnobben,
schnubben* Berlin.

schnökern Vb. 1 ›umherschnüf-
feln, herumsuchen, -stöbern‹
Berlin, Uckerm., Prign.;
schnöäkern Teltow; *schnäkern*
östl. Mmark. 2 *schnökern,
schnäkern* ›seine Nase überall
hineinstecken‹ östl. Mmark. –
Etym. zu mnd. *snökern* ›mit der
Schnauze suchen, herum-
schnüffeln‹.

schnopern Vb. ›schnuppern‹ östl.
Mmark.

Schnörgel m. ›Gurgel‹ veralt.
berl. – Lautf.: *Schnörjel.*

Schnœw m. ›Schnupfen‹ nord-
märk., vereinz. Havelld. –
Lautf.: *Schnœw, Schnœwen,
Schnœben, Schnœm, Schnäw,
Schnäwen.* – Etym. zu gleichbe-
deutend mnd. *snöve* m.

schnubben → *schnobben.*

schnuckelig Adj. ›hübsch, wohl-
gefällig aussehend‹, nur mit
Bezug auf weibliche Personen,
Berlin.

schnulle Adj. 1 ›vorzüglich, gut‹
Berlin. 2 ›hübsch, wohlgefällig
aussehend‹ ebd.; subst. *Schnulle,*
kosende Anrede für die Ehefrau, ebd.

Schnulli m. 1 ›wertloses Zeug,
Plunder‹ *wat is 'n dit für 'n
Schnulli!* Berlin. 2 ›Unsinn,
Quatsch‹ *der quatscht immer so 'n
Schnulli* ebd.

schöddern Vb. 1 ›ruckartig hin
und her bewegen, schütteln‹
Uckerm., Barnim, Lebus,
Beeskow-Storkow. 2 ›(Obst)
herunterschütteln‹ *Plumen
schöddern* Uckerm. 3 ›vor Kälte
zittern‹ *mi scheddert tou sihre* östl.

Mmark. – Lautf.: *schöddern,
scheddern.* – Wohl ndl. Siedlerwort zu ndl.- mundartl. *schodde-
ren* ›schütteln‹.

schœlen Vb. 1 ›Flüssigkeiten hin
und her bewegen, etwas in
einer Flüssigkeit schwenken,
spülen‹ nordmärk., östl.
Mmark; *de Woll werd schœlt*
Uckerm.; *Wäsche werd jeschält*
östl. Mmark. 2 ›sich plät-
schernd bewegen, strömen‹
Uckerm. 3 ›stark regnen‹
Uckerm. – Lautf.: *schœlen* nordmärk.; *schöälen, schälen* östl.
Mmark. – Etym. zu mnd. *schölen*
›waschen, spülen; Flüssigkeiten
hin und her bewegen‹.

schräg-à-vis Adv. ›schräg gegenüber‹ Berlin. → *vis-à-schräg.*

schrapen Vb. 1 ›schaben, kratzen, scharren‹ nord- und
mmärk., veralt. berl., verstr. angrenzende Nlaus.; *Moröön*
(Mohrrüben) *schroapen* Teltow;
schräpe nich so, beim Schieben
eines Tisches, südwestl. Nlaus.;
›schuppen‹ *Fisch schräpen*
Uckerm.; gelegentlich
›rasieren‹ *ik mutt mei schroapen
loaten* Teltow. 2 ›ohrfeigen‹
hä het em eene schräpt Uckerm.
3 ›tanzen‹ veralt. berl. – Lautf.:
schräpen nordmärk., Nlaus.;
schroapen mmärk.; *schrapen* Berlin, Nlaus. – Etym. zu mnd.
schrapen ›scharren, kratzen;
kratzend säubern, rasieren‹.

schrinden Vb. 1 ›brennend
schmerzen‹ nord- und mmärk.,
berl.; *dät het schön schrungen*
Uckerm. 2 ›jucken‹ Teltow,

östl. Mmark. – Lautf.: verbr.
schringen; schrinnen Prign.;
nebeneinander *schrinnen,
schrinken* Berlin. – Zur Etym.
vgl. mhd. *schrinden* ›bersten,
sich spalten‹, mnd. *schrindende*
(Part. Präs.) ›Risse aufwei-
send‹.

Schrippe f. 1 ›kleines Brot‹, urspr. aus Roggenmehl, Teltow;
›kleines Weißbrot‹ Berlin, Teltow; ›Stück eines mehrteiligen
Weißbrots‹ verstr. Barnim,
Lebus, Ruppin. 2 ›Brötchen‹
Berlin und umg. 3 *verzauberte
(jebratene) Schrippe* ›Bratklops,
Bulette‹ Berlin; auch *Schrippe in
eijenen Saft* ebd. 4 *olle Schrippe* abwert. für eine nicht mehr ganz
junge Frau, Berlin. – Nd. Lautf.
zu frühnhd. *schripfen* ›mit einem Messer aufkratzen, ritzen‹.

Schrippenarchitekt m. ›Bäcker‹
Berlin.

Schrippendreher m., dass., Berlin.

Schrippenschuster m., dass., Berlin.

Schrittschuh m. ›Schlittschuh‹
veralt. Nlaus., Berlin, Havelld.;
Schrittschoh Uckerm. – Etym. zu
mhd. *schritschuoch*, mnd.
schritschō.

SCHROTE **Schrode** f. ›großes
Stück Speck oder Brot‹ Teltow;
›Speckseite‹ *'ne Schrode Speck*
Fläming; *'ne Schrote Speck* süd-
westl. Nlaus.

schrucken Vb. ›schleppend,
schlurfend gehen‹ Prign.,
Uckerm., Barnim, Oderbr.

Schubsack m. ›Tasche im Frauen-
rock‹ veralt. Nlaus.; *Schubbsack*

Fläming, südwestl. Nlaus.;
redensartl. *das hat seine geweisten
Schubsäcke*, d.h. seinen geheimen Grund, Nlaus.

schūl Adj. ›windgeschützt‹ nord-
und mmärk.; *hie is et schule jäene*
(gegen) *Wind un Wäeder* Fläming; *hie sitter schuul* Teltow.

Schule → *Zule.*

schulen Vb. 1 ›sich verbergen‹
Prign., Ruppin. 2 ›verstohlen
blicken‹ Prign., Ruppin, Teltow.
3 ›so sehen, daß die Blickrich-
tung eines Auges von der anderen abweicht‹ nord- und
mmärk. – Etym. zu mnd.
schülen ›sich verbergen, sich lauernd umsehen‹.

Schuler m. ›Lehrer‹ östl. Nlaus. –
Rückentlehnt aus nsorb. *šulaŕ.*

Schullerbock → *Schillerbock.*

Schulmeister m. ›Lehrer‹ ver-
alt. – Lautf. und Verbreitung:
Schulmeester Teltow, Fläming,
Nlaus.; *Schullmeester* verstr. Tel-
tow, Fläming, Nlaus.; verkürzt
Schummester, Schumster Fläming;
Schoolmeester vereinz. Uckerm.

Schum m. ›angetrunkener Zustand‹, meist in der Verbdg.
in Schum sind Berlin, vereinz.
mundartl. Teltow, Fläming,
Prign. – Etym. zu jidd. *schumon*
›Fett‹ *schomen* ›fett‹.

schummen Vb. 1 ›lutschen, im
Munde zergehen lassen‹
Nlaus., angrenzender Fläming;
*tuck das Stickchen Zucker schum-
men* südwestl. Nlaus. 2 ›an etwas
saugen‹, gelegentlich ›an der
Mutterbrust, am Gesäuge trinken‹ Nlaus.; veralt. *tschjummen,*

tschjummeien. 3 ›mit zahnlosem Mund mühsam kauen‹ Nlaus. – Entlehnt aus nsorb. *tšumaś* ›saugen, lutschen‹.

Schumpe f. ›Kinderschaukel‹ nördl. Nlaus., Beeskow-Storkow, Lebus. – Wohl dt. Herkunft.

Schumpei(e), auch *Schumpee(-e)* f. ›Kinderschaukel‹ vorw. mittlere, verstr. östl. Nlaus. – Rückentlehnt aus dem Sorb., vgl. osorb. *čumpawa,* nsorb. *tšumpawa* in gleicher Bedeutung.

schumpeien Vb. 1 ›mit einer Schaukel hin und her schwingen‹ Nlaus., vereinz. Lebus. 2 ›ein Kind im Arm wiegen‹ im gleichen Gebiet. – Entlehnt aus nsorb. *tšumpaś* ›schaukeln, schwingen‹.

Schumpel f. ›Kinderschaukel‹ vorw. westl. und mittlere Nlaus., verstr. Teltow, Lebus.

Schumpelaue, vereinz. *Schumpeleie* f. ›Kinderschaukel‹ um Lübben. – Zu *Schumpel* mit sorb. Suffix.

schumpeln Vb. 1 ›auf einer Schaukel hin und her schwingen‹ Nlaus., Teltow, Fläming, Berlin. 2 ›ein Kind im Arm wiegen‹ verstr. Nlaus., Fläming, Lebus. 3 ›mit den Hüften wiegend gehen‹ vereinz. Teltow, Lebus; ›hinken‹ Berlin, veralt. Teltow.

schumpen Vb. 1 Wie *schumpeln* 1, Lebus, angrenzender Barnim, außerdem Teltow, Fläming. 2 Wie *schumpeln* 2, vorw. Lebus.

Schunkel f. ›Kinderschaukel‹ Zauche, Teltow, Havelld., nördl. Barnim und nordmärk.

Schunne f., Kosewort vorw. für Ferkel und Jungschweine, aber auch für größere Schweine, westl. Nlaus., angrenzender Fläming; oft als Dim.: *Schunnchen, Schunnichen, Schunneken.*

schürgen Vb. 1 ›mit Anstrengung schieben‹ Nlaus. 2 ›schwer arbeiten‹ ebd. – Lautf.: *schürgen, schirgen.*

Schuschke → *Schischke.*

schuß ›entzweit, verzankt‹ *mit dir bin ick schuß* Berlin. – Zu *schießen* im Sinne von *schießen lassen* ›aufgeben‹.

Schüßel → *Scheusal.*

Schusterjunge m. 1 ›Schuhmacherlehrling‹ veralt. 2 In Berlin im 19. Jh. für ein rundes Gebäck aus Brotteig oder auch aus einem Gemisch von Roggen- und Weizenmehl; gegenwärtig ›Roggenmehlbrötchen‹; redensartl. bei starkem Regen: *et rejnet Schusterjungs.*

schutschen → *zutschen.*

Schwade f. 1 ›Redefluß, Beredsamkeit‹ veralt. berl. 2 ›Mundwerk‹ *halt de Schwade* Berlin. – Etym. zu lat. *suadere* ›überreden‹, vgl. *Suada* ›Göttin der Überredung‹.

Schwåken m. ›dicker Knüppel‹ Havelld., vereinz. Ruppin, Prign., Barnim; ›langer, dünner Stock‹ vereinz. Uckerm.

schwalben Vb. ›eine Ohrfeige verabreichen‹ *du krichst eene jeschwalbt* Berlin und umg.

Schwamm m., außer in litspr. Bedeutung auch ›Pilz‹ verstr. im ges. Gebiet; *er is in de Schwämme*

gewesen Potsdam. Speziell ›Pilz-
belag in der Mundhöhle bei
kleinen Kindern‹ nord- und
mmärk., verstr. Nlaus.; in dieser
Bedeutung oft *Schwämme* Pl., als
Dim. *Schwämmchen.*

Schwark → *Schwerk.*

Schwede f. ›Wundpflaster‹ verstr.
mmärk. – Lautf.: *Schwede,*
Schweie. – Etym. zu gleichbedeutend mnd. *swede.*

Schwelle f. ›Schwester‹ jünger
berl. – Mischform aus *Elle*
(→ *Ella*) und *Schwester.*

Schwener m. ›Schweinehirt‹
mmärk., westl. Prign. – Lautf.:
Schwener, Schweender, Schweinder;
in Anlehnung an nd. *Swien*
›Schwein‹ gelegentlich *Schwie-*
ner westl. Prign., Lebus. – Das
Wort ist eine ndl. Bildung zu
germanisch *swain* ›Knabe,
Bauernjunge, Knecht, Hirt‹.

Schwerk n., m., selten f. 1 ›Gewitterwolke, finsteres Gewölk‹
allg. 2 ›(heftiger) Regen-
schauer‹ verstr. Mmark,
Uckerm. – Lautf.: neben
Schwerk auch *Schwark* verstr.
Prign., Uckerm., Lebus. – Etym.
zu mnd. *swerk, swark* ›finsteres,
dunkles Gewölk‹.

schweßen, auch *schwesen* Vb.
1 ›schwatzen, drum herumre-
den, munkeln‹ verstr. Barnim,
Prign., Fläming. 2 ›flunkern,
lügen, aufschneiden‹ Berlin,
verstr. Prign., Mmark, Nlaus.

schweten Vb. 1 ›schwitzen‹ nord-
und mmärk.; redensartl. *dat het*
good Årt: bi 't Äten schweten un bi
d' Arbeit freren Prign. 2 ›beschla-

gen‹ *die Fenster schweten hüte so*
Teltow; *schweten de Wåteremmer,*
jefft et Räjen Ruppin. – Etym. zu
mnd. *sweten* ›schwitzen‹.

Schwiete f. 1 ›Gefolge, Gesellschaft‹, abwert. ›Clique‹ Berlin
und verstr. mundartl. 2 *Schwie-*
ten Pl. ›Streiche, Dummheiten,
närrische Einfälle‹ Berlin; *de*
måkt Schwieten Uckerm.; *Schwie-*
ten hat a in 'n Kopp Nlaus. –
Fremdwort aus frz. *suite* ›Gefolge, Begleitung‹.

Schwigatz → *Schmigatz.*

schwinde Adv. 1 ›geschwind,
schnell‹ verstr. mundartl.;
macht schwinde Nlaus.; *mock in*
bitken schwinge Teltow; *kumm*
swinn westl. Prign. 2 *schwinde*
›früh, zeitig‹ um Finsterwalde. – Etym. zu mnd., mhd.
swinde ›stark, heftig, ungestüm‹.

Schwitz m. ›Schweiß‹ verstr.
Uckerm., Barnim, Teltow.

schwofen Vb. ›tanzen‹ Berlin und
umg.

schwögen Vb. ›wortreich über
Kleinigkeiten reden‹ Prign.,
Uckerm.; ›jammern, klagen‹
se klågt un schwöjt ejål wech
Uckerm.; ›staunend, wortreich
bewundern‹ *wat hebben wi*
schwöjt Havelld. – Lautf.: *schwö-*
gen, schwöjen, daneben *swögen,*
swäugen Prign.

schwulen Vb. ›verstohlen
blicken‹ östl. Mmark, Nlaus.,
Berlin; auch ›scheel, böse ansehen‹ östl. Mmark, Nlaus.

Sechser m. ›Fünfpfennigstück‹
vorw. berl., auch in die Mundart

übernommen. Urspr. für ein
Sechspfennigstück, da vor der
Einführung der Reichsmark-
währung der Groschen 12 Pfennige, der halbe Groschen
6 Pfennige hatte.

Sefe, in der Verbdg. *abjemacht Sefe*
›verbindlich verabredet‹
Berlin; auch abweisend *ja Sefe*
ebd. – Wohl aus frz. *c'est fait* ›es
ist getan‹.

Sege m., f., abwert. Bezeichnung
für Mann und Frau, Berlin; *der
(die) miese Seje.* – Zu vergleichen
ist jidd. *sege* f. ›weiblicher
Dienstbote‹, rotw. *Seeger* m.
›(junger) Mann‹, *Seege* f. ›(junges) Mädchen‹, deren Etym.
ungeklärt ist.

Seiger m. 1 ›Uhr‹, vor allem
›Wanduhr mit Gewichten‹ vorw.
Mmark, Nlaus., vereinz. Prign.,
Uckerm. 2 ›Uhrzeiger‹ vereinz.
Teltow, Havelld., Oderbr. –
Lautf.: *Seier* mmärk., Prign.,
Uckerm.; *Seger* vorw. östl. und
mittlere Nlaus.; *Sejer* westl.
Nlaus., angrenzender Fläming;
Se-er, Säer verstr. Nlaus.,
Fläming; vereinz. *Seiger, Seijer*
Havelld. – Wohl zu spätmhd.,
mnd. *seiger* ›Waage‹, ›Turmuhr‹
mit Bezug auf den Waage-
balken der Turmuhr.

Seje → *Sege.*

sichten Vb. ›durch ein Sieb
schütten, reinigen‹ Prign.,
Uckerm., Lebus, Teltow. –
Etym. zu gleichbedeutend
mnd. *sichten.*

sied Adj. ›niedrig‹ Prign.,
Uckerm.; *dat Huus, de Dör is*

sied. – Etym. zu gleichbedeutend mnd. *sīt.*

siepern Vb. 1 ›sickern, tropfen,
tröpfeln‹ nordmärk., östl.
Mmark, Teltow, vereinz. Nlaus.,
veralt. berl. 2 ›Nässe durchlas-
sen‹ *der Topp siepert* Teltow. –
Abl. zu mnd. *sipen* ›tröpfeln,
sickern, nässen‹.

simulieren Vb. ›nachdenken,
überlegen‹ allg.; *wat simulierste
so?* Berlin; *du simmelierscht ieber
alles* Nlaus. – Lautf.: *simulieren,
simmelieren, simlieren, summelie-
ren, simmenieren;* in Anlehnung
an *simpel* vereinz. *simpelien.* –
Fremdwort aus lat. *simulare*
›nachahmen‹.

Siste f. ›Napfkuchen aus Kartof-
felmehl‹ veralt. berl. – Schlesi-
scher Herkunft.

Soch m. ›Muttermilch‹ nordmärk., Teltow; *de → Sœg het keenen Soch* Prign.; vereinz. *die Soch*
›die erste Milch nach dem Kalben‹ Lebus. – Etym. zu mnd.
soch n. ›Saugen, Einsaugen der
Muttermilch‹.

socken Vb. 1 ›zu Fuß gehen‹ Berlin; *ick socke nach Haus.* 2 ›rennen, eilen‹ Berlin und umg.;
mundartl. schon im 19. Jh. auf
dem Teltow und im Oderbr.

Sœg (lautlich *Sœch*) f. 1 ›Mutter-
schwein‹ Prign., Uckerm., verstr. mmärk.; redensartl. *du häst
jo hüüt verdammt vœl Glück, du
häst woll d' Sœch an 'n Swanz
fåt't?* westl. Prign. 2 ›Handhun-
gerharke zum Zusammenhar-
ken restlicher Getreidehalme
auf dem Feld‹ Prign., vereinz.

Teltow. – Etym. zu mnd. *söge*
›weibliches Schwein‹.

sohlen Vb. ›lügen‹ Berlin.

spack, auch *spaak* Adj. 1 Bezogen
auf Gegenstände aus Holz ›ausgetrocknet und sich lockernd‹
det Rad is spack jeworn Havelld.;
bezogen auf Holzgefäße ›leck,
undicht‹ *de Tunne is spaak*
Lebus. 2 Personenbezogen
›dünn, mager‹ *spack wie 'n Hering* Havelld.; *'n spackes Männ-
lein* Berlin; ›elend, hinfällig‹ *där
sieht sou spoak ut* Fläming. –
Lautf. und Verbreitung: *spack,
spaak* allg.; daneben *spåk* verstr.
Nlaus., nord- und mmärk.;
spoak mmärk., angrenzende
Nlaus. – Das Wort ist in der Bedeutung 1 von ndl. Siedlern
mitgebracht worden.

spaken Vb. 1 *spaken, spåken,
spacken* ›durch starkes Aus-
trocknen aus den Felgen gehen‹ nord- und mmärk.
2 *spåken* ›stockig, dumpfig
werden‹ westl. Prign. – In der
Bedeutung 1 ndl. Herkunft.

Spale f. ›Sprosse der Karren- und
Wagenleiter‹ Zauche, Fläming,
Nlaus. – Lautf.: *Spåle, Spoale.*

spänen Vb. 1 ›entwöhnen, abset-
zen‹ nord- und mmärk.; *Kingere
wern jespäänt* Teltow; *dat Kalf
werd späänt* Prign. 2 ›aufziehen‹
Barnim; redensartl. *wiste hemm
'ne jude Kue, mußte spänen 'n
Ierschtling* (Erstling) *tue.* 3 ›die
Brust geben‹ vereinz. Barnim. –
Lautf.: *spänen* Mmark, Prign.;
speänen, späen mmärk.; *spenen*
verstr. Mmark, vereinz. Ruppin;

spennen verstr. Zauche, Havelld.,
Barnim, Ruppin, Uckerm. –
Ndl. Siedlerwort zu mndl.
spenen, spennen ›der Mutterbrust
entwöhnen‹.

Sparack m. ›Pfeifenreiniger‹
Nlaus. – Entlehnt aus gleichbedeutend nsorb. *šparak.*

Sparei n. ›kleines, oft nur tauben-
eigroßes Hühnerei‹, häufig
ohne Eidotter. – Lautf. und Verbreitung: *Sparei, Spårei* Barnim,
östl. Mmark; *Spoarei* Teltow;
Spurei um Finsterwalde. – Etym.
zu gleichbedeutend mnd.
sparey; das Bestimmungswort
gehört zu mnd. *spare* ›Dachspar-
ren‹, wohin das Ei oft gesteckt
wurde.

sparkelig Adj. ›sperrig‹ von Reisig, Fläming, angrenzende
Nlaus.

(SPEICHEN) **speechen** Vb. ›rennen, eilen, sich beeilen‹ Nlaus.,
der is jespeecht; speken Teltow.

spellen Vb. ›spalten‹ *Holz spellen*
Teltow; *spelden* veralt. östl.
Nlaus.

spellern Vb. 1 wie → *spellen,* Zauche, Fläming; *speldern* angrenzende Nlaus. 2 ›splittern‹ *des
Holz speltert* Nlaus.

Sperrlabbe f. 1 ›neugieriger
Mensch, Gaffer‹ Teltow, westl.
Nlaus.; *Sperrlawwe* Fläming.
2 ›Mensch, der gähnt‹ Fläming,
angrenzende Nlaus.

spillerig Adj. ›schlank, dünn,
hoch aufgeschossen‹, auch
›dürr, schmächtig‹ Berlin,
Mmark, Uckerm., Nlaus.; von
Pflanzen ›spärlich, kümmer-

lich‹ *spilderije Planten* Fläming. –
Lautf.: *spillerig, spillrig, spilde-
rig.*

Spinatwachtel f. 1 Schimpfw. für
eine Frau: *olle Spinatwachtel*
Berlin. 2 Veralt. ›Polizist‹, nach
der grünen Uniform, ebd.

Spingel m. ›Eiszapfen‹ veralt.
Nlaus. – Entlehnt aus gleichbedeutend nsorb. *špingel.*

Spinnekanke f., *Spinnekanker* m.
›Spinnengewebe‹ Havelld., Zau-
che, Fläming, angrenzende
Nlaus. – Lautf.: *Spinn-, Spinne-,
Spinnenkanke; Spinn-, Spinne-
kake; Spinn-, Spinnekanker;
Spinnekankel, Spinnekakel.*

Spinnichte f. 1 ›abendliches Bei-
sammensein von Spinnerinnen‹
Teltow, Zauche. 2 ›Spinn-
gruppe, Spinngemeinschaft,
die sich den Winter über zu
gemeinsamer Arbeit zusam-
menfand‹, bis um 1900 üblich,
Teltow, Fläming, Zauche.
3 ›Spinnstube‹ Teltow, Zauche.

Spinte f. 1 Wie → *Spinnichte* 1,
Fläming, Teltow, Nlaus. 2 Wie
→ *Spinnichte* 2, Nlaus. 3 Wie
→ *Spinnichte* 3, Nlaus., Fläming,
östl. Mmark.

Spinter Pl. ›Spinnerinnen‹
Nlaus.

Splinter m. 1 ›abgespaltenes
Holzstück‹ veralt. Teltow, Nlaus.
2 ›Holzsplitter in der Haut‹ Berlin, Mmark außer Havelld.,
südl. Uckerm., Beeskow-
Storkow, westl. und nordöstl.
Nlaus. – Ndl. Siedlerwort zu
mndl. *splinter* ›abgespaltenes
Stück, Splitter‹.

SPREHE Spree, f., m., auch
Spreen m. ›Star‹. – Lautf. und
Verbreitung: *Spree* Prign.,
Uckerm.; *Sprei, Spreen* Prign.

Sprengsel m., vereinz. n. ›Heuschrecke‹ Mmark, Ruppin, angrenzende Prign. und Uckerm.,
Beeskow-Storkow.

Spritti m. ›Trinker‹ *der Olle is 'n
richtijer Spritti* Berlin.

Spurei → *Sparei.*

Sputnik m. 1 Name des ersten, in
der ehemaligen Sowjetunion
gestarteten künstlichen Erd-
satelliten; redensartl. *macht 'nen
Sputnik* ›schert euch fort‹ Berlin. 2 ›Begleiter‹; scherzh. *'ne
Molle und een Sputnik* ›ein Glas
Bier und ein Schnaps‹ ebd.;
'n kleener Sputnik ›ein neuer
Erdenbürger‹ ebd. 3 Veralt. für
die Vorortzüge auf dem südl.
Berliner Außenring.

Stampe f. ›Bierlokal‹, abwert.,
auch ›Tanzlokal minderer
Güte‹ Berlin und umg.

Stamps m. ›dicker Brei‹ Berlin,
Nlaus.

Stänkermart m. ›Iltis‹ südwestl.
Nlaus.

Stappack m. 1 ›Quetschkartof-
feln‹ Nlaus. 2 ›dick gekochter
Eintopf, Brei‹ ebd. – Entlehnt
aus nsorb. *štapak* ›Quetschkar-
toffeln‹.

stengen Vb. 1 ›sich überessen,
überfressen‹ Prign.; *he het sich
stengt.* 2 ›drückend im Magen
liegen‹ *dröje Pelltüffeln stengen
mi* Prign. – Etym. zu mnd. *sten-
ken* ›bis zum Übermaß sätti-
gen‹.

stenzen Vb. **1** ›vertreiben, fort-
jagen, die Tür weisen‹ Berlin,
Nlaus., vereinz. Teltow, östl.
Mmark. **2** ›mitteilen, etwas
sagen‹ Berlin; ›jmdm. etwas ein-
schärfen‹ Uckerm.

Steppke m. ›kleiner Junge‹ Berlin. – Nd. Diminutivbildung zu
litspr. *Stopfen.*

Sterke f. ›junge Kuh, die noch
nicht gekalbt hat‹ nord- und
mmärk., verstr. Nlaus. – Etym. zu
gleichbedeutend mnd. *sterke.*

sticken Vb. ›ersticken‹ Berlin, Teltow, Uckerm., Barnim; bezogen
auf Reichtum: *he stickt noch in
sin Fett* Barnim.

STIEGE **Stieje** f., nordmärk. vereinz. in der Bedeutung 2 *Stiej* n.
1 Veralt. als Maßangabe ›20
Stück‹ vorw. Prign. **2** ›Garbenstand, bei dem die Garben in
zwei Reihen zu je 10 Stück ge-
geneinandergesetzt wurden‹.
Lautf. und Verbreitung: *Stiej,
Stieg* nordmärk.; *Stie,* vereinz.
Stei Uckerm., *Stieje, Stiege* Havelld., sonst nur verstr. mmärk.,
nlaus. Das Wort stammt als Bezeichnung für den Garben-
stand aus dem Ostfälischen.

stieke, stiekum Adv. **1** ›lautlos,
still‹ Berlin; *nu sei man bloß
stieke!.* **2** ›kaum hörbar, leise‹
ebd.; *ick jung janz stieke (stiekum)
de Treppen ruff.* **3** ›heimlich, un-
bemerkt‹ ebd. **4** ›langsam‹ ebd.;
imma stieke! – Etym. zu jidd.
schtiko ›Stillschweigen‹.

Stiel m. **1** ›Pfosten als tragendes
Bauteil‹ urspr. vor allem für die
4 Eckpfosten des Fachwerkhau-

ses, nord- und mmärk. Gelegentlich auch für andere
pfostenartige Gegenstände wie
den Pumpenständer (vorw.
Uckerm., Mmark, Beeskow-
Storkow) und den Zaunpfahl
(Mmark, Beeskow-Storkow).
2 ›in die Erde gerammter Pfahl
zum Anpflöcken des Viehs‹ vereinz. Barnim, Fläming. – Etym.
zu vulgärlat. *stelum,* über mndl.
stijl ›Pfahl‹ in die Mark gelangt.

Stinkatz m. **1** ›Wiedehopf‹ Nlaus.
2 ›stinkender Mensch‹ ebd.
3 ›schlecht riechende, billige
Zigarre‹ ebd. **4** ›alter Käse‹
ebd. – Zu *stinken* mit sorb. Suffix.

Stippi m. ›kleiner Junge‹ Berlin.

stirlen → *sturdeln.*

stiwied → *stupid.*

stœkern Vb. **1** ›stochern‹ allg.
2 ›jmdm. zusetzen, sticheln,
drängen‹ vorw. berl. – Lautf.:
stœkern nordmärk.; *stöäkern*
mmärk.; *stäkern* vorw. östl.
Mmark, Nlaus.; *stekern* Berlin. –
Abl. zu mnd. *stöken* ›wiederholt
stechen, stochern‹.

storr Adj. **1** ›steif, starr‹ Prign.,
Uckerm., Teltow, Fläming und
angrenzende Nlaus., östl.
Mmark, Berlin; *meine Hände sin
janz storre vor Kälde* um Finsterwalde; *störret Haar* Berlin. **2** ›un-
nachgiebig‹ *der is storr* Teltow. –
Aus *sturr,* einer Nebenform zu
stur.

stråken Vb. ›streicheln‹ vorw.
Prign., Uckerm., vereinz.
mmärk.; in verbaler Verbdg.:
striekeln un straken Havelld.; *eien*

un stråken Uckerm. – Etym. zu
mnd. *straken* ›leicht streichen,
massieren‹.

Strämel m. **1** ›Streifen‹ *'n Strämel Band* Teltow; ›Streifen
Land‹ ebd. **2** ›mündliche Äuße-
rung, Plausch‹ *'n Stremel reden*
Berlin; *'n Strämel vertellen* Prign.
3 ›Zeitraum, Weile‹ *ik schlåp
noch 'n Strämel* Prign. **4** Berl.
›Herkommen, Gewohnheit‹ *et
jeht imma nach den alten Stremel.* –
Lautf.: *Strämel* nord- und
mmärk.; *Stremel* Berlin. – Etym.
zu mnd. *stremel* ›schmales Land-
stück‹.

Stremel → *Strämel.*

stremmen Vb. **1** ›stramm, zu eng
sein‹ Barnim, östl. Mmark; *dät
stremmt sich met de Jacke* Teltow.
2 ›sich anstrengen‹ Prign.
3 ›sich widersetzen‹ ebd.
4 ›Kleinigkeiten entwenden,
stehlen‹ Berlin, verstr. mmärk.,
Ruppin, Uckerm.

Streuling m. ›Waldstreu aus Moos
und Kiefernnadeln‹ verstr.
Nlaus., Lebus, Teltow. – Lautf.:
Streiling, Streeling.

STREUSEL Streußel n. ›Streu‹,
bestehend aus Schilf, Segge,
Stroh oder Moos und Kiefern-
nadeln, Mmark, Uckerm. –
Lautf.: neben *Streußel* vereinz.
Streesel; Streißel östl. Mmark. –
Ndl. Siedlerwort, vgl. ndl.
strooisel ›Streu‹.

Stricke Pl., in der Wendung
Stricke machen ›die Arbeit ein-
stellen‹ Berlin; *Stricker måken*
Uckerm. – Eingedeutscht aus
engl. *strike* ›Streik‹.

striezen Vb. ›stehlen‹ Berlin, Teltow, östl. Mmark, Uckerm., um
Guben.

Strippe f. **1** ›Bindfaden, Schnur‹
berl. und mundartl. **2** ›Telefon-
leitung‹ Berlin und umg.
3 *Strippen* Pl. ›lange, unordentli-
che Haarsträhnen‹ nord- und
mmärk. **4** ›zu einem Glas Weißbier eingeschenkter Kümmelschnaps‹ Berlin. **5** Fischer-
sprachlich ›kleiner Aal‹.
6 ›Zitze am Kuheuter‹ verstr.
Uckerm., Mmark.

ströpen Vb. **1** ›ab-, überstreifen‹
Uckerm., Prign.; redensartl. *däi
ströpen mi de Büx van 'n Hinner-
sten* ›die nehmen mir alles Geld
ab‹ Prign.; *strepen* Lebus.
2 *Fädern ströpen* ›Federn
schleißen‹ östl. Prign., Ruppin,
Uckerm. **3** ›umherstreifen‹
Havelld., Uckerm. – Etym. zu
mnd. *ströpen* ›ein Fell abziehen;
umherstreifen‹.

struf Adj. **1** ›uneben, nicht glatt,
rauh‹ Prign., Barnim, Lebus;
dät Ies is struuf Prign.
2 ›stumpf‹, von Zähnen nach
dem Genuß herben Obstes,
Prign. **3** ›struppig‹ Prign.,
Uckerm., Havelld., Zauche,
Lebus, Barnim. **4** ›unangenehm, kalt, rauh‹ Barnim,
Prign.; *struwet Weäder* Teltow.
5 ›widersetzlich‹ *hä stellt sich
struuf* Uckerm. **6** ›kräftig‹ *struwe
Jongs* Barnim. – Etym. zu mnd.
strüf ›rauh, uneben; struppig;
widersetzlich‹.

Strunze f. **1** ›grobschlächtiges, ro-
bustes Mädchen‹ Nlaus.; *des is*

dich valleich 'ne Strunze. **2** ›unsau-
beres, liederliches Frauenzim-
mer‹ Berlin, Oderbr.

Strunzel f. **1** ›liederlich geklei-
dete Frau‹ *olle Strunzel* Oderbr.,
Prign.; ›liederliches Mädchen‹
Uckerm. **2** ›wurstähnliche
Rolle, Wulst, etwas Zusammen-
gedrehtes‹ östl. Mmark.

stüf Adj. ›stumpf abgeflacht, gerade oder glatt abgeschnitten‹
häi bräuk (brach) *dät so stuuf
wech* Prign.; *stuwe Näs* ›Stups-
nase‹ Uckerm.; ›abgenutzt‹
stuwe Bessens Prign. – Etym. zu
mnd. *stüf* ›stumpf, verstümmelt;
ohne Spitze‹.

Stulle f. ›belegte, bestrichene
oder trockene Brotschnitte‹
Berlin, nord- und mmärk., verstr. Nlaus.; *Stulle mit Schleppe*
›reich belegtes Butterbrot‹ Berlin; *Stulle mit Brot* ›trockene
Schnitte‹ ebd.; *wenn de nich
kannst 'ne Stulle afschnieden,
kannst de ook nich heiraten* Teltow. – Ndl. Siedlerwort, vgl.
mundartl.-ndl. *stul* ›Brocken,
Stück, Lappen, Butterstück,
Torfkloß‹.

Stünze, häufig *Stünse* (mit langem *-ü-*) f. ›Stütze‹ vorw.
›Wäscheleinen-, Obstbaum-
stütze‹. – Lautf. und Verbreitung: *Stüünze, Stüenze* vorw. Teltow, nördl. Zauche; *Stienze,
Stiënze* vorw. Fläming, südl. Zauche, westl. Nlaus. – Wahrscheinlich ndl. Siedlerwort.

stüpen stiepen, Vb. ›mit Birken-
oder Wacholderruten schlagen‹
nord- und mmärk., angren-

zende Nlaus.; ein Osterbrauch,
bei dem am Morgen des Oster-
sonntags, oft auch des Oster-
montags, Kinder ihre Eltern
oder Verwandten *stüpten,* die
sich mit Eiern, Wurst o. ä. frei-
kaufen mußten; auch *stüpten*
die Kinder sich gegenseitig
oder die jungen Burschen die
Mädchen. – Etym. zu mnd.
stüpen ›mit Stock oder Rute
schlagen‹.

STUPID stiwied Adj. ›unruhig
mit den Augen‹ um Eisen-
hüttenstadt; ›aufbrausend, zornig‹ *die werd dich glei stiwied* um
Finsterwalde. – Fremdwort aus
frz. *stupide.*

sturdeln sturlen, Vb. **1** ›wiederholt in etwas hineinstechen,
(herum-)stochern‹, z.B. in Zähnen, in der Ofenglut, Nlaus.;
›Obst u. ä. mit einer Stange ab-
stoßen‹ ebd. **2** ›Butter stamp-
fen‹ ebd. – Lautf.: *sturdeln,
sturlen, stirlen.*

Stürze f. **1** ›Topfdeckel‹. Lautf.
und Verbreitung: *Stürze* Nlaus.,
verstr. Beeskow-Storkow, Lebus,
Barnim; *Stirze* verstr. Nlaus.;
Sterze westl. und nordöstl.
Nlaus., östl. und südl. Teltow,
Beeskow-Storkow; verniender-
deutscht *Sterte, Störte* Lebus.
2 *Stürze, Sterze* ›Deckel zur Regu-
lierung der Luftzufuhr des
Backofens‹ um Guben; *Störze,
Sterze* ›Verschlußkachel vor dem
Reinigungsgang des Kachel-
ofens‹ um Jüterbog.

Suade → *Schwade.*

Suite → *Schwiete.*

Süll(e) m., f., Süllen, m. ›Tür-
schwelle‹. – Lautf. und Genusvarianten: *Sülle* m. verstr. östl.
Havelld., westl. Barnim; *Sülle* f.
Teltow, vereinz. Havelld.; *Süll*
m., seltener f. nordmärk.; *Süllen*
m. östl. Havelld., westl. Barnim,
vereinz. Ruppin, Uckerm. –
Das Wort ist die nd.-mundartl.
Form zu litspr. *Schwelle* entsprechend mnd. *sul, sülle* m.
›Schwelle‹.

sülzen Vb. ›langatmig, inhaltslos
daherreden‹, auch ›nörgeln,
maulen‹ Berlin.
Sympathie f., außer in litspr. Bedeutung in verbalen Verbindungen für das Besprechen von
Krankheiten: *dörch Sympathie
heelen* Prign.; *Sympathie treiben,
machen* Nlaus.; es wurden unterschieden weiße Sympathie zur
Heilung und schwarze Sympathie zum Behexen, Uckerm.

T

Täbe → *Tiffe*.
Tåbel f., seltener m. ›aus Spänen
geflochtener Eßkorb, Kober‹
nord- und mmärk., z. T. veralt.
und durch → *Kober* verdrängt. –
Lautf.: *Tåbel* nordmärk., häufig
mmärk.; *Toabel* mmärk.; verstr.
Tåwel, Toawel. – Entlehnt aus
sorb., älter poln. *toboła* ›Ranzen,
Beutel, Hirtentasche‹.
tåch Adj. 1 ›zäh‹ *dät Fleesch is so
tåch* Prign.; beim Pflügen: *de
Bodden is tåch* Uckerm. 2 ›wider-
standsfähig, robust‹ *de höllt wat
ut, de is tåch as ne Eik* Prign.;
sonn Buer is tåch Uckerm. –
Etym. zu mnd. *tā* ›zäh‹.
Tache f. ›Hündin‹, teilweise abwert., nur südwestl. Zauche,
wohin das Wort aus dem Ostfälischen herüberreicht. – Wohl
eine nd. Variante zu ahd. *zoha*
›Hündin‹.

tacko ›gut, in Ordnung‹ *der Fülm
is janz tacko* Berlin; *der is in tacko*,
d.h. charakterlich zuverlässig,
ebd.
Taie f. ›weibliches Schaf‹ Havelld., Barnim; *Tai* Uckerm., Ruppin; *Teie, Täie* ›Schaf‹ veralt.
Oderbr.
Talpsch m. ›Tolpatsch‹ vereinz.
Oderbr., Teltow, Prign.
talpschen Vb. 1 ›ungeschickt zu-
fassen‹ Berlin, vereinz. Prign.;
tallepschen veralt. Teltow; *talpsen*
veralt. Oderbr. 2 ›ungeschickt
umherstampfen‹ *tallepschen* veralt. Teltow; *talpsen* veralt.
Oderbr. 3 *talpschen* ›sich tölpelhaft benehmen‹ veralt. berl.
Tanger m. 1 ›trockene Kiefernnadeln‹ vereinz. Lebus; *Zanger*
vereinz. Nlaus. 2 ›trockene
Kiefernzweige mit Nadeln‹,
gelegentlich auch für grüne, ab-

gehauene Kiefernzweige, vorw.
Teltow, Lebus, Barnim,
Beeskow-Storkow, östl. Nlaus.;
seltener Ruppin, Uckerm.
3 ›Kiefernreisig‹ Lebus, Barnim. 4 ›kleinerer Kiefernwald‹
nordöstl. und östl. Uckerm. –
Das Wort stammt aus dem
Obersächsischen.

tanken Vb. 1 Wie litspr. 2 Berl.
›Alkohol trinken‹.

Tankstelle f., scherzh. ›Bierlokal‹
Berlin und umg.

Tanspel → *Zaspel.*

Tapetenflunder f. ›Wanze‹ Berlin
und umg.

Tapzier m. ›Tapezierer‹ Berlin;
auch ›Dekorateur, Polsterer‹
ebd.

Taß m., n. ›Scheunenfach seitlich der Tenne zur Unterbringung von Getreidegarben‹
nord- und mmärk., Beeskow-
Storkow, westl. und nordöstl.
Nlaus. – Lautf.: *Taß,* seltener
Tast. – Ndl. Siedlerwort zu ndl.-
mundartl. *tas* in gleicher Bedeutung.

tassen tasten, Vb. ›Getreide in
den → *Taß* schichten‹, Verbreitung wie *Taß.*

TAUB doof Adj. 1 ›kein Hör-
vermögen besitzend‹, auch
›schwerhörig sein‹; *doof as een
Fisch* Uckerm.; *där is doof up
beede Oahren* Fläming. 2 ›keine
Frucht enthaltend‹ *där Hawwer*
(Hafer) *is doof* Fläming; *dowet
Korn* Havelld. u. ö.; *dowe Nätel*
›Taubnessel‹ Oderbr. u. ö.
3 ›stumpf‹, von Zähnen nach
dem Genuß herben Obstes

oder saurer Speisen, Prign.,
Mmark. 4 ›geistig beschränkt,
dumm‹ vorw. berl. und umg.,
verstr. mundartl.; redensartl.
*lieba doof als pucklig, det sieht man
nich so* Berlin; als Schimpfw. mit
Bezug auf 2: *dowe Nuß* ›Dummkopf‹ Berlin. 5 Berl. auch in
allg. abwertendem Sinn: *det is 'n
dower Film.*

Tebe → *Tiffe.*

Tēbs → *Töbs.*

tēbsen → *töbsen.*

Tee m., wie litspr.; berl. *in Tee sein*
›in Gunst sein‹ veralt.; gegenwärtig ›betrunken sein‹.

Teekind n. ›Günstling, Liebling‹,
meist in der Verbdg. *Teekind sein
(werden)* Berlin.

teilachen Vb. ›weglaufen, flüch-
ten‹ Berlin. – Etym. zu rotw.
teilechen ›schnell gehen, aus-
rücken‹.

Telespargel m., berl. für den
Fernsehturm in Berlin-Mitte.

Telg (gesprochen *Telch*) m.
›Zweig, Ast‹ Prign., Uckerm.;
vereinz. auch *Teljen* m. – Etym.
zu gleichbedeutend mnd. *telge.*

tennen tengen, Präp. 1 ›am
Ende, an der Schmalseite eines
Gegenstandes‹ *tennen dät Huus*
›an der Giebelseite des Hauses‹
Prign.; *tennen Köppen* ›am Kopf-
ende (des Bettes)‹ Uckerm.;
tengen Füeten ›am Fußende‹ Tel-
tow. 2 ›hinter‹ *tennen de Schüün*
Uckerm.; *tengen det Spinge*
(Spind) Teltow. 3 ›neben‹ *de
Priester woahnt tengen de Kirche*
Zauche; *du jeihst tengen mi*
Havelld. – Lautf.: *tennen* Prign.,

Uckerm.; *tengen* Havelld., Zauche, Teltow. – Entstanden aus nd. *to Ennen (Engen)* ›am Ende‹.

Tewes → *Töbs.*

Tiene f. ›runder Holzbottich, der etwa 7 Liter faßte‹, diente bis 1910 den Obstbauern aus Werder als Transportgefäß; ›Waschfaß für kleinere Wäsche‹ vorw. mmärk., verstr. nordmärk.; gelegentlich verhochdeutscht *Teine* vereinz. Nlaus., Beeskow-Storkow. – Das Wort gehört zu romanisch *tina* ›Weingefäß‹.

Tiffe f. ›Hündin‹. – Lautf. und Verbreitung: *Tiffe, Tüffe* mmärk.; *Tiff, Tüff* verstr. Ruppin, südl. Uckerm., Prign.; *Tebe, Täbe* Nlaus. – Zur Etym. ist mnd. *teve* ›Hündin‹ zu vergleichen, doch bleiben die nd. Kurzformen schwer erklärbar.

tigern Vb. ›mit ausholenden Schritten gehen‹ Berlin.

(TISCHER) Discher m. ›Tischler‹ Berlin, nord- und mmärk., veralt.; *Tischer* südwestl. Nlaus.

titschen Vb. **1** ›in eine Flüssigkeit tauchen‹, z. B. Kuchen in den Kaffee (Nlaus.) oder den Wischlappen in das Wasser (Havelld.). **2** ›mit Murmeln so spielen, daß die eigene Murmel die des Gegners trifft‹ um Guben. **3** ›flache Steine über das Wasser hüpfen lassen‹ vorw. um Senftenberg.

töben → *töwen.*

Töbs m. ›Lärm, Unruhe‹ Nlaus.; *mach nich so 'n Teebs.* – Lautf.: *Tööbs, Teebs, Tewes.*

töbsen Vb. ›Lärm machen, herumtoben‹ Nlaus.; *teebst nich so!* – Lautf.: *tööbsen, teebsen.*

tochen Vb. ›die Wohnung wechseln, umziehen‹ nordmärk.; auch *tochten* Prign. – Etym. zu gleichbedeutend mnd. *tochen.*

Töke f. ›Hund, Töle‹ abwert., Berlin.

TOLL dull Adj. **1** ›närrisch, wie geistesgestört‹ *die sind wie doll* Berlin; redensartl. *je oller je doller* ebd. **2** ›tollwütig‹ *de Hund is dull* Havelld. **3** ›ungewöhnlich, unglaublich‹ *die machen beede dulle Sachen* Nlaus.; *det is 'ne dolle Masche,* d. h. ein Spezialtrick, Berlin. **4** ›großartig, prachtvoll‹ *det kann er doll* Berlin. **5** ›schlimm, unangenehm‹ *Kattenstärt* (›Ackerschachtelhalm‹) *is 'n dullet Kruut* Ruppin; *det sieht ja doll aus* Berlin. **6** Verstärkend ›sehr, stark‹ *de Häring is dull soltig* Uckerm.; *doller Sturm* Berlin. – Lautf.: *dull* nord- und mmärk., nlaus.; *doll* Berlin und umg., verstr. mundartl.; *toll, tull* verstr. Nlaus.

toppeln Vb. ›vergeuden, auf unnütze Weise verbringen‹ Nlaus.

Torkel Turkel, m. **1** *Turkel* ›Taumel, Rausch‹ veralt. Teltow, Oderbr., Berlin. **2** *Turkel* ›Glück‹ östl. Mmark; *er hat furchtbaren Torkel (Turkel)* Berlin.

Tornitz → *Turnips.*

(TOTIG) dodig Adj. **1** ›tot, verstorben‹ Berlin, nord- und mmärk.; redensartl. *'n dodijen*

Hund bitt keenen mihr Uckerm.;
' *ne dotje Leiche* Berlin; ›vertrock-
net, abgestorben‹ *dröje, dodije
Bläder* Uckerm. **2** Übertr.
›totengleich‹ *det schwarze Kleed
sieht janz dodig aus* Berlin; ›still,
wie tot‹ *mi is awends so dodig*
Uckerm. – Gebildet nach *lebendig.*

tottern tuttern, Vb. ›schimpfen‹
Mudder tottert (tuttert) öfter
Uckerm.; *du totterst heute schon
den janzen Tach* Berlin.

töwen Vb. **1** ›warten‹ nordmärk.,
verstr. mmärk.; redensartl. *wer
töwen kann, kriggt ook een Mann*
Uckerm. **2** ›bleiben‹ *de Hund
täuft nich bi mi* Prign.; bei Er-
brechen: *dät Äten will bi ehr nich
täum'* ebd. – Lautf.: vorw. *töwen*;
daneben *töben* Uckerm.; vereinz. *täuwen* nördl. Uckerm.,
täum' nordwestl. Prign. – Etym.
zu gleichbedeutend mnd. *töven*
›warten‹.

TRACHT **Dracht** f., vereinz. m.
(s. 4). **1** Kleidung wie litspr.
2 ›Last, die man tragen kann‹
'ne orntliche Dracht Holz Barnim;
*hest di ja 'ne schöne Dracht
upschnürt* Uckerm.; speziell
›2 Eimer Wasser‹ nordmärk.,
Barnim, Havelld.; *hål mi 'ne
Dracht Wåter* Uckerm. **3** ›Schulterholz zum Tragen zweier Was-
sereimer‹ Prign., vereinz.
Havelld., Barnim. **4** ›Gebär-
mutter der Tiere‹, vorw. der
Kuh, vereinz. Prign., Barnim;
der Tracht um Cottbus. **5** ›Nach-
geburt‹, vorw. der Kuh und des
Schweins, Prign., Teltow,

Uckerm., Lebus; *de Sau het de
Dracht upfräten* Uckerm.

Trage f. **1** ›Traggestell aus Latten
zum Anfassen für 2 Personen‹
Havelld., Barnim. **2** ›Schulterholz zum Tragen zweier Wasser-
eimer‹ Uckerm., Mmark,
Nlaus.; vereinz. Ruppin, Prign.
3 ›zwei Eimer‹ *'ne Dråe Woater*
Havelld. – Lautf.: *Dra(e), Drå(e),
Droa, Dråge* mmärk.; *Tråge*
Nlaus.; *Truage* um Eisenhüttenstadt, Guben; *Dråg'* nordmärk.

Tralje f. **1** ›Stab im Treppen-
geländer‹ veralt. berl.; auch
›Treppengeländer‹ ebd.
2 ›Stab des Freßgitters bei
Kühen‹ nordmärk., Teltow. –
Etym. zu mnd. *trallie* ›Gitter‹,
das über das Mndl. aus dem
Frz. entlehnt wurde.

Trall m. **1** ›geistiger Tick, Verrücktheit‹ *der hat 'n Trall* Berlin.
2 ›Unsinn‹ *mach keen'n Trall*
ebd.

Traller n., wie → *Trall* 1: *hast woll
't jroße Traller?* Berlin.

trallig Adj. ›leicht verrückt‹ Berlin.

Tran m. **1** Vereinz. wie litspr. **2** *im
(in) Tran sein* ›betrunken sein‹
Berlin; auch mundartl.: *der wår
hellschen im Trån* Nlaus.; *de is
eklig in 'n Trån* Prign.

TRANK **Drank** m. ›halbflüssiges
Schweinefutter‹ nord- und
mmärk.; redensartl. *je dicker de
Drank, je fetter de Schwien*
Uckerm.; berl. *dicker Drank
macht fette Schweine,* wenn jmd.
den Bierrest austrinkt; mit Be-

zug auf Kinderreichtum: *ville Schwiene moaken den Drank dünne* Teltow.

Transch m. 1 ›weitschweifiges, auch unnützes Gerede‹ veralt. Oderbr., Havelld. 2 ›Strafpredigt‹ Berlin.

Traue f. ›Trauung‹. – Lautf. und Verbreitung: *Traue* Berlin, Nlaus., verstr. mmärk.; *Trau* Ruppin, angrenzende Prign.; *Tru* vorw. Uckerm.; *True* vorw. Lebus, Fläming; *Träue* vorw. Teltow, Zauche.

Traute f. ›Mut, Zutrauen‹, meist in der Wendung *keene Traute haben* Berlin, Nlaus.

traválljen Vb. 1 ›schwer arbeiten, übermäßig herumwirtschaften‹ veralt. Oderbr., Havelld. 2 ›schnell laufen, eilen‹ Uckerm., Ruppin, Barnim, Havelld. – Lautf.: *trawálljen, drawálljen*. – Fremdwort aus frz. *travailler* ›arbeiten‹.

trecken Vb. 1 Wie litspr. *ziehen*, allg. verbr.; speziell *Anna treckt sich mit Willin*, d. h. ist mit Willi befreundet, um Finsterwalde. 2 ›erziehen‹ *de hat sich sin Mudder got treckt* Uckerm. – Etym. zu mnd. *trecken*.

tressieren → *dressieren*.

tribulieren Vb. ›drängen, plagen, durch Bitten quälen‹ Berlin; verstr. Uckerm., Mmark, Nlaus. – Lautf.: *tribbelieren, triblieren, trebbelieren, driwwelieren, drewwelieren, trewweleren*. – Fremdwort aus lat. *tribulare* ›pressen‹, spätlat. ›plagen, peinigen‹.

Triesel m. 1 ›mit der Peitsche getriebener Kreisel‹ Berlin, Mmark, verstr. nördl. Nlaus., südl. Prign. Lautf.: neben *Triesel* in der Mmark häufig *Driesel*, ferner *Trüsel, Drüsel, Drusel*. 2 *Triesel, Driesel* ›Wirbelwind‹ verstr. Mmark, Nlaus. 3 *Triesel* ›Schwindel‹ vereinz. östl. Mmark; berl. *er hat 'n Triesel* ›er ist verdreht‹. 4 *Triesel* ›Kopf‹ Berlin.

trieseln Vb. ›mit dem Kreisel spielen‹ Berlin und mmärk. – Lautf.: *trieseln, drieseln, drüseln*. – Etym. zu mnd. *triselen* ›rollen, kollern‹.

Trilli m. 1 ›Hut‹ Berlin. 2 ›geistiger Tick, kleine Verrücktheit‹ *du hast 'n janz schönen Trilli unterm Ponny* ebd.

Trockenwohner Pl. ›die ersten Mieter in einem Neubau‹, sie wohnten mietfrei; vor dem 1. Weltkrieg lebten Arbeiterfamilien oft als *Trockenwohner*, Berlin.

Trohne f. ›Truhe‹ westl. und östl. Nlaus., Beeskow-Storkow, Lebus; *Troane* östl. Fläming. – Das Wort ist etym. identisch mit litspr. *Truhe* und im Ostmitteldeutschen aus einer flektierten Form *Truhen* gebildet.

Trutsche f. ›(kleiner) Blumenstrauß‹ Teltow, Fläming. – Lautf.: *Truutsche, Truusche, Truusche*.

tschitscheringrün Adj. ›auffallend grell-grün‹ Berlin; *tschitsche-, schitscheringrien* Nlaus.

Tschuschke → *Schischke*.

Tubbe f., **Tubben** m. ›kleineres Holzgefäß, Faß, Waschzuber‹. – Lautf. und Verbreitung: *Tubbe* f. Teltow, Fläming, östl. Mmark, vereinz. Havelld.; *Tuwwe* f. verstr. Zauche; *Tubben, Tuppen* m. Prign.; vereinz. *Tubben* m. Uckerm., Havelld. – Etym. zu mnd. *tubbe* ›hölzernes Gefäß‹.

tuckeln Vb. ›langsam gehen‹ Berlin.

Tucker m. ›Kleinbauer‹ nord- und mmärk., vereinz. Nlaus.

tücksch Adj. **1** ›hinterhältig‹ verstr. **2** ›böse, zornig, verärgert‹ allg.; *he is up all' Welt tücksch* Uckerm.; *mach mir nich tücksch* Berlin. – Lautf.: *tücksch; ticksch* östl. Mmark, Nlaus.

tückschen Vb. ›schmollen, grollen‹ Berlin; *tickschen* Nlaus., östl. Mmark.

tüdern Vb. **1** ›Vieh anpflöcken‹ auf der Weide, nord- und mmärk. **2** ›eine Näharbeit verrichten, stricken‹ Uckerm.; ›schlecht spinnen‹ veralt. Teltow. **3** ›weitschweifig erzählen‹, auch ›zaghaft eingestehen‹ Prign. – Etym. zu mnd. *tüdern* ›Vieh anbinden‹.

¹**Tüffel** f. ›Kartoffel‹ Prign., Havelld., Ruppin; *Töffel* Teltow.

²**Tüffel** m. ›Holzpantoffel‹, gelegentlich auch für den Filzpantoffel, nord- und mmärk. – Etym. zu gleichbedeutend mnd. *tuffele.*

Turkel → *Torkel.*

Turnips m. ›Runkelrübe‹ Havelld., Zauche. – Lautf.: *Turnips, Tornips, Tornitz, Dornitz, Dörnitz.* – Etym. aus gleichbedeutend engl. *turnip.*

Tussi f. ›weibliche Person, Freundin‹, leicht abwert., Berlin.

tütern Vb. ›Alkohol trinken‹ Berlin; *der hat orndlich een' jetütert.*

tutschen Vb. **1** ›saugen‹, vor allem an der Mutterbrust und am Euter, verstr. mundartl., Berlin. **2** ›lutschen‹ Berlin, vereinz. mundartl. **3** ›gemächlich, in kleinen Schlucken trinken‹ Berlin, vereinz. mundartl. → *zutschen.*

tuttern → *tottern.*

twalen → *dålen.*

Twall n., m. ›dummer, törichter Mensch‹ Uckerm., Ruppin, östl. Mmark, Teltow, Berlin.

twär → *quer.*

Twehle → *Zwehle.*

U

übelnehmsch Adj. ›übelnehmerisch‹ Berlin; mundartl.
œwelnähmsch Prign., Uckerm.;
œlnähmschen Teltow; *iewel-
näemsch* Fläming; *übelnähmsch*
Cottbus.

überbraten Vb. ›einen Schlag
versetzen, eine Abfuhr erteilen‹
Berlin; beim Kartenspiel ›eine
Niederlage beibringen‹ *ick brat
dir een'n über* ebd.

überhaupt Adv., außer in litspr.
Bedeutung auch ›besonders,
vor allem‹ *ick jeh oft in 'n Tier-
park, überhaupt sonntachs* Berlin;
zustimmend *na überhaupt*
›selbstverständlich‹ ebd.

Überkehre f. ›Strohabfälle, die
nach dem Drusch liegenblei-
ben; grobe Spreu‹, gelegentlich
auch für Körnerabfälle, östl.,
südl. und mittlere Nlaus. –
Lautf.: *Über-, Ieber-, Eberkehre,
-kähre, -kiehre.*

überlei Adj. ›übrig, überzählig,
überflüssig‹ östl. und südwestl.
Nlaus., angrenzender Fläming,
vereinz. Zauche; *von uns beede is
eener hier ebberlee* Fläming. –
Lautf.: *ebber-, ewwerlee* südwestl.
Nlaus., Fläming, Zauche;
iäberlee um Guben.

überlich Adj. ›übrig‹ verlalt. berl.;
œrlich Teltow; *äwerlich* südl.
Uckerm.; ›übriggeblieben‹ *de
œrliche Kueke* (Kuchen) Teltow.

Ule → *Eule.*

Ülk → *Ilk.*

Ülling → *Ilk.*

um, außer in litspr. Verwendung
auch ›wegen‹ *dät Intünen*
(Einzäunen) *is bloß üm de ollen
Höhner* Uckerm.; *umme dät
Kühle* ›wegen der Kälte‹ Teltow; *um dir* ›deinetwegen‹ Berlin; *um detwejen* ›deshalb‹ ebd.;
bei Zeitangaben: *et is um zwölwe*
›es ist 12 Uhr‹ ebd.; auch verkürzt: *et is jenau um,* bei einer
vollen Stundenzahl, ebd.; *um
sein* ›ein Umweg sein‹ *dät woar
um* Teltow; *det is sehre um* verlalt.
berl.

umärmeln Vb. ›umarmen‹ Berlin.

ümlangs Adv., Adj. ›rundherum,
in der Umgebung‹ *ümlangs
harr he vääl Land* Uckerm.; *de
ümlangschen Dörper* ›die Nach-
bardörfer‹ Prign.

umzech(e) Adv. ›abwechselnd‹
um Guben, Forst; *Kinder schumpeln sich umzeche; umzech wachen;*
auch *imzech.*

umzechtig Adv. ›abwechselnd,
reihum‹ *ne Pulle umzechtig aus-
trinken* Brandenburg. – Lautf.
und Verbreitung: *umzechtig*
Nlaus., angrenzender Fläming,
Berlin; *imzechtig* östl. Mmark.

Unducht f., m. **1** ›Unart, Ungezo-
genheit‹ Uckerm. **2** ›Tunicht-
gut‹ Uckerm., Teltow. **3** ›alles,
was nichts taugt‹, z. B. ›Unkraut‹

um Finsterwalde; ›Eiter‹ veralt.
berl., östl. Mmark.

unegal Adj. 1 ›ungleich, ungleich-
mäßig‹; beim Fahrradfahren:
din Träden is no to unejål
Uckerm. 2 ›ungeschickt‹ *faß det
nich an mit deine unejalen Finger*
Berlin.

unegalisch Adj. ›nicht zueinander
passend‹ *unejalsche Latschen* um
Finsterwalde.

unflämisch Adj. 1 ›groß, kräftig,
ungeschlacht‹ *een unfläämscher
Kerdel* östl. Mmark; *unfläämsche
Kerls* Havelld. 2 ›grob, flegelhaft, flapsig‹ Teltow, östl.
Mmark. 3 Verstärkend ›sehr‹
et is unfläämsch kolt östl. Mmark;
›über das gehörige Maß hinaus-
gehend‹ *die Tüffeln sin dit Joahr
unfläämsch jrot* Teltow.
→ *flämisch.*

ungebachert Adj. 1 ›ungezogen,
widerspenstig, wild‹ Teltow,
Fläming; *die Kingere sin awwer
säere unjebachert* Fläming; *is dät
'n unjebachertet Mäken* Teltow.
2 ›ungeschliffen, tolpatschig‹
Teltow, Fläming, Berlin. – Etym.
zu jidd. *bochur* ›wohlerzogener
Jüngling‹.

ungemacht Adj. ›nicht hergerich-
tet, nicht in Ordnung‹ *unje-
machte Haare, 'n unjemachtet Bette*
Berlin.

ungeneuße Adj. ›gierig, unersätt-
lich‹, bezogen auf das Essen; *bis*
(›sei‹) *nich so ungeneuße!* westl.
Nlaus. – Lautf. und Verbreitung: *ungeneuße, unjeneiße, un-
jenäße* westl. Nlaus.; *unjeniëse*
östl. Fläming; als Abl. *unjeniesch*

östl. Mmark, östl. Fläming. –
Das Wort ist eine Bildung zu
einem mundartl. verbr. Vb.
geneusen ›spüren, wittern, merken‹; etym. Grundlage sind
asächs. *niusian* ›versuchen‹,
mhd. *niusen* ›versuchen, erpro-
ben‹.

Unke f. 1 ›Kröte‹; *besoffen wie 'ne
Unke* ›stark angetrunken‹ Berlin. 2 *olle Unke* ›Schwarzseherin‹
Berlin. 3 ›dickbauchige Kaffee-
tasse‹ Berlin.

unnode Adv. ›ungern, widerwil-
lig‹ Teltow, Fläming, östl.
Mmark, veralt. östl. Nlaus.; *un-
nood* Prign., Uckerm.; verstärkend *unnode jäärne* ›sehr ungern‹ Teltow, Fläming. – Etym.
zu asächs. *unōtho* ›schwer‹, ahd.
unōdo ›schwerlich‹, mnd.
unnōde ›ungern‹.

unpaß präd. Adj. in der Verbindung *unpaß sein* ›sich nicht
wohlfühlen, unpäßlich sein‹
Nlaus., Teltow, Fläming, Barnim,
Uckerm.

Untätchen n. ›Makel, kleiner
Fehler‹, auch ›kleiner Fleck‹ *da
woar keen Untätchen dran* Nlaus.;
Undädiken Fläming,
Teltow.

unterärmeln Vb. ›den Arm bieten, unterfassen‹ Berlin.

Unterbambusel m. ›untergeord-
neter Vorgesetzter‹ Berlin.

Unterirdische Pl. ›unter der Erde
lebende Zwerge‹, sie stahlen
dem Volksglauben zufolge un-
getaufte Kinder, die deshalb besonders bewacht werden mußten. – Lautf. und Verbreitung:

Unnerärdsche, auch als Dim. *Unnerärdschke* nordmärk., Havelld., Barnim; *Ungerärdsche, Ungerärdschke* Lebus.

unterkütig Adj. **1** ›unter der Hautoberfläche vereitert‹. Lautf. und Verbreitung: *unner-, ünnerkütig* Prign.; *unnerkötig* Uckerm., Ruppin, Havelld.; *ungerkötig* Oderbr.; *üngerkötig* Teltow; *ungerkietig* östl. Mmark; *ungerketig* um Finsterwalde. **2** *unterkietig* ›sumpfig, weich‹, vom Erdboden, östl. Nlaus.; *ungerkietig* östl. Mmark. **3** *unterkütig* ›zweifelhaft, verdächtig‹ Berlin. – Etym. zu → *Küt* ›Eiter‹.

unterwegens Adv. ›unterwegs‹ Nlaus.; *ünnerwägens* Prign.; *unnerwäjens* Uckerm.; *üngerwäjens* Teltow; *ungerwäjens* östl. Mmark, östl. Fläming; *unterwejens* Berlin.

unverwahrens Adv. ›unvermutet, plötzlich‹ Prign., Uckerm., Havelld. – Lautf.: *unverwåhrens, unverwohrens.*

urschen → *orschen.*

urst Adj. **1** ›sehr gut, vortrefflich‹ *det is urst* Berlin; *ne urste Truppe* ›eine vortreffliche Gesellschaft‹ ebd. **2** ›sehr‹ *des is schon urst spät* ebd. – In Berlin seit den 70er Jahren bezeugt; Herkunft unklar.

Uverjee m. ›Arbeiter‹ veralt. berl. – Entlehnt aus gleichbedeutend frz. *ouvrier.*

V

Vadder m. **1** ›Taufpate, -patin‹ nord- und mmärk.; *der steht Vadder* Teltow; redensartl. *de ümmer to Marcht geiht un flietig Vadder steiht, denn werd 't Geld nich olt in' Tasch* Prign. **2** Vertraute Anrede unter Freunden und Bekannten, Uckerm., Teltow; auch in Verbdg. mit dem Familiennamen: *Vadder Balster* westl. Havelld.

Veloziped n. ›Fahrrad‹, früher in zahlreichen Lautf. mundartl. verbr.: *Feluzipee, Filuzipee, Filizepee, Filipsepee,* verkürzt *Luzepee,* in Anlehnung an *flitzen* häufig *Flitzepee.* – Entlehnt aus gleichbedeutend frz. *vélocipède.*

veräppeln ›jmdn. zum Narren halten‹ Berlin und umg. – Zur Etym. vgl. → *äppeln.*

verarschen Vb. ›in grober Weise zum besten halten‹ *ihr wollt mir woll verarschen?* Berlin.

verballen verbällen, Vb. **1** ›verstauchen‹ *ik heff mi d' Hand verballt* Prign.; *är hat sich det Been verbällt* östl. Mmark. **2** ›sich durch Druck eine Schwiele oder Entzündung zuziehen‹ vorw. Nlaus., Lebus, Berlin. – Etym. zu mnd. *verballen* ›sich

den Fußballen verletzen‹, mhd.
verbellen ›sich eine Geschwulst
zuziehen‹.

verballern Vb. **1** ›verschießen‹
teihn Patronen hemm wi verballert
Uckerm. **2** ›verhauen, verprügeln‹ vorw. berl., verstr. mundartl.; bildl. *den ha'm wa orntlich
'n Kopp verballert,* d. h. etwas auf-
gebunden, Berlin.

verbeten Vb. ›Krankheiten besprechen‹ Barnim, Lebus, vereinz. Nlaus. – Lautf.: *verbeten,
-bäden.*

verbiestern Vb. **1** ›verirren‹
nord- und mmärk., Berlin.
2 ›sich eigensinnig in etwas ver-
tiefen‹ Berlin; *verbiestert* ›ver-
wirrt, durcheinander‹ ebd.; *he
is verbiestert* Uckerm.; ›mürrisch,
verdrossen‹ *der is heute aber verbiestert* Brandenburg. – Etym. zu
mnd. *vorbisteren* ›verirren; in
Verwirrung bringen‹.

verblüschen Vb. **1** ›ersticken‹,
durch Luft- oder Lichtmangel,
Teltow; *die Blumen unger de Böme
sin janz verblüscht* Fläming; *ver-
blischen* östl. Mmark. **2** *ver-
blischen* ›vor Hitze schlappmachen‹, bezogen auf Pflanzen
›vertrocknen‹ Nlaus.; *die Blumen
sin reene verblischt.*

verbubanzen Vb. **1** ›mutwillig verderben, ruinieren‹ Berlin,
Oderbr. **2** ›verführen, schwän-
gern‹ veralt. berl.; *där hat die
verbubanzt* östl. Mmark. – Zur
Etym. vgl. → *bubanzen.*

verbumfiedeln Vb. **1** ›verderben,
ruinieren‹ Berlin, östl. Mmark.
2 ›etwas falsch machen, verges-

sen, übersehen‹ *det hab ick ver-
bumfiedelt* Berlin; *dat heste ver-
bumfiedelt* Fläming. **3** ›Geld
durchbringen‹ Nlaus. → *verfumfiedeln.*

verbutten Vb. ›im Wachstum
zurückbleiben‹ Nlaus., Oderbr.,
Teltow, Uckerm.; oft als Part.
Perf. *verbutt(et).*

verdefendieren Vb. ›verteidigen‹,
meist refl. ›sich mit Worten
verteidigen‹ Nlaus., Teltow,
Fläming, Uckerm., Berlin. –
Fremdwort aus lat. *defendere*
›verteidigen‹.

verdusseln (vorw. mit sth. -s-) Vb.
1 ›geistige Spannkraft verlieren‹
ick verdussle langsam Berlin.
2 ›etwas vergessen‹ Berlin,
Oderbr.; *dät heff ik doch ganz
und gar verdusselt* Prign. **3** ›sich
verlaufen, verirren‹ vereinz.
östl. Nlaus., östl. Mmark.

verfangen refl. Vb. ›durch zu
hastiges Fressen oder Luft-
schnappen Blähungen und
Atemnot bekommen‹, bezogen
auf Vieh, Uckerm., Ruppin,
Mmark; *de Kue hat sich verfangen*
östl. Mmark; Heilspruch: *haste
di verfangen mit Futter / so help di
Jottes Mutter / haste di verfangen
im Wind / so help di Jottes Kind*
Zauche.

verfatzen refl. Vb. ›forteilen, weglaufen‹ Berlin; *Mensch, verfatz
dir bloß!*

verferen refl. Vb. ›sich erschrek-
ken‹ nord- und mmärk.; *ik heff
mi bannig verfeert* Prign. – Lautf.:
verferen, verfären, verfieren. –
Etym. zu mnd. *vorvēren* ›in

Schrecken versetzen, in Schrek-
ken geraten‹; der 2. Wortbestandteil zu mnd. *fār* ›Gefahr‹.

verfluchtig Adj. ›verflucht, verdammt‹ Berlin; *du verfluchtijer
Bengel!*

verfrieren Vb. ›erfrieren‹ allg.
verbr.; *de Tubbak is verfroren*
Uckerm.; *mir kann nischt verfrieren* ›ich bin abgesichert‹ Berlin.

verfumfeien ›verderben, verpfu-
schen‹ Nlaus., Berlin; vereinz.
Teltow, Uckerm., Prign.

verfumfiedeln Vb. 1 ›verpfu-
schen, verderben‹ östl. Nlaus.,
östl. Mmark. 2 ›Geld durchbringen‹ östl. Nlaus. → *verbumfiedeln.*

vergackeiern Vb. ›verhöhnen,
verspotten‹ Berlin und umg.

vergackern Vb. ›verhöhnen, verspotten‹ Nlaus., östl. Mmark,
Uckerm.

(VERGESSERIG) **verjäterig** Adj.
›vergeßlich‹ Uckerm., Ruppin;
vergätrig Prign.; *verjäeterig* Barnim; *verjesserig* Berlin.

(VERGESSERN) **vergätern** Adj.
›vergeßlich‹ Havelld.,
Uckerm. – Etym. zu mnd. *vor-
geteren* ›vergessen habend, vergeßlich‹.

vergnatzt Adj. ›verärgert, ver-
stimmt‹ Berlin, vereinz. Prign.,
Uckerm.

verhohnepiepeln → *hohnepiepeln.*

(VERHOLEN) **verhålen** refl. Vb.
›sich erholen‹ Uckerm.; *ver-
hoalen* Teltow, Fläming.

verjuchheien Vb. ›vergeuden,
durchbringen‹ Nlaus., Berlin,
Teltow, Fläming, Prign.

verkälten refl. Vb. ›sich erkälten‹
Berlin, Nlaus., Lebus, Zauche,
Havelld. – Lautf.: *verkälten, ver-
kälden, verkällen.*

verklaren Vb. ›erklären‹ Prign.,
Uckerm. – Lautf.: *verklåren,
verkloren.* – Etym. zu mnd.
vorklaren ›klar, hell werden‹,
aber auch ›zur Kenntnis
bringen, dartun‹.

verknubbe Adv., nur in der Verbdg. *verknubbe liegen* in zahlreichen Bedeutungsbezügen:
›ohne Arbeit sein, faulenzen‹
Berlin, östl. Mmark; ›betrunken, verkatert sein‹ Berlin, östl.
Havelld.; ›krank danieder-
liegen‹ Berlin, Barnim. – Wohl
umgedeutet aus *vör Knubbe
liegen* ›vor einem Knorren liegen‹.

verkühlen refl. Vb. ›sich erkälten‹. – Lautf. und Verbreitung:
verkühlen Berlin und verstr. im
gesamten Gebiet; *verköhlen* verstr. nordmärk.; *verkiehlen* Nlaus.

verküllen refl. Vb. ›sich erkälten‹. – Lautf. und Verbreitung:
verküllen nord- und mmärk.;
verkillen verstr. östl. Mmark, Teltow, Zauche. – Etym. zu gleichbedeutend mnd. *vorkülden.*

verquast Adj. 1 ›verquer‹ Berlin,
verstr. mmärk.; *där Disch stoaht
verquast* Fläming. 2 ›verworren,
unklar, vertrackt‹ *'ne verquaste
Sache, verquast quatschen* Berlin;
verquast frågen ›absichtlich ver-
kehrt, hinterhältig fragen‹
Uckerm.; ›verzwickt‹ Prign.

verquisten Vb. 1 ›vergeuden, verprassen‹ Nlaus., Mmark, Berlin;

där het sin janzet Jeld verquist't
Fläming. **2** ›vollständig verzeh-
ren, aufessen‹ östl. Mmark,
Prign.; *dät Äten kann ik nich all's
verquisten* Prign. – Etym. zu
mnd. *vorquisten* ›vergeuden,
verschwenden‹.

verratzt präd. Adj. ›verloren‹
dann bin ik verratzt Berlin; *da ha
ick mir völlig verratzt,* d. h. verlaufen, verfahren, ebd.; *nu biste verratzt* östl. Nlaus. – Wohl zu
→ *Ratze.*

verschimpfieren Vb. ›verunstal-
ten‹ Berlin, Nlaus., Uckerm.;
redensartl. *wer sich d' Näs
afschnitt, verschimpfiert sich 't
Angesicht* Uckerm.

versimsen Vb. **1** ›durchbringen,
verprassen‹ Berlin, um Finsterwalde. **2** ›verprügeln‹ Berlin.

versprechen Vb. ›eine Krankheit
mit einem Heilsspruch bannen‹
Nlaus.; vereinz. Lebus, östl.
Fläming.

Verstehste f., in der Bedeutung 2
auch n. **1** ›Auffassungsgabe‹ *du
hast woll 'ne schwere Verstehste?*
Berlin. **2** ›Verständnis‹ *dafor
fehlt dir die (det) Verstehste* ebd.

vertellen → *verzählen.*

verzählen Vb. ›erzählen‹. – Lautf.
und Verbreitung: *verzählen*
Berlin; *verzellen* Nlaus.,

Beeskow-Storkow; *vertellen* nord-
und mmärk. – Etym. Grundlage
sind die gleichbedeutenden
Formen mhd. *verzeln, verzellen,*
mnd. *vortellen.*

Viert n., ein altes Hohlmaß ›Vier-
tel eines Scheffels‹ etwa 10–12
Liter, Prign., Uckerm., Teltow,
Havelld., östl. Mmark. – Ndl.
Siedlerwort, verkürzt aus ndl.
vierdevat ›das vierte Faß‹, als
Abgabe.

vis-à-quer Adv. ›schräg gegenüber‹ Berlin.

vis-à-schräg Adv. ›schräg gegenüber‹ Berlin. → *schräg-à-vis.*
Gebildet nach dem Fremdwort
vis-à-vis.

visitieren Vb. ›prüfend untersu-
chen‹ früher mundartl. verbr. –
Lautf.: *fissentieren, fissintieren*
(mit sth. *-s-*). – Fremdwort aus
frz. *visiter* zu lat. *visitare* ›besich-
tigen‹.

vor Präp., außer in lītspr. Bedeutung auch ›für‹ *det is nischt vor
mir* Berlin. In dieser Bedeutung
verbr. in der Nlaus., unter berl.
Einfluß auch mmärk., vor allem
umg.

voricht Adj. ›vorig‹ *vorichte Woche*
Nlaus., Berlin; *vorchtet Jahr* Berlin; *væricht, vörricht* nord- und
mmärk.; *in 'n værichten Kriech*
Uckerm.

W

Wachs m., seltener n., wie litspr.; berl. *et jibt Wachs* ›es gibt Prügel‹.

Wacht(e) f. ›Welle, Wasserwoge‹ Prign., Uckerm., Beeskow-Storkow, vereinz. östl. Mmark; *de Wachten gåhn in 't Hemm* (Hemd), wenn die Wellen der Elbe Schaumkronen haben, Prign.

Wackelpeter m. ›Götterspeise‹ Berlin.

Wadike f. ›Molke‹. – Lautf. und Verbreitung: *Wadike* Teltow, Beeskow-Storkow, Lebus, mittlere Nlaus.; *Wadeke* Lebus, Zauche; *Wådike* Teltow, Beeskow-Storkow, verstr. Barnim, Nlaus.; *Woadike* Teltow, Lebus; *Wåtk* Prign., Uckerm.; *Woik* verstr. nordmärk. – Etym. zu gleichbedeutend mnd. *wad(d)eke, watke.*

wählisch Adj. ›wählerisch im Essen, mäklig‹ Nlaus. – Lautf.: *wählsch*; um Guben und Eisenhüttenstadt *wiälsch.*

wahrscheints Adv. ›wahrscheinlich‹ *versäumt hatta wahrscheints nich ville* Berlin.

¹Wake f. ›Käfer‹ östl. Nlaus.; ›Kellerassel‹ östl. und mittlere Nlaus. – Entlehnt aus nsorb. *waka* ›Käfer, Wurm‹.

²Wake f. ›offene Stelle im Eis‹. – Lautf. und Verbreitung: *Wake, Wåke, Woake* westl. Havelld.;

Wåk Prign. – Etym. zu gleichbedeutend mnd. *wake.*

³Wake f. ›lustiger Abend‹ in der Wendung *eine Wake machen* östl. und westl. Nlaus. – Herkunft unklar.

Waldfee f., nur berl. in der Wendung *husch, husch, die Waldfee* ›sehr schnell‹ *ick haue ab, husch, husch, die Waldfee; woll husch, husch die Waldfee?*, wenn jmd. seine Arbeit schnell, aber ohne Sorgfalt ausgeführt hat.

Wale, auch *Waleie, Walaue* f. ›trapezförmig ausgehobene, abschüssige Grube zum Ostereiertrudeln‹ Nlaus. Die Kinder ließen Ostereier in die Grube rollen, und wessen Ei beim Aufprall angeknickt wurde, hatte es an den Mitspieler verloren, dessen Ei unbeschädigt geblieben war. – Entlehnt aus gleichbedeutend nsorb. *walawa.*

walen, auch *waleien* Vb. ›Ostereier eine schiefe Ebene hinabtrudeln lassen‹ Nlaus. → *Wale.* – Entlehnt aus nsorb. *waliś, walaś, walowaś* ›kollern, rollen‹.

wälig Adj. 1 ›gesund, kräftig (gewachsen)‹ nordmärk.; *det Jras steht wälig* Uckerm.; *wäelig* Havelld. 2 ›übermütig, ausgelassen‹ Prign.; *weälig* Teltow; *welig* östl. Mmark. – Etym. zu mnd. *welich* ›wohlig, mutwillig, ausgelassen‹.

Walk m., wie → *Wale,* um Forst. –
Etym. zu gleichbedeutend
nsorb. *walk.*

walkeien Vb., wie → *walen,* um
Guben, Forst. – Etym. zu gleichbedeutend nsorb. *walkaś.*

Wänerich m. ›Enterich, Erpel‹. –
Lautf. und Verbreitung: *Wänerich, Wäänrich, Wänerik, Wäänrik*
um Finsterwalde, Luckau;
Wäänrich vereinz. Havelld.;
Wäänker, Wänerk, Wännerk
Prign. – Ndl. Siedlerwort zu
einer ndl.-mundartl. Form
wender, wendel.

Wänerk → *Wänerich.*

Wänker → *Wänerich.*

Wännerk → *Wänerich.*

Wanstrammeln n. ›Bauchschmer-
zen‹ *ick habe heute een Wanstrammeln* Berlin.

wantschåpen Adj. ›abgenutzt,
schlecht, zerlumpt‹ *he het so 'n
wantschåpen Anzug an* Prign.; *de
Stohl is wantschåpen* ebd.; *he süht
so wantschåpen ut,* d. h. herunter-
gekommen, Uckerm. – Etym.
zu mnd. *wan(t)schapen* ›mißge-
staltet, häßlich‹.

Wanzke f. ›Wanze‹ östl. Nlaus.,
um Finsterwalde, angrenzender
Fläming; *Wan(t)schke* um Jüterbog, Berlin. – Es handelt sich
um Dim.-Bildungen zu litspr.
Wanze; das Suffix *-ke* ist vielleicht slaw. Herkunft.

Wärmde f. ›Wärme‹ Mmark,
veralt. Nlaus., Berlin. – Etym.
zu gleichbedeutend mnd.
wermede.

Wärmnis f., dass., Prign.,
Uckerm. – Lautf.: *Wärmnis,*

Warmnis. – Etym. zu gleichbedeutend mnd. *wermenisse.*

Warschauer m., ein früher aus
Resten von Blechkuchen, alten
Milchbrötchen und Schnecken
hergestelltes billiges Gebäck in
Brotform, Berlin.

Wäsbōm → *Wiesebaum.*

Wasen m. ›Wasserdampf‹ in der
Küche, beim Waschen, Havell-
ld.; *Wåsen* Prign., Teltow. – Ndl.
Siedlerwort zu gleichbedeutend
mndl. *wasem.* → *Wrasen.*

wätern Vb. ›Vieh tränken‹ nordmärk., Barnim, Havelld. – Ndl.
Siedlerwort zu gleichbedeutend
mndl. *weteren.*

wautschen Vb. 1 ›waten‹ Uckerm.
2 ›unbeholfen gehen‹
Oderbr. – Wohl eine laut-
malende Bildung.

Web(e)fehler m., nur in der Wendung *eenen kleenen Webefehler haben* ›geistig nicht ganz normal
sein‹ Berlin und umg.; *du mußt
doch 'n Webfehler ha'm* Rathenow.

Weffe f. ›Striemen auf der Haut
nach einem Peitschen- oder
Stockschlag‹ Mmark, Berlin;
Weff Uckerm. – Vielleicht ein
ndl. Siedlerwort; ndl.-mundartl.
ist gleichbedeutend *weffel*
bezeugt.

wegbleiben Vb. 1 Wie litspr. 2 ›in
Ohnmacht fallen‹ *de is reene
weggeblieben* Nlaus.; *da weer ik
bald wechbläben* Prign.; *die wär
fast wechjeblieben* Berlin.

WEHTAGE Wehdage Pl.
›Schmerzen‹. – Lautf. und Ver-
breitung: *Weihda(e), Weihdå,
Weihdoa* mmärk.; *Wehda, Wehdå*

verstr. östl. Mmark; *Wehdåg'*
nordmärk. – Etym. zu gleichbedeutend mnd. *wēdage* Pl.

Weibsen n. ›erwachsene, weibliche Person‹ Nlaus.; *Wiewessen*
Fläming. – Aus mhd. *wībesname.*

Weihnachtsgans f. **1** Wie litspr.;
redensartl. *mir ha 'm se ausjenom-*
men wie 'ne Weihnachtsjans, wenn
jmd. beim Kartenspiel viel Geld
verloren hat, Berlin. **2** Schimpfw. ›dumme, törichte
Frauensperson‹ *du Weihnachts-*
jans! ebd.

Weihnachtsmann m. **1** Gaben
bringende Gestalt wie litspr.
2 ›Weihnachtsgeschenk‹ *echtet*
Marzipan, keen Persipan – det wär
een schöner Weihnachtsmann Berlin. **3** ›Nichtskönner, Trottel‹
du bist villeicht een Weihnachts-
mann ebd.

WEIL wiel Konj., außer in litspr.
Bedeutung veralt. zeitl.
›während‹ *wiel du melkst, fuedere*
(›füttere‹) *ik* Teltow; *weil ich*
schlief Nlaus.; ›als‹ *wiel er het*
jekoamen, woar ik all (›schon‹)
tu Bedde Teltow.

(WEILDES) wieldes Konj. ›un-
terdessen, inzwischen‹ Prign.,
Uckerm., Havelld.; *de Kutscher*
seet wieldes in de Kutscherstuuw
Uckerm.; auch *wieldessen*
Uckerm.

weimern Vb. ›jammern, klagen‹
allg. mit Ausnahme der Prign.;
där weimert tum Erbarmen Fläming.

WEISEN wiesen Vb., außer in
litspr. Bedeutung nd.-mundartl.
auch ›herzeigen‹ *Våta wiest mi*

sin Taschenklock Uckerm.; Kin-
derreim: *Schnecke, Schnecke*
dorne / wies me dien Horne Zauche; refl. *häi will sick wat wiesen*
›er tut sich hervor, gibt an‹
Prign.

WEISER Wieser m. **1** ›Anführer‹
Uckerm., Havelld. **2** ›Bienen-
königin, Weisel‹ verstr. nord-
und mmärk. **3** ›Uhrzeiger‹
nord- und mmärk.; *dä Wieser*
steiht up elb'm Uckerm.; *groot un*
lütt Wieser Prign.; *Weiser* Nlaus.

Weiße f., Berliner Weißbier, in
Berlin besonders beliebtes Ge-
tränk; *' ne Weiße mit 'n Lippen-*
triller ›ein Glas Weißbier mit
einem Schnaps oder Likör‹
gleichbedeutend *Weiße mit*
Schuß, Weiße mit Strippe.

weißhaftig Adv. ›gewiß, fürwahr,
wirklich‹ östl. Nlaus. – Lautf.:
weißhaftig, weeßhaftig, weeß-
hoftig.

weißtreu Interj. ›wahrhaftig, fürwahr‹ Nlaus.; *weeßtrei, das*
brennt! – Lautf.: *weeßtrei, weeß-*
drei.

weitläuftig Adj. **1** ›weitläufig, entfernt‹ *wir sind weitleeftig ver-*
wandt Nlaus.; *wietlööftije Frünge*
›entfernte Verwandtschaft‹
Teltow; *wi sünd wietlüftig müt ähr*
verwandt Prign.; *dät wett se man*
so wietlüftig, d. h. nur so un-
gefähr, Uckerm. **2** *wietlüftig*
›gedankenlos, unaufmerksam,
vergeßlich‹ Prign., Uckerm. –
Etym. zu mhd. *wītlöuftic,*
mnd. *wītlüftich* ›weitläufig‹.

wenn Konj. wie litspr.; als Fragepron. ›wann‹ allg.; *wenn kommste*

denn? Berlin; *wenn mutt ik tu Huse sin?* Teltow; *wenn wullt ihr den Backowen heezen?* Nlaus.; verstärkt *wenne*: *wenne gibt's Wellfleesch?* Nlaus.

wennehr Fragepron. ›wann‹ veralt. berl. und Nlaus., verbr. nord- und mmärk.; *wennihr kommst 'n?* Teltow; *wennihr dät he woll dät måken will?* Uckerm.; *wennihr denkt ehr* (ihr) *uns zu besuchen?* veralt. Nlaus. – Lautf.: *wennehr, wennähr, wennihr,* verkürzt *wenner.* – Etym. zu mnd. *wannēr* ›wann‹.

wennen Vb. ›sich, jmdn. an etwas gewöhnen‹ veralt. Prign., Uckerm., Havelld.; *se het sik to mi wennt,* d. h. sich an mich gewöhnt, Havelld. – Etym. zu gleichbedeutend mnd. *wennen.*

Werf n. ›Anliegen‹ *he brengt sin Werf an* Uckerm.; *Werf(t) måken (söken)* ›einen Vorwand suchen‹ Prign., Uckerm.; als m.: *nu hat er glei 'nen Werft an,* d. h. einen Vorwand gefunden, um Luckau. – Etym. zu mnd. *werf* ›Vorhaben, Anliegen‹, verwandt mit litspr. *Gewerbe.*

Werft m., vereinz. f. ›Grauweide, Salix cinerea‹, gelegentlich auch für die Salweide (Salix caprea) Havelld., Barnim, Teltow, Ruppin, nördl. Zauche, verstr. Uckerm.; in der Nlaus. vorw. um Lübben, Calau, Luckau, Finsterwalde; in Anlehnung an *Weide* f. vereinz. *Werf(t)* f. Lebus, um Lübben und Beeskow. – Ndl. Siedlerwort zu mndl. *werf* ›eine Weidenart‹.

Wergel m. ›kleines Kind‹ Nlaus. – Lautf.: *Wergel, Werjel.* – Zu mundartl. *wergen* ›würgen‹.

Wermde → *Wermut.*

Wermut m., Pflanze wie litspr., verbr. als Tee gegen Magenverstimmung verwendet und daher in zahlreichen mundartl. Lautf.: *Wörmde, Wermde* mmärk.; *Wermiëde* östl. Mmark; *Wermte* Nlaus.; *Wörmt* Prign.; *Wörmel* Prign., vereinz. Ruppin, Uckerm.

Wēsbōm → *Wiesebaum.*

Wetzbutte f. ›mit etwas Wasser gefüllter Wetzsteinbehälter, den die Schnitter bei der Ernte am Gürtel trugen‹ um Eisenhüttenstadt, Guben, Lübben; *Wettbutte* Teltow.

Wetzkieze f. wie → *Wetzbutte* Nlaus. – Lautf.: *Wetzkieze, -keze.*

Wetzpulle f. wie → *Wetzbutte* westl. und mittlere Nlaus., angrenzende Mmark.

wie Adv., Konj. 1 Wie litspr. ›wie‹. 1 ›als‹; nach einem Komp.: *min Huot is dürer wie diner* Barnim; *der is jrößer wie icke* Berlin; auch in Verbdg. mit *als*: *der is jrößer als wie icke* Berlin; vor Temporalsätzen: *wie ick neulich bei olle K. wa* Rathenow; *wie iche in Guben woar* Nlaus. 3 ›sowie, sobald‹ *wie ick ihn sehe, wer ick 's ihm sagen* Berlin. 4 In der Nlaus. auch Relativpron. ›welche (r)‹ *der, wie zu Miete bei um woar; Kinder, wie aus Schule kommen.*

wieldes → *weildes.*

Wiepe f. ›Hagebutte‹ vorw. westl. Nlaus., Fläming, Teltow, Lebus;

Fiepken Pl. um Guben, Eisenhüttenstadt. – Herkunft unklar.

Wiepe(n) f. (m.) ›Strohwisch‹,
an einer Stange befestigt,
diente er auf dem Feld als Richt-
oder Verbotszeichen und als
Reinigungsgerät für den
Backofen, nord- und mmärk. –
Etym. zu mnd. *wîp* ›Bund,
Büschel von Reisig; Strohwisch‹.

WIESEBAUM Wääsboom m. ›in
der Längsrichtung über das
Heufuder gebundene Stange
zum Befestigen der Ladung‹. –
Lautf. und Verbreitung: *Wääs-,
Weesboom* nordmärk.; *Bääsboom*
Prign.; *Weäseboom* Lebus, an-
grenzender Barnim; *Wiese-,
Wiesenboom* verstr. östl. und südl.
Nlaus. – Etym. zu gleichbedeu-
tend mnd. *wesebōm*, mhd. *wis-,
wisenboum.*

Wiesenpieper m. 1 ›Kleingartenbesitzer oder -pächter mit Wie-
sengelände‹ Berlin. → *Laubenpieper.* 2 ›schwächliches oder
kränkelndes Kind‹ ebd. 3 Im Pl.
›Ausflügler, die picknicken‹
ebd.

Wieser → *Weiser.*

Wiest(e) m. (f.) ›Raum zwischen
Dachschräge und Dachboden‹
Teltow, Fläming, angrenzende
Nlaus. – Lautf. und Genus-
varianten: *Wiest, Wiëst* m., *Wieste,
Wiëste* f., *Wiënst* m. – Vielleicht
ndl. Herkunft. → *Abseite, Oken.*

wieten Vb. ›Unkräuter jäten‹
allg. – Lautf.: *wieten* Nlaus., verstr. nord- und mmärk.; *wieden,
wiëden, wiën* mmärk.; *we(d)en*

nordmärk., verstr. mmärk.;
wei(d)en, weiern nordwestl.
Prign. – Etym. zu gleichbedeutend mnd. *wēden.*

wietlüftig → *weitläuftig.*

Willem m. 1 Personenname
Wilhelm; ’*n dicken Willem machen
(spielen)* ›angeben, protzen‹
Berlin. 2 ›Unterschrift‹ *setz ma
dein’n Willem unter* ebd.; auch
Kaiser (Friedrich) Willem ebd.
3 ›Haardutt‹ *falscher Willem*
ebd.

wimmeln Vb., außer in litspr.
Bedeutung, beim Skat *feste wimmeln!*, d. h. dem Stich des Mit-
spielers möglichst viele Augen
zulegen, Berlin.

winken Vb. 1 Wie litspr., oft stark
flektiert: *he wunk em* Fläming; *er
hat mir jewunken* Brandenburg;
redensartl. *wird nischt jewunken*
›das gibt es nicht‹ Berlin; passi-
visch *Se werden jewunken* ›man
winkt Ihnen zu‹ Berlin. 2 *eene
winken* ›eine Ohrfeige verabreichen‹ *ick hab’ ihm eene jewunken*
Berlin. – Lautf.: neben *winken*
mundartl. *wenken* verstr. nord-
und mmärk.

Wippchen, auch *Wippken(s)* Pl.
1 ›Streiche, Späße‹ *hei dreew
achter sinen Rüggen Wippken*
Uckerm.; *Wüppkens* Teltow.
2 ›Ausflüchte, Lügen, Täu-
schungen‹ *mache mir keene Wippchen vor* Nlaus.; *mach uns keene
Wippchen (Wippkens) vor* Berlin.

Wippwapp f. ›Wippe der Kinder‹
Prign., Uckerm., Oderbr.

Wische f. ›Wiese‹ Havelld., Zauche, nördl. Barnim; *Wisch* nord-

märk. – Etym. zu mnd. *wisch(e)*
aus asächs. *wiska*, wohl eine
Dim.-Bildung zu asächs. *wisa*
›Wiese‹.

wiß Adv. 1 ›gewiß‹ *dät glööft*
(glaubt) *mi wiß* Prign.; *dät is wiß
un wåhrhaftig wåhr* ebd. 2 ›fest,
sicher‹ *he stünd wiß up de Fööt*
Uckerm.; zu einem Kranken:
du sast doch wiß in 't Bett liggen
Prign. – Etym. zu mnd. *wisse*
›sicher, fest, zuverlässig, gewiß‹.

Witfrau f. ›Witwe‹ Havelld.;
Witfraue Teltow; *Witfroe* Fläming;
Witfru Prign., Uckerm.

Witmann m. ›Witwer‹ Havelld.,
Teltow, Barnim, Uckerm.

wo Adv., Konj. 1 Wie litspr.
2 Verbr. ›wie‹ *wo jeiht di dät?*
Uckerm.; *wo hest du 's goot!*
Prign.; *wo lange werd et wåhren*
(›dauern‹)? Havelld.; *wo kann-
sten sowat seien* (sagen)? Teltow;
die rennen, wo se kennen Nlaus.
→ *woso*. 3 ›irgendwo‹ *ick bin mit
'n Kopp wo jejenjelofen* Berlin; *he
het wo wat funnen* (gefunden)
Prign. 4 ›wenn‹ *wo ick recht
verståh* Uckerm.; *wo das nicht
geschieht* veralt. berl. 5 ›als‹ *wo et
noch Sommer war* Havelld.; *wo ik
mi ümkieken do* Uckerm.; *gestern,
wo wir uns trafen* Nlaus.
6 Relativpron. ›der, die‹ *der
Mann, wo allene wohnt* Berlin;
*die dreizehn Joahre, wo se beede ver-
heiroat't woarn* Nlaus.; auch *die
wo*: *Ziehmänner, die wo an Tragen
jewöhnt waren* Berlin. – Lautf.:
verbr. *wo*; daneben *wu* Nlaus.,
verstr. Zauche, Fläming, Bar-

nim; *wue* Lebus, Teltow, Zauche, Fläming, Havelld.

Wochenfraue f. ›Wöchnerin‹ Teltow; *Wochenfru* Uckerm.

Wocke f., m., *Wocken* m. 1 ›Spinnrocken‹ nord- und mmärk.; vereinz. Nlaus. 2 ›Bund Werg auf
dem Spinnrocken‹ verstr.
mmärk., Nlaus. – Etym. zu mnd.
wocke m. ›Spinnrocken‹.

Wolke f., atmosphärische Erscheinung wie litspr.; veralt. *der Wol-
ken* Nlaus.; anerkennend: *det is
'ne Wolke* ›das ist fabelhaft‹ Berlin und umg.

wöltern Vb. ›wälzen‹ Prign.,
Uckerm.; meist refl.: *de Jungs
wöltern sik in 't Gras* Prign. –
Etym. zu gleichbedeutend mnd.
welteren, wölteren.

Wonneproppen m. ›dicker Säug-
ling, dickes Kleinkind‹, auch
für eine kleine, mollige, anzie-
hende Frauensperson, Berlin
und umg. – Das Grundwort ist
identisch mit litspr. *Pfropfen.*

worfeln, worfen Vb. ›Getreide
mit einer großen Holzschaufel,
der *Worfschaufel* oder *Worp-
schippe*, gegen den Wind werfen, so daß die Spreu ausgeson-
dert wird‹ – Lautf. und
Verbreitung: *worfeln, worfen,
wurfen* Nlaus.; *worpen* Prign.,
östl. Mmark; *wörpen* Prign.

Wörmde → *Wermut.*

Wörmel → *Wermut.*

worpen → *worfeln.*

woso Frageadv. ›wieso‹ Berlin;
woso denn? → *wo* 2.

wrackeln Vb. 1 ›wackeln, kip-
peln‹ Prign., Uckerm., Berlin;

vereinz. *wrakeln* Teltow.
2 ›durch Rütteln lockern‹
Prign., Uckerm.

Wrange f. 1 ›Kurbel mit Griff an
Maschinen und Geräten‹, z.B.
an der Häckselmaschine, der
Kornreinigungsmaschine, dem
Fleischwolf und der Welle für
die Eimerkette beim alten
Brunnen, allg.; redensartl.
*nemmt der Deibel 'n Schliepsteen,
mag er ok de Wrang holen*
Uckerm.; Aufforderung mitzu-
tun: *ran an de Wrang!* ebd.
2 Schifferspr. ›Spant, das die
Bootsplanken verbindet‹ an
der Elbe und Oder. 3 Übertr.
›Rippe bei Mensch und Tier‹;
redensartl. *er hat die Wrangen
voll* ›er ist betrunken‹ Barnim. – Lautf.: *Wrange* mmärk.;
Wrang nordmärk.; *Brange*
Nlaus., Beeskow-Storkow,
Lebus. – Etym. zu mnd. *wrange*
›ein gewundenes oder gebo-
genes Ding‹.

wrangen Vb. ›miteinander ringen, sich balgen‹ nordmärk.,
Berlin, verstr. Barnim, östl.
Mmark; meist refl.: *de Kinner
hemm sik wrangt* Prign.; *de Jungs
wrangten sich* Uckerm. – Lautf.:
neben *wrangen* verstr. *brangen*. –
Etym. zu gleichbedeutend mnd.
wrangen.

Wrasen m. ›Wasserdampf‹ in der
Küche, beim Waschen, allg. –
Lautf.: *Wrasen* Berlin, verstr.
mmärk.; *Wråsen* Prign.,
Uckerm.; *Wroasen* verstr. Teltow,
Barnim, Havelld.; *Brasen* Nlaus.,
angrenzender Fläming; *Broasen*

vereinz. östl. Mmark, Fläming.
→ *Wasen*.

wräuschen Vb. 1 ›angestrengt
arbeiten‹ Uckerm.; *wrauschen*
Prign.; *wreeschen* Oderbr.; *sich
wräuschen* ›sich mit etwas ab-
plagen, abmühen‹ Uckerm.
2 *wräuschen* ›(sich) balgen‹
Uckerm.; *sich dat Wräuschen
kriegen* ›in körperliche Aus-
einandersetzung geraten‹
ebd.

wribbeln Vb. 1 ›schnell reiben,
mit den Händen hin und her
rollen, zwischen den Fingern
zwirbeln‹ Prign., Uckerm.,
Teltow. 2 ›nicht still sitzen‹
Uckerm., Berlin. – Abl. zu mnd.
wriven ›reiben‹.

wringen Vb. 1 Wie litspr. (allg.):
Wäsch wringen Prign. 2 ›ringen‹
de wringt de Hänn Prign.; auch
refl. *he het sich de Hänn wrungen*
Uckerm.; daneben *sich wringen*
›sich balgen‹ nordmärk.
3 ›winden‹ *de wringt sich wie 'n
Oal* Havelld.; *he wringt sik wie so
n' Piermåd an de Angel* Prign. –
Etym. zu mnd. *wringen* ›zusam-
mendrehen, winden‹.

wrœnen Vb. ›Unwillen äußern,
schimpfen‹ Uckerm.; *hä het
ümmer wat to wrœnen.*

Wruke f. ›Kohlrübe‹ allg. – Lautf.:
Wruuk, Wruck nordmärk.;
Wruke, Wrucke mmärk., nlaus. –
Herkunft unklar, wohl nicht
slaw.

wrüten Vb. 1 ›in der Erde
wühlen, die Erde aufbrechen‹
bezogen auf Schwein und Maulwurf, Zauche, Teltow. 2 ›schwer

arbeiten, schuften‹ Zauche,
Havelld. – Lautf.: *wrüten, wrüe-
ten.* – Etym. zu mnd. *wröten*
›in der Erde wühlen‹ bes. von
Tieren.

Wuchte f. ›Hebebaum zum Aufladen schwerer Lasten‹ allg.;
mit der Wuchte wuchtet man Beeme
Nlaus.

Wumme f. ›Pistole‹ Berlin.

Wundertüte f. **1** Urspr. eine Tüte,
die man für 10 Pfennige auf
Rummelplätzen und bei Dorf-
festen kaufen konnte und die
als kleine Überraschung ein
Bildchen, einen Luftballon,
Glasperlen u. ä. enthielt, Berlin,
Teltow. **2** ›eigenartiger Mensch,
der für Überraschungen gut
ist‹ Berlin; ›Frau, die von
Kleinigkeiten viel hermacht‹
Teltow.

Wuppdich m. **1** ›kräftiger
Schwung‹; beim Aufladen von
Säcken: *nu äbbe met 'n Wuppdich!* Teltow; *mit 'n Wuppdich*
›im Nu‹ Berlin. **2** ›Schnaps‹ *wir
woll'n eenen Wuppdich nehmen*
Berlin.

Wuppdizität f. ›Geschwindigkeit,
Schnelligkeit‹ Berlin; scherzh.
*mit einer Wuppdizität von Null
Komma Null* ebd.

wuppen Vb. **1** ›wippen‹ Uckerm.,
Barnim. **2** ›beim Pflügen an-
stoßen‹ Teltow.

wurachen Vb. ›schwer, angestrengt arbeiten, schuften‹
Uckerm., Mmark, Berlin,
Nlaus. – Slaw. Herkunft ist vielfach erwogen worden, aber
wohl nicht haltbar. Eher ist
deutsche Herkunft anzuneh-
men. Verwiesen sei auf alte
Präteritalformen von *wirken*:
ahd. *worhta, giworht,* asächs.
warhta, Pl. *waruhtun*; vgl. auch
asächs. *wurhtio* ›Arbeiter‹.

wurfen → *worfeln.*

wurmesieren Vb. **1** ›sich unruhig
hin und her bewegen; nervös,
verärgert umherlaufen‹ *se het de
janze Nacht wormesiert* Uckerm.;
*ha springt uf un fangt an zu wor-
mesieren* Nlaus. **2** ›unaufhörlich
über etwas nachdenken‹ *der hät
so hen un ha wurmesiert* Teltow.
3 ›wurmen, ärgern‹ *dät wurmi-
siert mir* Berlin.

wuschig Adj. **1** ›wirr, aufgelöst‹
vom Haar, Berlin, östl. Mmark,
südl. Uckerm. **2** ›nervös, ver-
wirrt, verdreht‹ Berlin, östl.
Mmark, Teltow. – Lautf.:
wuschig, wuschig.

wütig Adj. ›wütend‹ Berlin, vereinz. Prign., südl. Uckerm.

wutschen Vb. ›sich schnell und
behende bewegen‹ Berlin,
Oderbr.; *de Höhner wutschen
dörch 'n Tuun* Uckerm.; *de Jungs
wutschen ut de Dör* Prign.

Z

zach Adj. 1 ›zäh‹ von Fleisch, um
Finsterwalde. 2 ›geizig‹ ebd.
3 ›nicht ganz trocken, feucht‹
die Wäsche is zach um Luckau.
4 ›müde, matt, abgearbeitet‹
östl. Mmark; *der is all ßach* Teltow. 5 ›faul‹ um Finsterwalde.
6 ›zaghaft, ängstlich, schüch-
tern‹ nord- und mmärk., Berlin,
um Finsterwalde; *disse grote
Mann was zach as een Gör* Prign.;
de is doch to zach Uckerm. –
Nebenform zu litspr. *zäh*, vgl.
spätmhd. *zäch* ›knauserig, geizig‹, mnd. *sage* ›feige, klein-
mütig‹.

zackerieren Vb. ›anhaltend
schimpfen, herumzanken‹. –
Lautf. und Verbreitung: *zacke-
rieren* Havelld., Lebus, Nlaus.,
Berlin; *schackerieren, ßackerieren*
Fläming; *ßackerien* Teltow; *ßacke-
reren* Prign.: *zockerieren, zackereren*
Uckerm.

zackern Vb., wie → *zackerieren*
Berlin, um Guben, Eisenhüttenstadt.

Zadder m. ›sehnige Fleischfaser‹
Berlin; *Ssadder* m., *Ssaddere* f.
Teltow.

Zampel m. 1 ›herunterhängen-
der Fetzen‹ Teltow; ›ungleiches
Ende am Kleidersaum‹ um
Luckau. 2 ›zänkische Frau‹
Berlin.

zampeln Vb. ›lang, ungleich her-
unterhängen, nachschleppen‹

vom Kleidersaum, Oderbr., um
Luckau.

zampern, zämpern Vb. ›zur Fastnacht durch das Dorf ziehen
und Eier, Speck, Wurst, Schinken u. a. für ein gemeinsames
Mahl einfordern‹, von der Dorf-
jugend und jüngeren Leuten in
der Nlaus., auf dem Fläming,
dem Teltow, in Beeskow-Storkow und der östl. Mmark geüb-
ter Brauch. Man zog, mit einem
Korb und einer Stange für
Wurst und Schinken versehen,
durchs Dorf, dabei festgelegte
Zampersprüche aufsagend:
*zamper, zamper Dunnderschtag /
morgen is Freitag / zamper in die
Gasse / Bier in die Flasche / Eier in
den Kober / Geld in die Tasche / ich
bin ein kleiner König / gebt mir
nicht zu wenig* um Cottbus; *zamper, zamper Donnerstag / morgen
ist der Freitag / oben inne Firste /
hängen die Bratwürste / geben Sie
uns die langen / laßt die kurzen
blammen / geben Sie uns ein Stück
Speck / damit gehn wir weiter weg*
um Dahme.

Zanke f. 1 ›Ast, Zweig‹ östl.
Nlaus.; *Ssanke* Teltow. 2 ›Früh-
jahrstrieb bei Bäumen und
Sträuchern‹ *då koamen all Ssan-
ken rut* Teltow. 3 ›eiserner Stift
der Flachshechel‹ Teltow. –
Etym. zu mhd. *zanke* ›Zacken,
Spitze‹.

Zanktippe f. ›zanksüchtige Frauensperson‹ Berlin. – Umgedeutet aus *Xanthippe* in Anlehnung an *zanken*.

Zaspel f. **1** Ein Garnmaß von 10 Gebind, Nlaus.; in nd. Lautf. *Tanspel* östl. Mmark; *Toanspel* Teltow. **2** In fester Wendung *den ha 'k aber 'ne Zaspel jesagt* ›dem habe ich eine Abfuhr erteilt‹ Berlin. – Etym. spätmhd. *zalspil(le)* als Garnmaß.

Zaster m. ›Geld‹ vorw. berl., von dort in die Mundart übernommen: *die het ville Zaster* Fläming; *däi het sovœl Zaster* Prign. – Aus der Gaunersprache zu zig. *saster* ›Eisen‹.

zauen refl. Vb. ›(sich) sputen, beeilen‹ westl. Nlaus., angrenzender Fläming; verniederdeutscht *taue dich!* um Jüterbog. – Etym. zu mhd. *zouwen* ›vonstatten gehen, gelingen‹.

Zausel m. ›griesgrämiger (älterer) Mann‹ Berlin; meist in der Verbdg. *oller Zausel.*

zaustern Vb. **1** ›zausen‹ Uckerm. **2** ›viel und lebhaft reden‹ Prign., Uckerm.; auch *zauzern* Uckerm. **3** ›anhaltend schimpfen, zanken‹ Prign., Uckerm., vereinz. Havelld., Teltow; auch *zauzern* Uckerm.

zauzern → *zaustern.*

Zechinen Pl. ›Geldstücke‹ Berlin. – Benannt nach einer früheren venezianischen Goldmünze.

zergeln Vb. ›reizen, ärgern, quälen‹ Berlin, östl. Mmark. – Lautf.: *zergeln, zerjeln*; verniederdeutscht *terjeln* Teltow.

zergen Vb., wie → *zergeln*, Berlin, Nlaus., angrenzender Fläming. – Lautf.: *zergen, zerjen*; verniederdeutscht *terjen* Teltow.

zergern Vb., wie → *zergeln*, östl. Mmark, Uckerm. – Lautf.: *zergern, zerjern*; verniederdeutscht *terjern* Teltow.

zertöppern Vb. ›zerschlagen‹, vor allem mit Bezug auf Keramik, Glas u. dgl., Berlin und umg.

Zibbe f. **1** ›Mutterschaf‹ Nlaus., Beeskow-Storkow, Lebus, Teltow, Zauche, Barnim, Uckerm.; verstr. östl. Havelld., Prign.; auch ›weibliches Schaflamm‹ Prign., Ruppin, Uckerm., Barnim; verstr. östl. Mmark, Zauche, Fläming, Nlaus. **2** ›Ziege‹ Teltow; verstr. östl. Mmark, Havelld.; vereinz. Uckerm., Berlin. **3** ›weibliches Kaninchen‹ allg. **4** Schimpfw. für eine Frau: *olle Zibbe* Teltow; *Zippe* ›alte Frau‹ Berlin. – Lautf.: neben *Zibbe*, *Zippe* gelten *Zipp, Ziff* nordmärk.; *Schibbe* Nlaus., Beeskow-Storkow, Lebus; verstr. Barnim, Fläming. – Die Herkunft des Wortes ist umstritten; erwogen werden ein Zusammenhang mit in anderen Mundarten belegtem *Kibbe* ›Lamm, Kalb‹ (auch für andere kleine Tiere) oder eine Herkunft aus → *Tiffe*; anlautendes *sch-* ist wohl slaw. Einfluß zuzuschreiben.

Zicken Pl. ›Dummheiten, Streiche‹ *mach bloß keene Zicken!* Berlin. – Nach den Sprüngen der Ziege.

Zieche f. ›Bettbezug‹ Nlaus.; verstr. *Ziechen* n. ebd.; *Tieke* Teltow,
Zauche. – Etym. zu gleichbedeutend mhd. *zieche,* mnd. *tēke.*
Zießchen n. ›warmes Würstchen‹
um Guben; *Ssitzken* Teltow. –
Entlehnt aus frz. *saucisse*
›Wurst‹.
Zimt m. 1 Gewürz wie litspr.
2 ›Unsinn‹ *mach (red) doch keen
Zimt* Berlin und umg. 3 ›wertloses Zeug, Plunder‹ Berlin und
umg.
zingern Vb. ›schmerzhaft krib-
beln‹ wenn Gliedmaßen einge-
schlafen oder vor Kälte steif geworden sind, Berlin, Teltow,
östl. Mmark; *doa ßingert een 'n
dät so inne Hänne* (bei Kälte)
Teltow.
Zinken m. 1 ›auffallend große
Nase‹ Berlin und umg. 2 ›Alkoholrausch‹ *er hat 'n jehörigen
Zinken* Berlin.
Zippe f. ›Zigarette‹ jünger berl.
Zirra f. ›Biestmilch, die erste
Milch einer Kuh nach dem Kalben‹ Nlaus. – Lautf.: *Zirra,
Zerra, Zirre. Zerre.* – Entlehnt aus
gleichbedeutend nsorb. *sera,
syra.*
Zislaweng m. ›Schwung, Ge-
schicklichkeit, Kniff‹ Berlin;
auch mundartl. verbr., meist in
der Verbdg. *mit 'n Zislaweng*: *det
mußte mit 'n Zislaweng machen*
Berlin; *er macht die Arbeit mit 'n
Zislaweng* Nlaus.; *häi schrifft sin'n
Nåm' mit 'n Zislaweng,* d. h. mit
einem Schnörkel darunter,
Prign.; bei einem komplizierten
Verschluß: *dät is ook so 'n Ding*

*mit Schislaweng, dät kann ik nich
upkriegen* Prign.; ›überflüssiger
Zierat‹ *is vill Schislaweng drum-
herum* Schwedt; auch adv., präd.
und attr.: *schislameng is er fertig*
›im Nu hat er die Arbeit been-
det‹ Potsdam; *das is alles
schüslaweng,* d. h. kompliziert,
Jüterbog; *Mutter hat mir wieder
so 'n schüslawenges Ding gekauft*
ebd. – Lautf.: *Zis-, Schis-, Schüslaweng; Schis-, Schüslameng.* –
Vielleicht entstellt aus frz. *ainsi
dela vint* ›so ging das zu‹.
Zoff m. ›Ärger, Unfrieden,
Streit‹ *det jibt Zoff* Berlin; *der
macht Zoff* ebd. – Aus der Gaunersprache, zu hebräisch *suf*
›Ende‹.
Zöre f. 1 ›säugende Stute‹ Teltow; meist abwert. ›alte Stute,
alter Gaul‹ veralt. Uckerm.,
Barnim, Oderbr.; *ik schweet' wie
so n' Zör* Uckerm. 2 Schimpfw.
für ein Mädchen, das sich her-
umtreibt, Barnim; *dät is 'ne
reene Ssöre* Teltow. – Herkunft
unklar.
Zosse(n) m. ›Pferd‹, meist abwert., wohl durch das Berl. allg.
verbr. – Etym. zu jidd. *sus*
›Pferd‹, *susa* ›Stute‹.
Zule f. ›Hündin‹. – Lautf. und
Verbreitung: *Zuul* nordmärk.;
Zule Havelld., Barnim; verstr.
Zauche, Teltow; *Schule, Schaule*
Lebus, Beeskow-Storkow, nordöstl. Nlaus. – Das Wort ist vielleicht eine Dim.-Bildung zu
ahd. *zōha,* mhd. *zōhe* ›Hündin‹;
anlautendes *sch-* ist wohl slaw.
Einfluß zuzuschreiben.

Zulle f. ›liederliche Frauensperson‹ verstr. Nlaus. – Etym.
vielleicht zu → *Zule.*

Zulp m., urspr. ein mit Zucker
und angefeuchtetem Brot ge-
fülltes und mit einem Faden zu-
gebundenes Leinenläppchen,
das man Kleinkindern zum Lutschen gab; heute auch für den
Schnuller allg., Nlaus., angrenzender Fläming, veralt. Berlin;
vereinz. *Zulpe* f.: *moak doch moal
de ollen Quarre 'ne Zulpe un loat se
zulpen* Havelld.

Zumpel m. 1 ›Lumpen, herab-
hängender Stoffetzen‹ Berlin,
Nlaus., östl. Mmark; *die Zumpeln
hängen am Rock herum* Nlaus.;
›ausgekämmte Haarsträhne‹
Berlin. 2 ›unbrauchbare
Fleischteile‹, früher vom Fleischer gutem Fleisch beigelegt,
Berlin. 3 ›liederliches Frauenzimmer‹ Berlin, um Jüterbog
und Potsdam.

Zurückzieher m. ›Rückzieher,
Zurücknahme‹ *er macht 'n
Zurückzieher* Berlin.

zutschen, auch *schutschen* Vb. ›ge-
räuschvoll saugen, lutschen‹
z. B. am Daumen, Nlaus., angrenzender Fläming.

ZWEHLE **Twehle** f. 1 ›Tisch
tuch‹. Lautf. und Verbreitung:
Twehl nordmärk.; *Twehle*
mmärk.; *Mutta, lang de Twehle
rut, et is Besöek jekoamen* Havelld.
2 Veralt. *Twehle* ›Serviette‹ vereinz. östl. Havelld., Oderbr.
3 *Twehle* ›Handtuch‹ veralt. Teltow, Oderbr.; in dieser Bedeutung auch *Quähle* veralt. östl.

und südwestl. Nlaus. – Etym.
liegen zugrunde mnd. *dwele*
›Leinen- oder Seidentuch,
Handtuch, Serviette, Tisch-
tuch‹, mhd. *twehel(e), dwehel(e)*
›Leinentuch, bes. zum Abtrock-
nen, Tischtuch‹; der Anlaut in
Quähle ist ostmitteldeutscher
Herkunft.

zweirig, tweirig Adj. ›zerbrochen,
entzwei‹ Uckerm.; *dor liggen
'n poor zweirige Eier; tweirige Fenster.* – Urspr. *tweiig,* Abl. mit *-ig*
zu *twei; -r-* entstand als Über-
gangslaut.

zweischläfrig Adj. ›für 2 Personen
bestimmt‹ von Betten u. dgl.,
Berlin; auch *zweeschläfrijer Rejen-
schirm* ›besonders großer
Regenschirm‹ ebd.

zwitschern Vb., außer in litspr.
Bedeutung auch ›Alkohol trinken‹, meist in der Verbdg. *eenen
zwitschern* ›einen Schnaps trinken‹ Berlin und umg.

Zwölften Pl. ›die Zeit zwischen
dem 24. Dezember und 6. Januar‹ allg.; nur noch resthaft
Twölften Prign., Uckerm.
Während dieser Zeit galten
eine Reihe von Verboten: Es
durfte kein Dung auf das Feld
gefahren werden; Wäsche
durfte nicht gewaschen werden;
man sollte nichts verborgen, da
es dann die Hexen holten; der
Genuß von Erbsen und Bohnen
sollte schaden; es durfte nicht
gesponnen oder gestrickt werden. Man fürchtete in dieser
Zeit Dämonen wie den wilden
Jäger oder Hexen. → *Dreizehn.*

Benutzte Nachschlagewerke

Brandenburg-Berlinisches Wörterbuch. Begründet von Anneliese Bret-
schneider unter Einschluß der Sammlungen von Hermann Teuchert, bearbeitet unter der Leitung von Gerhard Ising, ab Bd. II, Lieferung 5 bearbeitet unter der Leitung von Joachim Wiese. Bd. I (A–E) Berlin,
Neumünster 1976; Bd. II (F–K) ebd. 1985; Bd. III (L–Schutzmann) Berlin 1994; Bd. IV, Lieferung 1 ff., Berlin 1995 ff.

Deutsches Wörterbuch von Jacob und Wilhelm Grimm. 16 Bde., Leipzig
1854–1954. – Dass., Neubearbeitung, Lieferung 1 ff., Leipzig 1965 ff.

Duden. Das große Wörterbuch der deutschen Sprache in sechs Bänden.
Herausgegeben und bearbeitet vom wissenschaftlichen Rat und den Mit-
arbeitern der Dudenredaktion unter Leitung von Günther Drosdowski.
Mannheim, Wien, Zürich o. J. (1976–1981).

Ernst Eichler, Etymologisches Wörterbuch der slawischen Elemente im
Ostmitteldeutschen. Bautzen 1965.

Ernst Mucke, Wörterbuch der niederwendischen Sprache und ihrer Dialekte. 3 Bde., Prag 1926–1928.

Etymologisches Wörterbuch des Deutschen. Erarbeitet im Zentralinsti-
tut für Sprachwissenschaft Berlin unter der Leitung von Wolfgang Pfeifer. 2. Auflage, durchgesehen und ergänzt von Wolfgang Pfeifer. 2 Bde.,
Berlin 1993.

Ferdinand Holthausen, Altsächsisches Wörterbuch. Münster, Köln 1954.

Friedrich Kluge, Etymologisches Wörterbuch der deutschen Sprache.
22. Auflage unter Mithilfe von Max Bürgisser und Bernd Gregor völlig
neu bearbeitet von Elmar Seebold. Berlin, New York 1989.

Gerhard Köbler, Wörterbuch des althochdeutschen Sprachschatzes. Pa-
derborn, München, Wien, Zürich 1993.

Gotthard Lerchner, Studien zum nordwestgermanischen Wortschatz.
Halle 1965.

Gunter Bergmann, Kleines sächsisches Wörterbuch. 4. Auflage, Biblio-
graphisches Institut Leipzig 1990.

H(einz) Schuster-Šewc, Historisch-etymologisches Wörterbuch der ober- und niedersorbischen Sprache. 4 Bde., Bautzen o.J. (1978–1989).

Hermann Teuchert, Die Sprachreste der niederländischen Siedlungen des 12. Jahrhunderts. 2. Auflage, Köln, Wien 1972.

Hermann Teuchert, Die Mundarten der brandenburgischen Mittelmark und ihres südlichen Vorlandes. Berlin 1964.

Johannes Frank, Etymologisch woordenboek der Nederlandsche taal. Tweede druck door N. van Wijk. 's Gravenhage 1929. Supplement door C. B. van Haeringen, ebd. 1936.

Karl Müller-Fraureuth, Wörterbuch der obersächsischen und erzgebirgischen Mundarten. 2 Bde., Dresden 1911–1914.

Karl Schiller, August Lübben, Mittelniederdeutsches Wörterbuch. 6 Bde., Bremen 1878–1881.

Matthias Lexer, Mittelhochdeutsches Handwörterbuch. 3 Bde., Leipzig 1872–1978.

Mecklenburgisches Wörterbuch. Herausgegeben von Richard Wossidlo und Hermann Teuchert, ab Bd. 2 bearbeitet und herausgegeben von Hermann Teuchert, ab Bd. 6 bearbeitet unter der Leitung von Jürgen Gundlach. Bd. 1 Neumünster 1942; Bd. 2–7 Berlin, Neumünster 1957–1992.

Middelnederlandsch woordenboek van E. Verwijs en J. Verdam (ab Bd. 9 voltooid door F. A. Stoett), 11 Bde., 's Gravenhage 1885–1941.

Middelnederlandsch handwoordenboek. Bewirkt door J. Verdam. Onveranderde herdruck en van het woord *sterne* af opnieuw bewerkt door C. H. Ebbinge Wubben. 's Gravenhage 1932.

Mittelniederdeutsches Handwörterbuch von Agathe Lasch und Conrad Borchling, fortgeführt von Gerhard Cordes, ab Lieferung 25 (Bd. 2) herausgegeben von Dieter Möhn. Bd. 1 ff., Neumünster 1956 ff.

Renate Herrmann-Winter, Kleines plattdeutsches Wörterbuch für den mecklenburgisch-vorpommerschen Sprachraum. 3. Auflage, Rostock 1990.

Rudolf Schützeichel, Althochdeutsches Wörterbuch. 2. Auflage, Tübingen 1974.

Siegmund A. Wolf, Wörterbuch des Rotwelschen. Mannheim o.J. (1956).

Theodor Frings, Germania Romana. Bd. I, 2. Auflage besorgt von Gertraud Müller. Halle 1966. – Gertraud Müller und Theodor Frings, Germania Romana. Bd. II, Halle 1968.

Theodor Frings, Gotthard Lerchner, Niederländisch und Niederdeutsch. Berlin 1966.

van Dales nieuw groot woordenboek der Nederlandsche taal, bewerkt door D. Kruyskamp en F. de Tollenacre. 's Gravenhage 1950.

Walther Mitzka, Schlesisches Wörterbuch. 3 Bde., Berlin 1963–1965.

Wörterbuch der deutschen Gegenwartssprache. Herausgegeben von Ruth Klappenbach und Wolfgang Steinitz. 6 Bde., Berlin 1964–1977.

Wörterbuch der obersächsischen Mundarten. Begründet von Theodor Frings und Rudolf Große. Bd. 3 (L–R) unter der Leitung von Gunter Bergmann bearbeitet. Berlin 1994.

Nicht aufgenommen wurden Quellenwerke des Brandenburg-Berlinischen Wörterbuchs und Einzeluntersuchungen zu den brandenburgischen Mundarten und zum Berlinischen. Verwiesen sei auf die Quellenverzeichnisse in den Bänden I–III des Brandenburg-Berlinischen Wörterbuchs und auf den Quellennachtrag in Bd. IV, Lieferung 1–2.

Inhalt

RECLAM-BIBLIOTHEK

Gunter Bergmann
Kleines sächsisches Wörterbuch

176 Seiten. Mit 1 Karte. RBL 1520. 15,– DM
ISBN 3-379-01520-2

Zu Goethes Zeiten glaubte man, gutes Deutsch vor allem in
Sachsen lernen zu können. Daß das Sächsische aber seine
»Mucken« hat, erfuhr der 1765 nach Leipzig gezogene Dich-
ter recht bald. Denn die stolzen Leipziger tadelten seine Aussprache, so daß er sich nach kurzer Zeit im »Innersten paraly-
siert« fühlte.
Wer weiß auch schon, daß man »Himmelsgriehchen« nicht
melken kann und »kuranzen« nichts mit Urlaub zu tun hat?
Gunter Bergmanns *Kleines sächsisches Wörterbuch* hilft hier weiter. Von »Aad« bis »Zwunsch« informiert es über Bedeutung,
Etymologie und Verbreitung der wichtigsten sächsischen Wörter. Als Lesebuch oder Nachschlagewerk ermöglicht es eine
lehrreiche und zugleich unterhaltsame Begegnung mit den
Spielarten dieses Dialekts. Wer es zur Hand nimmt, wird in
Sachsen – was seine Sprache betrifft – nicht als »Dunsel« bezeichnet werden.

Renate Herrmann-Winter
Kleines mecklenburg-vorpommersches
Wörterbuch

150 Seiten. Mit 1 Karte. RBL 1545. 16,– DM
ISBN 3-379-01545-8

Die alte Volkssprache der Pommern und Mecklenburger ist das
Niederdeutsche. Sie selber nennen ihre »Sprache des Meeres«
lieber Plattdeutsch, ganz ohne Geringschätzung. Bereits am
Ende des 18. Jahrhunderts hatte Johann Christoph Adelung sie
als die »wohlklingendste, gefälligste und angenehmste« unter
allen deutschen Mundarten gepriesen. Ihre Wörter seien »naiv-
saftig« und »hartmäulig«, sagte Ernst Barlach, »bildhafter,
einfacher und klarer«, meinte Kurt Tucholsky. Unter den
5000 Stichwörtern des Wörterbuchs finden sich dafür viele
schöne Beispiele.

Renate Herrmann-Winter, Professorin an der Ernst-Moritz-
Arndt-Universität Greifswald und Leiterin des Pommerschen
Wörterbuchs, hat sie zusammengetragen. Jahrzehntelang er-
forschte sie die unterschiedlichen hoch- und niederdeutschen
Sprechweisen in Pommern und Mecklenburg, sammelte und
bearbeitete den mundartlichen Wortschatz.

RECLAM-BIBLIOTHEK

Kleines Thüringer Wörterbuch

Herausgegeben von Wolfgang Lösch, Rainer Petzold,
Frank Reinhold, Susanne Wiegand
157 Seiten. Mit 1 Karte. RBL 1521. 15,– DM
ISBN 3-379-01521-0

Der Sängerkrieg auf der Wartburg bei Eisenach – fand er auf
thüringisch statt? Goethe, Herder, Schiller, Wieland waren Zu-
gereiste in Weimar – konnten sie sich verständigen mit den Ein-
heimischen? Und die Bewohner dieser romantischen Täler zwischen den sie fürsorglich umschließenden Bergzügen, können
sie einander verstehen, wenn sie sich zwecks Handel und Wandel, zu gegenseitiger Unterrichtung oder einfach nur so be-
gegnen? Der nichtthüringer Ortsfremde mag es oft bezweifeln,
wenn er lauscht und sein eigenes Verständnis prüft. In der Tat
sind die thüringischen Mundarten auf Grund der geogra-
phischen Situation und der historischen Entwicklung sehr viel-
fältig, untereinander verschieden, oft eng, oft weitläufig verwandt mit den Idiomen der umliegenden Gebiete (und das
fördert am Ende auch das Verständnis beim Ortsfremden).
Vier Autoren, Jenaer Sprachwissenschaftler, Sammler und Be-
wahrer der Sprachen und Sprechweisen ihrer Heimat, breiten
ihre Funde aus; sie nennen es ein »Wortkaleidoskop«, nicht ein
»Wortmuseum«.